行动学习
实践案例精选

阎海峰　侯丽敏　陈万思｜主编

格致出版社　上海人民出版社

本书编委会

主　编　阎海峰　侯丽敏　陈万思

编　委　（按拼音排序）

序　一

最初，我看到本书的题目时，认为这是一本普通的管理案例集，待读完所有案例才发现这本书不仅是基于行动学习方法的企业管理案例，更是完整的管理教学方案。每个案例包括了企业的经营管理诊断和解决方案，还设计了案例教学说明，其中包括教学目的与用途、启发思考题及分析思路、研究的理论依据、课堂教学计划，特别是把行动学习过程及关键问题也完整地呈现了出来。所以，这本案例集与其他的管理案例有很大的不同，一是它尝试把管理学案例研究方法与行动学习方法相结合；二是它试图建立案例研究、课堂案例教学和企业实践教学融合的教学体系。尽管这样的尝试还是初步的，不同案例的内容结构也有差异，但我觉得这是管理研究和管理教学变革的一种有益探索，它既承继了案例研究和教学的启示性和知识传授的价值，也以行动学习这一"知行合一"的行动教学法拓展了管理教学的场域和知识转化（knowledge transfer）的有效性。

华东理工大学商学院在专业学位项目中推动以行动学习方法为抓手的教学改革已有十余年了。记得在2011年举办的"中国行动学习论坛"上，国内外的专家都认为行动学习方法是解决困扰管理教学中存在问题的一种有效方法，如管理学是一门知识应用性和实践性较强的学科，但传统的课堂教学难以满足知识"应用与实践"的要求，特别是管理所基于的行业和企业环境是动态变化的，课堂传授的知识总是带有一定的滞后性，学生与经济活动的现场也有天然的空间隔阂。而行动学习项目把学生带入现场，可以弥补和改善一些管理教学的缺陷。尤其是在学校的封闭环境中，环境的复杂程度和教学手段不足以激发学生内在的潜能和激情，也缺乏培养学生潜在能力生发的激励机制。而行动学习项目则在企业中开展，拥有丰富的管理实践场景，可以激发学生有意识地增强管理能力和交流能力的动力。但大家又担心，高等教育项目中要引入并大面积地推广行动学习项目会有诸多的困难，比如是否有足够多的愿意合作的企业，教师是否愿意承担这种似乎"学术性"不是太强的实践工作，教师对企业的认知和经验是否有能力指导这样真刀真枪的学习实践，学校有没有足够的预算来长期支持项目等。在随后的行动学习项目推广过程中，据我了解，不少学校确实遇到了这些问题，有的因此中断了项目的实施。但华东理工大学商学院在历届领导的坚持和参与教师的共同努力下，比较好地克服了这些困难，这本书以及已经出版的教材和案例的成功推出就是很好的证明。这一方面取决于与学院有长期合作关系的企业，特别是校友企业的支持，本案例集中的许多案例都是与校友企业签约写成的；另一方面，学院设计了一个比较有激励的机制，使学生积极报名参与，教师乐于投入大量的精力。而学生和教师的积极参与又使企业资源开发能力不断地增强。因此，十余年的努力终于使行动学习项目成为学生竞争报名、教师乐于参加、企业受益匪浅的教学模式。

读了这本书，我还惊喜地发现华理商学院的行动学习项目及教学改革探索近年来又进了一步。这次收集的案例，具有比较高的研究水平，它已经不是一项教学实践活动的总结报告，而是成为教学实践与学术探索相结合的研究成果。这样的跨越对于行动学习教学、教师能力培养有很大的意义。其一，对于行动学习教学的贡献在于，长期来行动学习项目教学中一个难以解决的问题是，由于企业的管理问题总是带有个体性，行动学习过程也有一定的不确定性，因此，如何控制项目实施质量，规范地开展教学实践活动是个很大的挑战。已有的行动学习著作比较注重行动学习方法的阐述，但如何在学位项目中组织行动学习项目尚待探索。在我校每年举办的行动学习研讨班上，经常讨论的也是如何规范地、有效地开展行动学习活动。本书各个案例提供了可资借鉴的行动学习完整教学方案，这些方案都是这些教师多年来教学经验积累和学院教学团队研讨的成果。其二，在行动学习项目的实施过程中，鼓励教师对具有研究意义的企业问题开展案例研究，通过问题诊断、理论分析、解决方案制定，特别是把这些方案在实践中加以运用并验证其有效性，这对于习惯于通过观察而非行动的研究者来说是一个比较大的挑战，而本书这些案例的研究者都在带队指导中体验了企业经营决策的复杂性和风险，成为企业经营管理行动的局中人，因此案例内容不仅是问题诊断和决策的结果，还包含着分析与决策的过程。从教学反馈情况看，正是这些投身于行动学习项目并致力于案例研究的教师，其教学水平普遍受到了学生极高的评价。

中国经济正处于传统产业转型和新兴产业发展的浪潮中，产业成长路径的多样化使市场的不确定性不断增强，企业经营管理问题也越来越呈现随机性特征。因此，管理教学必须顺应技术和经济的演化而不断变革。华东理工大学商学院坚持教学改革，教师也满腔热情地投身于教育改革之中，预期一定会不断取得新的创新性成果。

吴柏钧

华东理工大学社会科学高等研究院院长、商学院教授

2022 年 12 月 5 日

序　二

　　整体而言，中国的管理教育已经进入了与发达国家并跑的阶段。接下来，中国的管理教育如何接着讲述，需要从事管理教育的同行们进行更多的探索和思考。我个人高度认同管理的实践性特征，认为管理具有高度的动态性和情境化特质，而管理教育最重要的目的，是培养能够在动态性、情境化条件下，灵活运用相关管理知识解决现实管理问题的职业化行动者。同时，在长期从事管理教育教学的过程中，我也有一个困惑：那就是，管理教育的实践训练是什么？作为培养职业化行动者的医学院、法学院，都有（也必须有）足够的实践训练过程，才能取得从业资格。以医学院为例，我们很难想象，理智的患者会将自己的健康问题交给一名没有受过实践训练的医学院毕业生。那么，同样是培养职业化人才的商学院（或管理学院），如何在教育过程中对学生进行有效的实践训练？

　　华东理工大学商学院自2010年起，在国内商学院中率先将行动学习的理念和方法（论）引入到管理教育当中，尝试探索培养知行合一的管理实践行动者。按照行动学习理论与方法的提出者瑞文斯（Reg Revans）在1971年出版的《发展高效管理者》一书中的说法，行动学习是一群人就"管理实践中重要问题的解决"组成团队，在现有知识和经验（结构化知识）的基础上通过"质疑与反思"来获得解决方案并在实施中不断优化，进而实现个体和组织共同发展的学习过程。与传统的知识传授方式不同，行动学习强调学习者通过参与解决现实世界中的真问题来达到学习的目的，在这个学习过程中，每位参与者都是解决问题、发展知识的主动贡献者，而非既有管理知识的被动接收者，进而从相当程度上颠覆了传统的管理教育教学模式。

　　秉持行动学习的理论和方法，华东理工大学商学院从2010年开始对传统的管理教学方式进行了探索性的变革，至今共启动 208 个行动学习项目，参与其中的专业学位硕士研究生共计 2 050 余人。在此过程中，学院也不断改进、优化专业学位项目培养方案、教学内容和教学方式，逐步形成了颇具特色的管理教育教学改革项目。在通过行动学习推动管理教育变革的过程中，我们于 2014 出版了国内第一本行动学习教材《行动学习：理论、实务与案例》（机械工业出版社 2014 年版）；2018 年拍摄完成了国内第一门行动学习慕课，与之配套的国内第一本行动学习全媒体教材《行动学习：激发管理潜能》，于 2021 年 1 月由高等教育出版社出版发行。为了更好地向国内外同行学习，促进管理教育教学方式的变革，从 2012 年开始，在全国工商管理专业学位研究生教育指导委员会和教育部高等学校工商管理类专业教学指导委员会等机构的指导和支持下，由华东理工大学商学院承办的"中国行动学习论坛"迄今也已经举办了八届，其间众多国内外学者、实践者踊跃参与其中，相互交流分享。

特别值得一提的是，从第四届中国行动学习论坛开始，美国麻省理工学院（MIT）斯隆管理学院的黄亚生教授就开始支持、参与论坛的举办，分享他在斯隆管理学院领导、组织和从事行动学习教学的经验和相关研究发现。早自 1992 年，斯隆管理学院就开始正式推动行动学习法，建立了创业实验室（Entrepreneurship Lab），将来自管理学、科学和工程学背景的学生组成团队，与波士顿本地和附近的高科技初创企业对接，运用行动学习方法对学生进行创业训练。按照黄亚生教授在 2018 年的统计，在随后的 25 年里，有 9 000 多名 MIT 的学生参加了斯隆管理学院的行动学习课程，学院七个学位项目都对行动学习有强烈的需求，行动学习实验室每学年都提供 15—20 个课程包，专题丰富，涉及面广，且横跨多个学科。这些来自国内外高校和企业实践者的分享交流，大大激励了华东理工大学商学院持续推进行动学习教学变革的信心，有力促进了行动学习项目的深化，也较好地推动了行动学习在国内商学院中的传播。

在 2022 年第八届中国行动学习国际论坛上，中国上市公司协会会长、中国企业改革与发展研究会会长、原中国建材集团、国药集团董事长宋志平先生不仅结合自己数十年的思考、实践和学习体会，做了《改进商学院的教育》的主旨报告。宋董事长更在论坛结束后不久的 11 月 9 日特地到学校进行实地考察、了解行动学习变革管理教育的情况，足见像宋董事长这样一批富有经验的管理实践者对管理教育变革的重视和期待。

正是由于国内外同行和各界有识之士的充分认可与大力支持，华东理工大学商学院在国内发起和推动的行动学习教学变革，也获得了一些荣誉，相关教学改革项目分别在

2013 年和 2022 年获得上海市教学成果一等奖。

这本《行动学习实践案例精选》是商学院从迄今为止进行的相关行动学习实践项目中精选出来的，既是对往昔实践的回顾，也为进一步优化、深化行动学习教学变革总结经验。希望本书的出版能够为国内有志于采用行动学习方法变革管理教育教学的同行，提供一点可资借鉴的案例样本，也希望相关的案例能够对管理实践者提供有益的参考。

华东理工大学商学院运用行动学习变革传统管理教育教学还在路上，尽管已经取得了一些可见的成果，但是，变革之路并不容易走，需要做的事情还有很多。而且，与传统的课堂讲授模式相比，以团队方式通过解决现实企业中的管理问题来获得学习和成长的行动学习，不仅会对教学者带来很大的挑战，需要其从心智模式、教学角色、课程开发、教学组织等完成一系列转变，而且，多年的实践告诉我们，在资源投入方面，行动学习的确也不是一盏"省油的灯"，需要更多的教学资源投入，才能较好地保证教育教学的效果。

无论怎样，面对新的时代和并不确定的未来，中国的管理教育都需要我们进行更多、更有效的探索，才能走出一条更加符合时代要求、包含中国智慧的中国式管理教育之路。我们愿与大家一同在培养管理职业化行动者的道路上继续努力。

阎海峰

华东理工大学副校长、商学院教授

2022 年 12 月于上海

目　录

1. "俺来也……" 校园配送 29 分钟[*]

案例正文

俺来也（上海）网络科技有限公司^①（简称"俺来也"），精准聚焦高校大学生群体，团队精心打造出一个富有娱乐性和趣味性的社区平台，实施迅速、全面、周到的服务。俺来也依托高校文化背景，利用移动互联网技术，为满足大学生生活各方面需要而搭建 O2O 平台，构建中国高校全生态链。本案例以 2020 年新冠肺炎疫情为大背景，着眼于俺来也主营业务外卖板块——外卖"29 分钟内配送及时性"主题，并围绕主题涉及运营众包即时直递、西游侠大学生创业、校园互联网平台等关联性问题进行探讨和研究。

关键词：O2O 平台　营销战略和管理　众包　西游侠^②

引　言

2014 年，中国移动互联网发展如火如荼之时，俺来也的前身梵谋文化传媒公司旗下

---

* 本案例由华东理工大学商学院陈万思、汪金爱和陈亮撰写，作者拥有著作权中的署名权、修改权、改编权。本案例授权华东理工大学商学院使用，并享有复制权、修改权、发表权、发行权、信息网络传播权、改编权、汇编权和翻译权。由于企业保密的要求，在本案例中对有关名称、数据等内容进行了必要的掩饰性处理。本案例只供课堂讨论之用，并无意暗示或说明某种管理行为是否有效。
① "俺来也"名称的灵感来自古典名著《西游记》，取自孙悟空的经典口头禅"俺老孙来也"。
② 校园自由兼职快递员，以学校勤工助学的学生为主，送餐食等，称为"西游侠"。

相继成立了开心茄子网络科技公司（简称"开心茄子"，主营电子商务业务）和笑得商贸公司（简称"笑得"，主营校园销售供应链渠道业务），目的是整合校园的营销环境，形成一个闭环，帮助企业做校园广告，从线上到线下的落地执行，销售渠道布设，为客户提供一条龙服务。然而，新开创的两家公司发展并不顺利，作为传统媒体人的孙绍瑞，在完全没有 PC 互联网经验和印痕的情况下，便一头扎进了这一崭新的领域。

伴随着成立了号称是中国高校第一家电子商务 O2O 公司的"开心茄子"，其艰难的创业之路也开始了：搭建网络、寻找技术、开发 APP、租借店铺、找寻货源、试做营销、摸索商业模式，一切从头开始……原定上线的网站一拖再拖。同时，尽管品牌商排着队来商谈进入高校的销售渠道，但"笑得"所掌握的传统校园小店和商超渠道分布零散，各种终端费用不断，导致需要为自己引进的商品垫付大量的渠道费用，终端对消费者有没有定价权，所以也就无法给学生消费者提供有竞争力的价格，业务进展情况非常不理想。

面对两家新开的公司如此进退两难的尴尬经营窘境，孙绍瑞脑海中第一次出现放弃的念头……辗转于苦闷之际……突然有一天，孙绍瑞灵光一现："何不将'开心茄子'触达用户的能力和'笑得'的供应链渠道双双打通？何不建立从商品到消费者的全渠道贯通？何不通过互联网模拟学生去学校超市购物的场景，从而形成去中间化的 O2O 商业模式……"[①]

失败是成功之母，也正是因为有这两家独立的小公司的前期经历作为铺垫和"试水"，才有了今天俩公司合二为一的迭代模式——"俺来也"。

"俺来也"：校园"轻"生活掌门

俺来也成立于 2014 年 11 月，是中国领先的校园服务平台开发商及运营商，是中国领先的校园科技型企业，也是中国教育后勤协会"校园云订餐课题组"的唯一企业方。

公司自助搭建及运营俺来也，它"基于互联网 O2O 模式的校园产业整合平台"、基于自创的"分享经济＋全链集群"的创新模式；它利用云计算、人工智能技术和理念，研制开发服务于校园生活全生态链的综合生活服务平台，打造以大学生自组织创业社群为概念的智能生活服务集群平台，为高校学生提供集社交、生活、娱乐、学习、创

---

① 孙绍瑞：《在最好的年华做最酷的事》，中国青年出版社 2017 年版，第 174 页。

业、就业等全生态链一体化服务。全面覆盖校园学生生活场景及服务，形成"校园云订餐""内容＋社交""校园传媒""校园综合服务"四大业务版块，其业务及项目包括：校园网上订餐、校园支付、O2O 校园超市、社交电商、教育、招聘、社交、创业服务等大学生活的方方面面，构成的校园生态整合营销闭环。

"俺来也"——校园"轻"生活掌门，学生可通过"俺来也"微信服务号或 APP 便捷下单购买千余种日常急需商品，所下订单通过学生自由兼职快递员（西游侠）来抢单的方式，由抢到订单的"西游侠"采办配送，平台承诺商品在 29 分钟内送到手。俺来也是一个学生商品服务"众包"平台，从学生 O2O 服务需求切入，利用 LBS[①] 位置服务和 APP 覆盖，为学生们提供全方位服务。经过多年努力，俺来也有过"烧钱"的辉煌期（2014—2017 年），有过从新冠肺炎疫情大流行的低谷到平稳上升的发展期（2021 年上半年）。截至 2022 年，俺来也已成为全国校园本地生活服务这一细分市场的绝对领先者，市场占有率超过 70% 以上，线上线下业务范畴覆盖全国 300 余所大学，拥有全职员工约 200 人，校园 CEO 及西游侠创业创新兼职岗位招募超过万人。

俺来也不断探索发展模式，寻找创新发展新引擎，正如创始人孙绍瑞所说，公司平台目前开通的"俺来买"只是撬动数千万大学生兼职、就业以及创业的第一步。为学校与学生减轻就业以及经济负担，他们能做的还有很多。后期，俺来也还会发展出"俺来卖""俺来帮""俺有才"等版块，大学生可在俺来也平台进行店铺开设，商铺虚拟、实体皆可，商品不仅限于有形商品，更可以是文化或者技术。学生从购买者变为服务提供者再到经营者，最终变为受益者，走出校园、走向社会，引导和帮助大学生利用互联网技术实现就业及创业。

"校超 O2O" 线下生态的线上化

俺来也以 O2O 自营商店买卖作为入口，学生通过"俺来也"微信服务号或 APP 便

---

① LBS，即基于位置的服务（location based services，LBS），是利用各类型的定位技术来获取定位设备当前的所在位置，通过移动互联网向定位设备提供信息资源和基础服务：（1）可利用定位技术确定自身的空间位置；（2）用户便可通过移动互联网来获取与位置相关的资源和信息。LBS 服务中融合了移动通信、互联网络、空间定位、位置信息、大数据等多种信息技术，利用移动互联网络服务平台进行数据更新和交互，使用户可以通过空间定位来获取相应的服务。

捷下单购买各类日常急需商品。下面是校园门店初创人 S 同学叙述的场景^①：

> 作为俺来也第一批门店的店长，我在第一轮全国开店时就加入了……俺来也刚创立的模式主要针对的是校园快消品，在学校里开设线下实体店，学生自由兼职快递员，在 29 分钟内完成接单到门店拿货，给同学送到寝室里，一单可以赚几毛或一块钱。关于俺来也实体店模式的利润问题，当时主要的回报来自快消品的毛利，快消品的利润大概 30% 左右，但是支出项就很多了，包括门店房租，人员工资，配送成本，总部各分公司房租人员水电……，总之就是"一碗饭要养活全家人"的状态。而且很多细节问题一直得不到解决，比如我们商品的进货价，比淘宝、京东打折后的商品零售价格要高，也不知道问题到底出在哪一环。
>
> 水一浑，里面东西就多，公司经常拿着融资做各种活动和补贴……要求门店提交数据，就导致很多一线在执行时变形了。很多补贴的费用根本没到用户，在过程中就被吸收完了，当然公司要的是数据也会有的……从某种程度我能理解，站在公司的角度，活下去比什么都重要。

S 同学的描述是他最初做校园 O2O 超市"重资产模式"（以下简称"重模式"）的经历。2014 年俺来也成立，当时最主要的模式是在学校内部开设的自营超市：自己准备相应的货品和库存，所有的学生在线上 APP 下单，由俺来也招募兼职学生快递员，通过学生众包^②模式，把超市的货品在 29 分钟之内配送到学生的手中，这也是俺来也最早的一个商业模式。早期的这种模式具有缺陷性：第一，要承担很多线下的人员成本和租金成本、物流成本（S 同学叙述中有所反映）；第二，在寒暑假期间，相关货品的物料损耗量比较严重；第三，侵犯到学校内部原有的商业生态的利益；第四，线上流量增长缓慢；等等。

因此，在 2018 年俺来也主动开始转型，逐步把线下自营超市的"重模式"O2O 超市转变为线上平台运作的"轻模式"，正如创始人孙绍瑞所言："2014—2017 年，我们最

---

① 依据"西游侠"自述改编。

② 众包指的是一个公司或机构把过去由员工执行的工作任务，以自由自愿的形式外包给非特定的大众志愿者的做法。随着网络大潮成长起来的公司，从一开始就在战略设计上融入了充分利用网络资源的思路，越来越多的传统商业也开始为网络的群体力量所吸引。

早切入 O2O 超市，到了 2018 年转成了平台运行轻模式，最开始是通过自建来产流量，但发现没办法盈利，所以俺来也废弃自营的模式，把所有校园餐厅、超市，包括别人的重模式全部线上化，以实现流量增长。"俺来也通过把原来在线下比较成熟的系统，包括配送系统、中后台管理系统、线上点单系统，赋能给学校内部现有的商家，帮助它们实现原有线下生态的线上化。

俺来也这次将全供应链从线下全部转移到线上平台，是"伤筋动骨"的颠覆式转型，其发展必然会遇到阵痛的低谷期。

但这次转型是俺来也的一个重要契机和里程碑，效果显著：一方面，受到了校方的欢迎，传统校园超市供应服务下放代理商，对传统校园超市进行新零售改造赋能，并能为传统超市提供包括 IP 产品在内的供应链服务，为用户提供配送到寝室的服务，以此维护原有校园生态环境。另一方面，新零售供应链的数字化，也大大降低了俺来也自身的资本投入和资本消耗，形成了俺来也盈利路上的一个快车道。

而俺来也校园云餐厅服务系统，是近两三年以来的一个持续不断付出的阶段性的成果。俺来也 APP 主站以"吃"作为流量入口，实现校园餐厅数字化、校园超市数字化，实现全面控"场"校园，努力打造校园"轻"掌门生活。

大机遇：校园云订餐

2020 年 1 月，俺来也以高校为背景、校园为基点，作为创建服务平台的开发商和运营商，从校园高频刚需的餐食场景着手，抓住网络时代之便，联合校园食堂，采用地方管理模式开展业务，开启"校园云订餐"。

在 2020 年，尽管上半年受新冠肺炎疫情的重创，但俺来也在这种校园 O2O 轻平台模式下整个企业转型较早，其互联网平台模式恰好契合了新冠肺炎疫情的防控需求，为"校园云订餐"这个主业带来了前所未有的新机遇。2020 年下半年，俺来也迎来了新一轮大爆发式发展。

俺来也目前的核心业务：校园餐食外卖，线上下单，线下众包配送。通过俺来也"校园云订餐"微信公众号或 APP 便捷下单，校园餐厅收订单后制作，然后通过学生自由兼职快递员——西游侠采办配送，学生自组织的创业社团众包配送到宿舍楼或寝室，平台承诺餐食在"29 分钟内送到"。图 1.1 为俺来也校园餐食外卖流程［以上海师范大学（简称上师大）为例]：

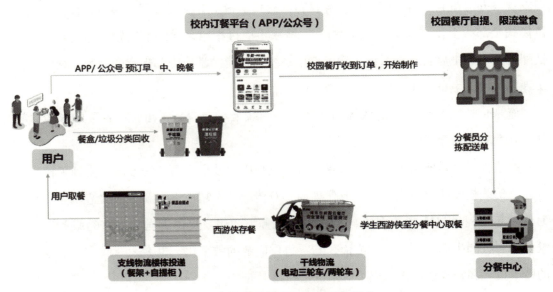

图1.1 俺来也校园云订餐运作模式

资料来源：俺来也公司。

2020年4月，上师大是全国最早开学的学校之一，围绕校园平安、师生无恙的防疫目标，上师大进行了大量的开学准备工作。高校开学与中小学开学不同，高校生源的跨地域流动将导致防疫工作更复杂，难度更大，而其中师生就餐问题更是防疫的重点环节。

俺来也根据疫情期间的特殊情况，与上师大共同推出云餐厅防疫防控解决方案，将线下餐厅线上化，学生在俺来也校园微信服务号或俺来也APP提前预约，选择"限流堂食""餐厅自提""配餐到楼""智能取餐柜"四种模式（图1.2），实现无接触就餐，从而减少排队、集中就餐的现象，为学生提供便利，大幅度降低面对面接触就餐而传染的风险。

图1.2 校园云订餐四大无接触模式

资料来源：同图1.1。

模式一：限流堂食。学生通过俺来也校园微信公众号或俺来也 APP，提前预约餐品和就餐时间，限时限人，实行一人一桌就餐。

模式二：餐厅自提。学生成功预约自提餐号，自行到餐厅自提点，核验自提码后，可提取对应餐食，减少排队时间。

模式三：配餐到楼。学生提前预约配送餐，餐厅工作人员分拣不同楼栋餐食，再由西游侠团队专人专楼配送至宿舍楼栋自提点。

模式四：智能取餐柜。俺来也给高校提供的西游 box 智能取餐柜，拥有催餐、保温、多存多取等丰富功能，学生用户取餐时，用手机一键开启，安全快捷。

全程无接触就餐，降低了疫情期间的感染风险，帮助餐厅实现供应链提前筹备、人流预判、减少浪费、提高效率。俺来也作为高新技术企业，在智能配送领域不断进行新的探索，将最新智能设备投放到配送流程中。在有些学校，俺来也还投放无人车配送，作为干线物流和高峰物流的预定补充。以下是新冠肺炎疫情期间俺来也公司实施“云定餐”试点模式后的反馈。

食堂管理者：俺来也公司的这些措施，最大限度降低了食堂人员的密集度，有效预防人员聚集带来的感染风险，对学校今后借助互联网提高服务育人的水平有所帮助……

食堂工作人员：同学们点餐需要提前选择预约的时间，这样就方便我们食堂的工作人员做好前期的分餐打包工作，大大提高了出餐效率，也让同学们减少排队等候的时间。

学生“西游侠”：身为学校的一分子，在现在这种特殊时期觉得必须做点什么，帮助大家一起防控防疫，共同战胜病毒。作为一名“西游侠”我感到挺自豪，因为我可以为同学们送餐，感受到同学们如此信任，我感到非常满足。

订餐学生：在学校食堂就餐，饭菜安全是有保障的，我们吃得非常安心；此外，我们还可以不去食堂直接手机订餐，俺来也承诺“29 分钟内”餐食送到寝室；或者在寝室楼边上有保温措施的自提智能柜拿餐……总的来说，俺来也让我们感受到了如同在家吃饭般的温暖。

在供应链配送方面，俺来也发展了自发组织的学生创业社团，以众包的特色模式出现，鼓励学生自主创业，这个模式进入大学后普遍受到学校的欢迎。众包人员是由在校大学生组成的，由所在的校园创业社团来完成所在学校的经营。俺来也云订餐模式——众包最后一公里"29分钟内"送达的物流，由学生社团的送餐员西游侠完成配送，用户服务和用户理念效果好，这不仅是2020年校园抗疫的重要手段，也是今后常态化运营下高校餐饮生态的未来方向。

俺来也凭借其较早转型的校园"轻"平台超前模式，在新冠肺炎疫情中站稳了脚跟，2020年年底就有了盈利的空间，突破了疫情的低迷期，全年的全订单总流水约为两个亿，其中目前在俺来也APP上线的学校食堂出餐窗口超过了1万家。

大挑战：29分钟内送达

2020年9月，高校全面开学，全国各大高校实行半封闭式管理，学生的生活学习大部分被限定在校园里，在有的学校，俺来也校园云订餐业务从疫情前每天500单，到开学后激增近2 000单，出现高峰点云餐厅"雷暴"现象。

校园云订餐出现种种问题，尤其是平台承诺在"29分钟内送达"而未兑现等，引来一些学生的抱怨、不满和吐槽，以华东理工大学（以下简称华理）为例：

学生1：当时我在宿舍点了俺来也的外卖，点过两次，都没有及时送到，甚至有一个是在一个小时之后，手机短信说已经到了，那时我们已经上课了。点外卖主要就是为了满足上课与就餐之间时间的合理安排，尤其在中午还需要挤出午休时间，如果下课比较晚的话，点外卖就是必须的了。

学生2：学生的一个痛点——吃饭问题，比如，我们所在教室是5楼，下午5点多下课，6点多又要上课，去食堂来不及了，这时就会线上订餐。5点订餐，如果俺来也按承诺29分钟送达，那么5:30到，学生吃完正好6点，不影响上课，但是往往7:30才能拿到。然后就没时间吃了，饭也冷了。

学生3：食堂档口的接单机，在高峰期间不断弹出订单纸条，配餐人员忙不过来，会很烦，把机器一关。而接单机后台还在记录订餐人的单子的。在忙完高峰后，配餐人员打开接单机再开始处理单子，但这时已经过去半小时、1小时了。这里就出现我们取消订单，配餐商家不知道，后面又做出来了，再送就晚了的尴尬局面。有时我们取消了订单，隔了一两个小时又送来餐食，是很吃惊的，啥意思？所以这是不能接受的，是赔还是不赔？

学生 4：很多的情况是：我们已经去上课了，那时送餐送到了宿舍门口，也拿不到了；而平台确认已经拿到了，送达了。商家觉得我做出来了，送货员觉得我送到了，而学生觉得我没拿，且之前已经取消订单了。这样，学生必然会投诉，但找投诉电话找半天，来回折腾，等待了几天，也不能确定这个单是怎么回事，有时打电话要赔偿还没人接。

俺来也"校园云订餐"的口号是"校园食堂餐食 29 分钟内送达"，用户如果不是在规定时间内取消订单，或者中间环节的问题，就会导致用户体验非常的差。

针对疫情开学后云订餐订单激增，而出现配送餐食延迟，引来诸多紧急问题的情况，俺来也迅速展开调研，并从派送员——缺少西游侠这个环节着手，增强和改进众包模式。俺来也在 2014 年第一阶段的模式是纯众包，学生人人是西游侠；2017—2018 年第二阶段的模式为半众包（有组织地设立校园创业社团，其中设置 CEO、招募西游侠）；2021 年初第三阶段引入"常驻西游侠"，以解燃眉之急。

俺来也的常驻西游侠是其不断调整和创新之举措，以解决突发事件、考试季、毕业季、寒暑假、劳动节假期、国庆节假期的峰值期和低谷期间的巨大落差问题：高峰期西游侠不够，如考试期，兼职西游侠的学生要复习、考试；而低谷期，西游侠又因节假日、寒暑假回家了，人手不足。新设置的常驻西游侠由学校食堂、后勤的固定人员，或保安的家属等组成，以小时计算薪酬，他们随叫随到，以弥补高峰期和低谷期，或突发情况下的西游侠不足的问题。

俺来也 29 分钟内校园配送的企业目标，非常吸睛且有创意，符合网络时代的大众服务需求。针对疫情后校园订餐出现"雷暴"的现象，公司及时采取了止损措施——设立常驻西游侠。整改两个月后，达到订单实际送达时间与预计送达时间误差在 15 分钟以内。29 分钟的送达率有 85%，但这仅仅解了燃眉之急，在实际的实施时还会遇到各种各样的问题，还有 15% 的未送达率。从学生反映的情况来看，在整个运营管理环节中，不仅仅是高峰期订单多，缺少送餐员的问题，从一个企业的更高目标着手，如何解决 15% 的未达标率，俺来也还有很多有待提升的空间。

俺来也"众包即时直递"模式

俺来也趁校园与企业的联合之需，在互联网背景下，放大了自己的核心竞争力——食堂餐食、校超货品 29 分钟内送达的供应链配送众包模式。本节主要以俺来也西游侠的众包模式为例。

在大学的许多校园里，你经常见到这样一群穿着黄马甲，骑着自行车的年轻面孔，载着健康美味的"西游食"（图 1.3）穿梭在宿舍楼间，他们就是俺来也在各个高校设置的"校园学生创业社团"成员——西游侠（图 1.4）。西游侠，更像一个行走于校园间满足大学生餐饮需求的活动侠客。"俺来也，俺老孙来也"，象征着当学校有需要，订餐同学有需要，西游侠就来了；意味着"侠之大者为国为民，侠之小者为邻为友"。餐食速递员被命名为西游侠，体现俺来也的《西游记》"取经"文化，学习唐僧师徒艰苦奋斗精神。

图 1.3　西游食　　　　　　　　　图 1.4　西游侠送餐

资料来源：俺来也公司官网。

"西游食"的配送专员西游侠以本校勤工助学的学生为主，他们在为同学提供送餐到寝的服务后，每单可以获得相应的服务报酬。

每天结束自己的课程后，到餐厅接单，然后到相应的窗口取已经烹调和包装好的餐食，骑上西游侠的专属坐骑，到达下单的同学的宿舍门前，送上餐食。每个中午大约工作 2 个小时，配送 5—6 次，送餐 60 份左右，加上晚餐时间，日收入 70 元左右，只是每天饭点的三四个小时，为我的生活费增加了 2 000 多元，可为辛苦的父母提早减轻一下经济负担。①

　　而俺来也在每个学校设立的校园社团实体，即校园众包配送外卖，该创业项目也是由学生来承担的，社团 CEO 负责招募西游侠送餐员，建立网上店铺和设置菜品，培训食堂档口商家，宣传推广，现场运营，处理售后，等等。

　　写论文那会儿，我的一个同学说要弄一个创业项目，组建西游侠团队。他告诉我是送食堂的外卖，当时听到这个项目就觉得很新奇，外面有美团、饿了么，学校食堂也能送外卖，于是我毫不犹豫就加入了。四个人一起建店铺、上菜品、给商家培训、宣传推广、招募西游侠、现场运营、处理售后，第一次体验到创业的感觉。开始时做售后，对同学的退款申请、投诉进行处理……后面运营时，主要做取餐分餐的工作，两层楼我一个人取，然后再给西游侠分餐……通过担任学校社团西游侠的 CEO，锻炼了我对时间（29 分钟）、路线的统筹规划能力和在紧急情况时灵活处理问题的能力。看着通过团队中西游侠们的共同努力，单量一天天增长，很有成就感。

　　CEO 这个职位对于我来说也是一个挑战，需要与餐厅经理、档口老板搞好关系，需要管理一百多名西游侠……所有的一切一切都需要考虑，当时连续好几个星期晚上睡不着觉，想着怎么管理、怎么发展、怎么增加单量，我一个人带领着西游侠摸索方法。②

　　从上面两个学生的叙述中可以看到：俺来也 29 分钟内送达的校园众包模式，其概念就是众包即时直递。要达到即时投递的效果，满足企业目标——29 分钟内送达的严苛时间要求。以学校食堂餐食为基点，俺来也有着以下 4 个达到目标前提条件（见图 1.5）：

　　（1）人力优势——西游侠由校内学生自愿参与加上候补常驻西游侠；众包社团的 CEO 也由学生担任。

　　（2）快速交易，配货取货——食堂餐饮商依据订单配好西游食盒，放在档口或分餐点，西游侠取货，从出餐到中间分餐点，花费 10—15 分钟。

---

① 参见 https://m.sohu.com/a/298383489_683413，略有删改。

② 根据 https://www.zhihu.com/collection/529494829 改编。

（3）直接送递——通过校园送餐车、两轮车，花费 10—15 分钟。

（4）距离限制——不超出校园的直径范围。

图 1.5　俺来也"众包即时直递"四要素

俺来也众包，通过即时直递的运营模式，没有众多中转环节，节约时间，由同一西游侠从档口处、校园超市取得"快件"——餐食、货品后，立即直接开展投递，不经第二人。一个西游侠还可以同时接 5 单、10 单，甚至更多单餐盒或货品，送到同一栋学生楼或同一层寝室，确保了即时性、直达性。

这是俺来也开展校园业务校超 O2O、校园云餐厅众包模式的天然基因优势。众包即时直递最具互联网基因，俺来也一个重要的表现就是基于互联网 O2O 模式的校园产业整合"轻"平台。

尾　声

2021 年 7 月的某个大雨天，在上海腾飞大厦 21 层办公室里正召开一个座谈会，主题为"校园云餐厅 29 分钟内餐食送达"，俺来也创始人孙绍瑞四周围坐着一群高校的一线用户，他聆听着学生用户毫不留情的吐槽批评、机关枪式的提议和改进的可行性措施建议，非常震撼和感动。

震撼的是学生客户看见了俺来也集团的一把手，这下可逮着机会了，把平日里对俺来也送餐不及时、退单遇不爽的不满，你一句我一言……有事实的讲述，有情绪的发泄，如竹筒倒豆子，一吐而快。

感动的是这些一线用户的学生代表，他们中不乏有校园西游侠、社团 CEO，都带着"使命"而来，为俺来也找问题、寻症状、探原因，并为俺来也今后的发展建言献策，提出近期与远期的方案设想。

座谈会快结束时，孙绍瑞当机立断，利用 8 月份学校假期空档马上召集俺来也全国各地高校片区分公司的中高层干部四五十人，开展暑期团建训练营活动，针对公司管理环节中一线客户反应的问题进行轰轰烈烈的行动学习大培训、大研讨。

案例教学说明

教学目的与用途

1. 适用课程

本案例适用于"运营管理"课程，内容主要涉及运营中的产品和服务设计、竞争力、战略和生产率等章节中的内容；也适用于"人力资源管理""企业社会责任与伦理"等相关课程。

2. 适用对象

本案例主要为 EMBA、MBA、项目管理工程硕士（MPM）开发试用，适合具有一定工作经验的学生和管理者学习。同时，也可以用于本科、研究生的"运营管理"相关课程，本科层次的学生需要提前学习运营管理的相关知识。

3. 教学目标

本案例为商学院 MBA 行动学习课程的研究课题，探讨和研究俺来也（上海）网络科技有限公司（简称俺来也）如何依托高校文化背景、利用移动互联网技术搭建 O2O 平台，满足大学生生活各方面需要，构建以校园文化为基石的线上线下全面融合的数字化校园新生态。案例以 2020 年新冠肺炎疫情为大背景，着眼于俺来也主营业务外卖板块——"29 分钟配送及时性"为主题，并围绕主题涉及运营众包即时直递、大学生创业实践、校园互联网平台等关联性问题，组织学生展开"行动学习"课程的企业调研、校园食堂档口亲身体验、网上查找资料等活动，运用行动学习的工具和方法提出问题、寻找真问题，探寻解决问题的可行性方案，达到提升学生能力的教学目的。

启发思考题

（1）分析俺来也"29 分钟送达"运营战略目标的可行性、必要性和创新性。

（2）探讨俺来也的企业目标与用户体验之间的差距，进行现状分析。

（3）俺来也"众包即时直递"模式有什么独特优势？

（4）根据俺来也整个运营管理环节中存在的问题，提供1—2个解决方案。

分析思路

本案例通过对俺来也公司的调研，从该公司校园外卖O2O校超、云餐厅外卖着手，考察其29分钟送达客户的理念、操作方法、社会责任、创新运营模式，并进行研究学习和访谈咨询，最终形成一篇教学案例供学生和教师课堂教学之用。教师在分析此案例时，可参照如下分析思路带领学生展开学习和讨论（图1.6）。

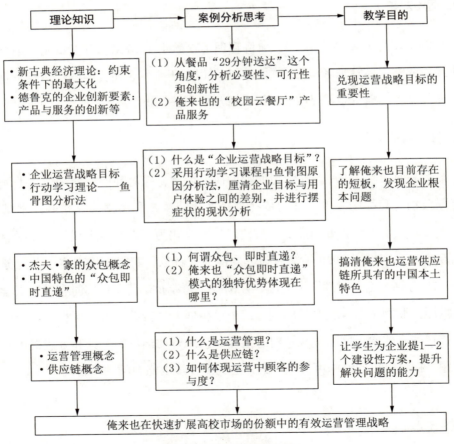

图1.6 案例分析思路图

理论依据与分析

启发思考题 1：分析俺来也“29 分钟送达”运营战略目标的可行性、必要性和创新性。

1. 理论视角

新古典经济学强调约束条件下的最大化，约束条件下的最大化问题，是在主流经济管理学中，根据现有的约束条件，实现某个既定的人为目标，使某个目标最大化。这种人为的目标，可小到个人的目标，大到企业的目标。这一思路的作用是说明在约束条件下该怎么做，或者为了达到目标，该如何配置资源。

德鲁克认为“一家企业可以使创新的目标‘我们的业务应该是什么’的界定具有较高的可操作性，并实际发挥作用”[①]。每个企业存在三种主要的创新：第一种，产品和服务方面的创新；第二种，各种技能与活动的创新——制造产品和提供服务并把它推向市场时所需的各种技能和活动的创新；第三种，市场与消费者行为和价值方面的创新。

2. 案例分析

俺来也设定校园 O2O 超市、云餐厅货品餐食“29 分钟送达”，是企业为自己设置的约束条件，既是俺来也开启运营的新战略、新策略，又是企业抢占高校市场的高地为学生服务的目标。俺来也根据现有的高校资源、环境和人力等条件，使得其战略目标最大化，这个运营战略目标符合俺来也企业精神，符合企业的整体利益与发展需要，也有其必要性、可行性和创新性。

● 必要性。学生消费者是高校市场的主体，俺来也创业于高校，高校阵地是其运营主战场，任何企业要在市场上立足，必须有其独特的战略目标口号。货品、餐食“29 分钟内送达”学生手中，消费者的需求是为学生提供方便和快捷的服务，这是俺来也为了发展、立足高校，在高校市场竖起的一面标杆旗帜。

● 可行性。根据多年的实践积累，俺来也从最初的以线下为主的“O2O 校超”重资产转到以向上为主的轻资产模式，从“吃”为主营业务入手，开拓“校园云餐厅”，以数字化技术实现从校园食堂配餐后，从分拣开始，到西游侠取餐，再到送餐至客户手中

---

① 彼得·德鲁克：《管理、责任、实务（使命篇）》，机械工业出版社 2018 年版，第 111 页。

或取餐柜，29 分钟内完成是服务目标的最大化，俺来也实现资源配置最大化，如学校的原有超市、食堂资源，校内学生人力资源和快送直递业务的校园短途等有利资源。所以，俺来也"29 分钟送达"可行性达标率目前已有 85%。

● 创新性。抓住互联网技术大发展机遇，把云技术、大数据等运用于企业转型和创新，变总资产运作为网上轻资产运作。俺来也在 APP 主站以"吃"作为流量入口，实现校园餐厅数字化、校园超市数字化，实现全面控"场"校园，努力打造校园"轻"掌门生活。"29 分钟送达"是配送时间的具体量化，这背后靠的是技术的支撑，俺来也把新技术运用于企业创立新项目，打开企业发展之路。俺来也清楚不可能什么事情都自己来做，它留心存在于外部可以利用的一切新发展和新技术，使自己从 O2O 的重资产模型转为平台轻资产模型，如合作校园食堂，扩大校园餐厅数字化业务，校园云餐厅、29 分钟送达，供应链中外卖的"众包即递直送"等，这恰恰是德鲁克所说的"产品创新""服务创新""市场与消费者和价值方面的创新"；还包括代理商制的线上化校园超市、土地公分销等，都是以数字化为支撑的全面"场"控校园的创新。

启发思考题 2：探讨俺来也的企业目标与用户体验之间的差距，进行现状分析。

1. 理论视角

企业运营战略目标：它是企业使命和宗旨的具体化和定量化，是企业奋斗纲领，是衡量企业一切工作是否实现其企业使命的标准，是企业经营战略的核心。从广义上看，企业战略目标是对企业战略经营活动预期取得主要成果的期望值；从狭义上看，企业战略目标既是企业战略选择的出发点和依据，又是企业战略实施要达的结果。

行动学习理论——鱼骨图分析法：该理论由日本管理大师石川先生首先提出，这是一种发现问题根本原因的方法，它探究的是结果与影响因素之间、期望与对策之间的关系。帮助人们更好地聚焦问题的原因而非现象，聚焦问题的实质而非主观臆测。

2. 案例分析

校园货品、餐食 29 分钟内送达，这是俺来也的企业战略定位目标，在 O2O 校园超市的运营中，货品 29 分钟送达学生手中没有任何问题，但在"校园云餐厅"却面临极大的挑战，因为这里涉及校园食堂的配合、现炒品类和非现炒品类的不同出餐时间，以及校园送餐员西游侠的人手多少等问题。

本案例中针对俺来也外卖餐食的 29 分钟送达问题，就有用户抱怨："当时我在宿舍点了俺来也的外卖，点过两次，都没有及时送到，甚至有一个是在一个小时之后，手机短信说已经到了，那时我们已经上课了"，这便出现这样的尴尬局面：学生去上课了，餐食送到了宿舍门口，而平台确认已经送达了。商家觉得我做出来了，送货员觉得我送到了；而学生觉得29分钟没送达，且已经退单了。这样，必然会有投诉，接下来是一连串的不顺利。总之用户的体验不佳。

"29分钟送达"是俺来也企业使命和宗旨的具体化和定量化，是俺来也企业宗旨中确认的经营目标、社会使命的进一步阐明和界定，也是企业既定的战略经营领域展开经营活动所要达到的水平和具体规定。快速满足顾客需求，在其他条件相同的情况下，更迅速提供服务能让顾客印象深刻，该产品与其他产品就区分开来了。因为快，提升了顾客的满意度。因此，提供力所能及的29分钟送达的这个时间是俺来也明智的运营战略定位。

尽管"针对新冠肺炎疫情后云订餐订单激增，出现配送餐食延迟，引发诸多紧急问题的情况，俺来也迅速展开调研，并从派送员——缺少西游侠这个环节着手"增设了"常驻西游侠"，解了燃眉之急，且整改后，"达到订单实际送达时间与预计送达时间误差在15分钟以内，29分钟的送达率有85%"；但还有15%的未送达率，针对此问题，本案例利用行动学习"鱼骨图"分析法分解"餐食29分钟未送达"（图1.7），全方位地寻找29分钟未送达、用户体验差的原因。

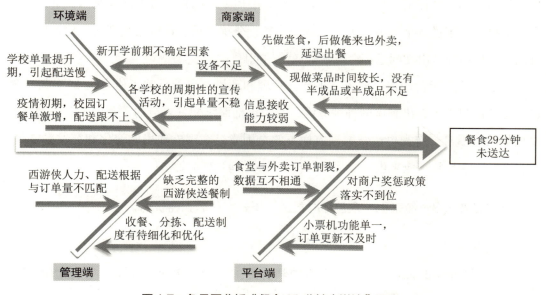

图1.7　鱼骨图分析"餐食29分钟未送达"原因

"鱼大骨"是一个真问题——"餐食 29 分钟未送达";"鱼中骨头"为 4 类主要未送达的原因，分别从商家端、平台端、管理端和环境端来考察分析；每一类的原因以"鱼小骨"形式体现：

● 商家端。对平台依赖程度不高：（1）档口配餐员先做堂食，后做俺来也外卖，尤其是高峰期出餐配合度不够；（2）档口人手不够，不及时出餐；（3）商家对信息化接收能力较弱，对出餐流程不熟悉，不作为，如未及时补充小票纸、不点出餐按钮等；（4）菜品工序方面，现做菜品时间较长，没有半成品或半成品不足，不能直接加工，或设备不足（如石锅拌饭小灶头不能满足需求，只有 6 个）。

● 平台端。缺乏清晰的订单进程：（1）小票机功能单一，无预计出餐时间、无排队信息统计、订单更新不及时；（2）食堂与外卖订单割裂，数据互不相通；（3）对商户奖惩政策落实不到位。

● 管理端。（1）缺乏完整的西游侠送餐制度；（2）收餐、分拣、配送制度有待细化和优化；（3）西游侠人力、配送根据与订单量不匹配。

● 环境端。突发事件和活动：（1）2020 年新冠肺炎疫情突发期，校园订餐激增，配送人手不够，猝不及防，出现配送慢的问题，如华东理工大学 9 月开学后，外卖订单量激增从日均 500 单增至 2 000 单；（2）新开学前期：新开学前期配送团队不健全、单量不稳定，导致配送人员流动大、配送路线不熟悉，大部分新开学校都会面临配送难、配送慢问题；（3）学校单量提升时期：各学校开展周期性的宣传或者活动刺激，进入单量的快速提升，配送各个环节：人员、运输工具、分拣流程、运输路线都需要根据单量进行调整，任何环节出现问题都会导致配送慢的问题。

综上，几个运营端口：商家、平台、管理和环境，全面反映了俺来也 29 分钟内餐食未送达用户手中，出餐慢的种种原因，其中包括商家配餐人员的主观因素、平台技术设计的缺陷因素、俺来也运营管理方面不健全因素、客观外环境的变化和突发事件等，所有这些因素导致了俺来也运营战略目标与用户体验之间的差距。

启发思考题 3：俺来也"众包即时直递"模式有什么独特优势。

1. 理论视角

"众包"（crowdsourcing）概念由美国学者杰夫·豪在 2006 年提出，众包指的是企事业单位、机构乃至个人把过去由员工执行的工作任务，以自由自愿的形式外包给非特定的社会大众群体解决或承担的做法。实际上，企业现在利用大众的创意智慧来解决公司面临的各种商业难题就是众包。众包的任务可以由个人来承担，也可以由很多人协作完成，也可能以依靠开源的个体生产形式出现。众包不仅是提高经济效率的一种商业可能，它更是一种商业的未来模式。[①]

"众包即时直递"概念，涵盖了"众包、即时、直递"三个关键词，是通过"众包"模式和"直递"方式，满足"即时"投递的需求，其内涵可以表述为：利用网络信息技术，通过互联网平台连接寄件人和快递员，实现寄递需求和承递资源之间的弹性匹配，寄件人与快递员之间的动态实时精准对接，即快递员即时响应，在约定时间内揽收并不经第二人，直接送达收件人的模式。

要达到"众包即时直递"的效果，需要同时满足四个前提条件：一是快速配货、取货，二是快速送达，三是距离不长，四是人力优势。

需要注意的是，这里的"即时"指的是两个即时：接单响应的即时，实际揽收到送达的即时。从接单到实际揽收时间并不包含在内，其可以是即时的，也可以约定时间。"众包即时直递"可细分为两种模式，一种为"专程直递"模式，一种为"并单直递"模式。

2. 案例分析

俺来也的 O2O 校园超市和校园云餐厅，采用的就是以自由自愿的形式，把从采购、洗切、配烧到餐食成品出餐的工作，以众包的形式发给各高校超市和食堂，这是俺来也"轻模式"的重要组成部分，成为一种独特的高校商业模式。

在供应链的运营方面，俺来也 29 分钟送达的校园众包模式，其概念是"众包即时直递"。通过"众包"学校食堂、学校超市（负责食材、货品的采购或制作）模式，以及"直递"（学生西游侠创业社团的快递员直接递送给校园下单人）方式，满足"即时"——29 分钟内送达的投递需求。也即表现为：俺来也利用网络信息技术，通过互联网平台连接投单人、商家和快递员，实现投单需求、商家制作和承递资源之间的弹性匹配，实现投单人、食堂或超市配制货品餐食与快递员之间的动态实时精准对接，商家在约定时间内配置或制作，即时出货；快递员即时响应，揽收货品或餐食一般并不经第二人，直接送达投单需求人。这就是俺来也"众包即时直递"的模式，其中，有食堂商家制作经营的众包，有超市商家购货备货的承包，还有学生创业社团的众包，连成一体。

---

① 杰夫·豪：《众包：大众力量缘何推动商业未来》，牛文静译，中信出版社 2009 年版。

要达到即时投递的效果，满足 29 分钟的时间要求，需要同时满足四个前提条件：一是快速配货、取货（如配好西游食盒），二是快速送达，三是距离不长，四是人力优势，俺来也分别满足了即时直递这几个条件。

（1）供与需的快速交易。通过"众包平台"的资源组织模式，快速撮合供货商与西游侠之间的交易，实现快速成交，极大地降低交易成本。交易成本包括事前的搜寻成本，事中谈价成本，事后执行成本。

俺来也"众包平台"可以很好匹配商家（校园食堂和超市等）和西游侠两者的地理位置，实现商家供给商品需求和承递供给能力之间的弹性匹配，商家周边有足够的快递西游侠即时响应订单，降低双方的搜寻成本。

俺来也"众包平台"的运作流程"用户—平台—商家—西游侠—用户"（图 1.8），形成一个完整的闭环。服务要求、定价规则是平台统一制定，实际操作简便，实现供需之间动态精准高效的实时对接，极大降低了中间的谈价成本、供需服务之间的执行成本。

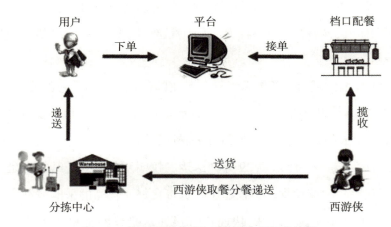

图 1.8　俺来也"众包即时直递"的运作流程

资料来源：同图 1.1。

（2）快速及时送。俺来也 29 分钟送达，以校园商家和西游侠为中心，有着双向限定的服务圈。"众包即时直递"可细分为两种模式，一种为"专程直递"模式，一种为"并单直递"模式。"专程直递"模式采用的是"专车"模式，一个快递员一次只负责递送一个物件，待递送完成后才可接下一个订单。"并单直递"模式采用的是"拼车"模式，根据投递时间和路线，可以一次投递多个物件。

俺来也恰恰属于第二类"并单直递"模式，其送递对象都在校园里，而且可以按整体楼栋、寝室楼层给予"并单直递",大大节省了递送的时间成本和人力成本,俺来也外卖快递的这个天然优势为其业务的快递及时送打下基础。用户通过俺来也 APP 下单,由食堂依据档口小票机出餐(从接单到实际揽收时间并不包含在内,其可以是即时的,也可以约定时间,有现炒和非现炒之别)。这里的及时是指"实际揽收到送达的即时",即从食堂档口快递西游侠收餐盒,到分拣中心,再到派送到用户手中或智能餐盒柜,29分钟内送达,实现了快速直递的及时性。

(3)校园服务距离的优势。在新零售和外卖中,消费者下单和商家接单都只能在以自己为中心的一定地理位置范围内下单,通常为 3—5 公里,超出范围无法下单和接单。而俺来也是校园内的快递,其提供的投递服务是从校园内向校园内的推送方式,不存在优先选取最近快递员进行服务的现象,通常是在 1 公里的路程之内。

此外,通过"即时直递"的运营模式,没有众多中转环节,节约时间,由同一西游侠从食堂档口处、校园超市取得"快件"(餐食、货品)后,立即直接开展投递。一名西游侠还可以同时接 5 个、10 个,甚至更多的餐盒或货品,送到同一栋学生楼或同一层寝室;如果遇到突发事件和活动,则有校园的常驻西游侠来承担递送业务,从而确保了即时性。

(4)校园人力资源优势。学生众包供应链中的递送环节,俺来也充分利用了学校学生人力资源,校园学生社团组织的 CEO 由学生兼职,西游侠也由学生兼职,这个学生众包模式有两方面的优势:

第一,给予学生勤工俭学机遇,部分解决贫困地区学生生活来源。正如本案例中一名西游侠的自述:"每个中午大约工作 2 个小时,配送 5—6 次,加上晚餐时间,送餐 60份左右,日收入 70 元左右,只是每天饭点的三四个小时,为我的生活费增加了 2 000 多元,可为辛苦的父母提早减轻一下经济负担。"

第二,提供学生尝试创业的现场经营机会。以本案例中校园外卖群体社团 CEO 的创业经理窥斑见豹:"CEO 这个职位对于我来说也是一个挑战,需要与餐厅经理、档口老板搞好关系,需要管理一百多名西游侠……所有的一切一切都需要考虑,当时连续好几个星期晚上睡不着觉,想着怎么管理、怎么发展、怎么增加单量。"

校园人力资源的特点是知识化、年轻化,健康而有朝气,而且亟需锻炼和实习经验积累,俺来也优先占据着学生实习的领地,这是社会上任何公司招聘都无法做到的优势。在校园学生创业社团中,俺来也从中可以筛选、考验和磨炼出符合俺来也企业精神的后备人才。学生社团的 CEO 是俺来也全职员工的一个重要蓄水池,很多学生大一时点俺来也外卖，大二时成为西游侠送餐员，大三时开始做俺来也的校园 CEO，到大四就到俺来也实习，毕业后就直接正式入职。

以上几个方面是俺来也开展校园业务——校超 O2O、校园云餐厅众包模式的天然基因优势，即具备互联网资产轻的技术基因，这也是俺来也"众包即时直递"模式的独特性和优势所在。

启发思考题 4：根据俺来也运营管理环节中存在的问题，提供 1—2 个解决方案。

1. 理论视角

运营管理指对提供产品或服务的运营系统进行规划、设计、组织与控制。运营与供应链在本质上是相互关联的，企业的运营管理是基于供应链的，没有两者的结合，任何企业组织都无法生存。供应链是由设计生产和交付一种产品或服务的企业设施、智能和活动的序列。这个序列从生产原材料的基本供应商开始，扩展至到达最终客户的所有途径。

企业产品或服务的创造设计是从投入到产出的转变或转变过程，人们利用各种投入，例如资本、人力、设备、信息等，通过一个或多个转换（配装、咨询、分析、开发、创新、销售等）创造出产品和服务。为确保获得满意的产出，需要在转化过程的各个阶段进行检验（反馈），并与制定好的标准进行比较，以决定是否需要采取纠正措施（控制）。运营职能的实质是在转化过程中带来价值增值。存在许多影响运营体系设计和管理的因素，其中包括在这一过程中"顾客的参与程度"以及用于生产和运输产品或提供服务的"技术先进程度"，顾客的参与程度越高，运营设计和管理就越具有挑战性。①

2. 案例分析

根据上述理论，运营与供应链相互关联，企业的运营管理是基于供应链的，俺来也的企业运营战略目标货品、餐食"校园 29 分钟送达"，从本案例中顾客反馈的"送餐不及时"等情况来看，在俺来也现代互联网供应链的这三大基本管理环节中，商家、配送、平台任何环节出现问题，都会导致送餐慢或不及时。这里仅针对商家环节的出餐慢或不及时，部分餐食送达时间按超过 29 分钟问题提出可行性的解决方案。

通过顾客的反馈或参与，首先可以看到俺来也运营供应链中商家环节存在的问题——出餐慢或不及时，这对俺来也运营战略"29 分钟送达"也是一种挑战，所以，在本案例

---

① 威廉·J. 史蒂文斯：《运营管理》，张群、张杰、马风才译，机械工业出版社 2016 年版。

中：首先可以解决这一最重要而紧迫的问题，且目前可及时整改、马上解决的，就是明确众包商家的出餐的管理机制，这是当务之急，它直接影响着俺来也的声誉和运营业绩。

方案 1：解决校园食堂商家端问题

表 1.1　运营供应链中商家端管理

明确商家及时出餐时间，以及俺来也实施的奖惩措施	对出餐不及时的商家予以从轻到重的惩罚（排名下降、活动关闭）；对出餐及时的商家予以奖励（排名前置、发放奖章和奖励金）
非快餐类的热门食堂档口备足半成品	敦促商家做好统计，备足每天现炒类餐食的半成品材料等，时间限制在 12 分钟以内
俺来也建立与商家的互信	与商家及时沟通，并每周参与商家例会，及时了解和解决商家困难

第一，规定商家出餐时间：快餐类每个订单平均限制在 1 分钟之内；现做类每个订单平均限制在 12 分钟以内。根据这条规定，同时配备相应的奖惩管理机制。

惩罚机制：每周 20%—29% 订单超时制作，排名下降 5 位。30% 及以上订单超时制作，活动关闭且排名下降 12 位。以上数据每周日晚上 7 点统计，周一上午 8 点生效持续时间一周。

奖励机制：每周订单制作超时率低于 10%，校区排名前 20；超时率低于 5%，校区排名前 10。以上数据每周日晚上 7 点统计，周一上午 8 点生效持续时间一周。连续 3 周超时率低于 3%，校区排名前五，发放优质商户奖章及奖金 200 元。以上数据每三周最后一天晚上 7 点统计，第二天上午 8 点生效持续时间三周。如在奖励期间商户出现超时率上升，增加率 3% 以内无变动；增加率 3%—8% 排名下降 3—8 位；增加率 8% 以上，取消奖励。

第二，与热门档口商家商讨多备半成品，针对目前热门档口以及参考菜品本身，给予一定的排名前置及活动优先性进行洽谈。

第三，增强与商家的互信：首先，增强线下沟通——每三天进行校区订单统计，针对订单较少的商户进行沟通，找出问题并解决问题从而提升商户订单；其次，参与商家例会——每周参与餐饮公司组织的例会。

这是方案 1 对商家端环节出餐慢情况所进行的"明确商家及时出餐时间"的规定，在这一环节用户等待时间越少，就能确保后续送餐员西游侠 29 分钟内送达，为赢得用户黏性提供了保障，这样，顾客的体验感得到提升，订单量自然而然会增加。

方案 2：解决俺来也平台端问题

俺来也外卖 29 分钟未送达的餐食中，不仅仅是商家出餐慢的问题，还有自身平台存在的问题，这在图 1.7 "鱼骨图分析'餐食 29 分钟未送达'原因"中已经显示，俺来也平台在技术上存在诸多需要提升和改进之处。针对平台的这些问题，提出方案 2。

表 1.2　俺来也平台端改进管理

俺来也平台端	软硬件技术的改善和提升	● 小票机升级，增加扫码出餐确认功能
		● 把堂食和外卖集成在统一系统中
		● APP 告知用户现炒类菜品一般出餐的时间、当前实际出餐时间及排队人数；引导用户提前点餐

第一，完善与平台相连的订单小票机，小票机升级，增加小票机功能——预计出餐时间，必要时可手动干预；统计外卖排队信息，及时更新订单。

第二，使堂食与外卖订单数据互通，集成在同一设备体系中，起到协调作用。

第三，平台采集菜品特点，针对配送时长、费用做针对性调整，APP 上展示出餐时间，并告知用户各类菜品出餐时间。

第四，引导用户提前点餐，通过各类以校园特点为主的开学典礼、毕业典礼、节假日活动，让用户养成提前点餐的习惯，避免高峰期用餐挤兑。

方案 2 主要解决俺来也平台技术问题，通过软硬件技术的提升和改进，在平台端环节有效确保其运营战略 29 分钟的送达率，解决最后 15% 的未达率。

关键要点

分析关键点

- 俺来也 "29 分钟送达" 运营战略目标如何实现，以及存在的差距
- 校园众包的特点和优势
- 了解俺来也运营供应链的各个环节：平台—商家—客户

覆盖知识点

- 高校商业模式（O2O 平台运营轻模式）

- 运营战略目标
- 众包即时直递

课堂计划建议

1. 时间安排

在本案例教学说明中，运用具有特色的商学院“行动学习”教学法进行课堂教学，供独立的案例讨论课使用。为使教学时间得到有效利用，制订本案例的课堂教学计划。表 1.3 是按照具体时间分配提供的课堂计划建议，仅供参考（整个课堂时间控制在 90 分钟以内）。

表 1.3　课堂计划

序号	目　录	教学安排	时间	备　注
1	开场发言 —破冰法	（1）暖场：教师对案例进行简要介绍和主题的概括说明 （2）分小组：安排每个小组的人数（4—6 人）	10 分钟	● 各个小组选出队长、写手、计时员、汇报人 ● 教师担任催化师
2	课堂讨论 —团队列名法 —头脑风暴法 —开放空间	（1）团队列名法，基于思考题，个人阅读，列出独立观点，轮流发言，梳理案例要点学生用“头脑风暴法”讨论案例中呈现的各种情况 （2）教师在不同小组来回催化引导	40 分钟	● 准备便签条或大白纸张贴到教室或会议室墙面 ● 把每个人提出建议和想法书写在黏贴便条或大白纸上
3	课堂集体讨论	每组派一两位代表，一位主发言，另一位补充；各小组相互提问、相互补充，提出不同观点	25 分钟	● 每个组重点讨论思考题中一个问题 ● 教师依据情况进行引导
4	教师总结	依据学生的分析和建议，教师详述案例事件与各个理论之间结合点，进行归纳总结，厘清教学目标中的知识点	15 分钟	● 教师列出知识点 ● 呈现本案例的相关理论

（1）课前计划：首先，教师制订详细的教学与讨论计划，包括案例讨论的形式、步骤，以及课堂的时间划分。其次，依据案例讨论的问题及教学大纲制作 PPT。再次，给学生发放相关资料——案例正文和启发思考题；让学生上网查找相关主题资料。除了案例的几个大问题外，还添加一些小问题，让学生带着问题去阅读案例，问题如下：

- 俺来也是一家什么样的企业？
- 俺来也企业的愿景、运营战略是什么？
- 什么是众包？

（2）课中计划：根据本案例的教学目的，要实现知识传授、能力培养以及创新思维的目标，其课堂教学逻辑路径如下：

- 开场发言（10 分钟）。教师采用"破冰法"进行暖场，然后对案例进行简要介绍、主题的概括说明、案例三个思考题，引导学生走进案例，并播放俺来也的宣传视频，然后分小组，学生自愿搭配成组，每组 4—6 人；各个小组选出队长、写手、计时员、汇报人等。

- 课堂讨论（40 分钟），以小组为单位。以案例素材为依据，就事论事地进行现象分析、还原情景，采用"团队列名法"，基于启发思考题，个人阅读，列出独立观点，轮流发言，梳理案情要点；并用"头脑风暴法"，各抒己见，讨论"俺来也……校园配送 29 分钟"案例。各组的讨论以"开放空间"的形式，教师担任催化师的角色，在各组之间引导催化。写手把每个人提出建议和想法罗列在大白纸上。

- 课堂集体讨论（25 分钟）。每组重点讨论思考题中的一个问题，派一两名代表，一名做主要发言，另一名补充；各小组相互置疑提问、相互补充，提出不同观点，小组反思。教师催化引导学生结合所学的一般理论，自主思考理论在案例所处的特殊情境下的适用性与具体应用形式，并应用理论对案例事件提出更有创造性的决策或建议。

- 教师总结。在课堂的教师总结环节，依据学生的建议和分析，教师需要花费 15—20 分钟呈现本案例的相关理论，详述案例事件与各个理论之间结合点，进行归纳总结，厘清教学目标中的知识点，引导学生"由此及彼"，发散思维，实现对类似情境、相关问题的类比学习，提出创新建议等。

（3）课后计划：课后要求学生或以"个人"或以"小组"为单位，根据课堂学习讨论的案例。每个小组在事后一周内提交一份分析报告，要求有理有据形成文字，2 000字左右，教师最终对学生的分析报告给予课时有效评分。

2. 课堂板书

商学院的案例课程一般以"行动学习"方法进行教学为佳，效果显著，其中的课堂"板书设计"是以"大白纸"形式表现出来的（如图 1.9），这是"行动学习"教学法的创新，一个案例的课堂讨论通常以 4—6 人为限，每一小组或团队讨论的观点由小组写手写在大白纸上。每张大白纸上书写内容不超过 10 条。把大白纸张贴在课堂的墙壁四周，让每个学生都看得见，以增强讨论氛围，反思置疑，并补充创新。

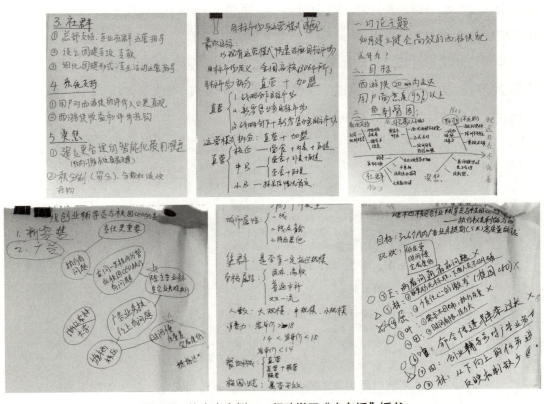

图 1.9　俺来也案例——行动学习"大白纸"板书

行动学习过程与效果

所谓行动学习，是以问题为导向、以团队 / 小组为单位，共同推进的一个整体学习过程。行动学习有六要素：问题、团队 / 小组、引导 / 催化、团队学习 / 质疑与反思、行动。行动学习的本质就是一种个人、团队和组织学习和发展的方法。人们通过小组的形式，解决重要的个人、团队、组织或社会挑战或难题，并且从这种积极改变现状的过程中学习。

1. 行动学习团队组建及行动计划

华东理工大学商学院 MBA 学生按照"行动学习实践"课程要求，成立了"俺来也外卖配送及时性改善方案"12 人的项目小组，根据自身的体验，行动起来进行校园调研，在食堂出餐口、各栋宿舍楼、学生西游侠社团都能看到他们的身影。此外，他们还多次走访俺来也公司，并针对"29 分钟送达"所存在的问题提出了许多可行性建议，给出了实施的合理方案。

本次行动学习过程，以"俺来也外卖配送及时性"为主要研究课题，总共进行了 5 次集中研讨活动。"行动学习实践"课程学生研讨活动 3 次在线上展开，2 次开展线下实地活动，具体的行动学习活动如下。

第一次行动学习研讨

时间：2020.11.20　20:00
地点：线下（华理徐汇校区）
参加组员：学生陈、学生郝、学生潘、学生魏、学生屈、学生黄、学生陈、学生梁、学生包、学生部、学生张
目标：回顾资料、讨论计划及分配任务

（1）回顾积累的资料。

● 老师对学生之前已经搜集的资料和商讨的方案进行总结，并明确接下来的行动计划；

● 组员们一起对之前收集的俺来也基本信息、俺来也外卖平台存在的问题分析、现状分析、原因分析，以及初步形成的解决方案进行回顾和总结；

● 老师明确指出该项目的定位——一个咨询项目，即由小组成员根据搜集到的资料，找出原因，提出解决方案，由俺来也公司自行试点实施，并把实施结果反馈给项目小组，由项目小组对解决方案不断地进行改善。

（2）讨论和确定接下来的行动计划。

- 继续搜集俺来也公司的基本信息，在已有信息的基础上不断进行完善；
- 制作调查问卷，以了解俺来也外卖配送存在的问题以及消费者的观点、态度；
- 深挖俺来也外卖平台相对应的外卖行业的发展现状和发展趋势；
- 对俺来也外卖平台的优劣势进行深入分析探查，并与同类型公司进行对比；
- 与俺来也外卖平台的工作人员进行深入沟通，以了解俺来也外卖配送中存在的核心问题；
- 找到标杆性企业，学习其经验教训。

（3）任务分配。

- 深挖外卖行业背景信息、行业趋势和发展趋势：学生屈、学生潘、学生郝；
- 与行业内同类型公司进行对比，进行 SWOT 分析：学生黄、学生梁；
- 调查俺来也公司基本情况，包括发展历程、公司现状、企业规划愿景、组织结构、决策流程、盈利模式、拓展渠道、外卖平台运作流程图等：学生张、学生包、学生陈；
- 制作调查问卷：学生魏；
- 找出标杆企业，调查其运作过程中出现的问题及解决方案：学生郜、学生陈。

第二次行动学习研讨

时间：2020.11.30 20:00

地点：线上（腾讯会议）

参加组员：学生徐、学生陈、学生郝、学生潘、学生魏、学生屈、学生黄、学生陈、学生梁、学生包、学生郜、学生张

目标：对上次的任务进行汇报，老师、学生徐及其他成员一起提出改进建议，并对企业访谈的问题进行一个初步讨论

（1）任务汇报并提出建议。

- 学生郝进行汇报，建议如下：第一，注明数据来源；第二，全面分析优势和劣势；第三，明确俺来也具体合作的学校数量；第四，增加薪酬对比，即俺来也外卖平

台的工作人员工资与美团、饿了么、蓝骑士、吃乎等进行对比；

● 学生黄进行汇报，建议如下：将俺来也的优势、劣势具体化，如深入对其招收起手的成本、人员流动性等问题；

● 学生陈进行汇报，建议如下：第一，把俺来也外卖平台在奉贤校区的组织架构加进去；第二，把访谈人员的基本情况进行记录存档；第三，调查其配送时间29分钟如何设定；第四，标注出外卖配送流程中可能存在的问题；

● 学生陈汇报，建议如下：了解美团、饿了么等宏观发展规划，以找出其面临相似问题时的解决方案，可以借鉴。

（2）访谈问题初步汇总。

● 俺来也合作的学校数量以及开展外卖配送业务的学校数量。

● 外卖配送链条中，人员的薪酬制度以及可接受的人力成本范围。

● 配送流程图以及29分钟如何设定。

● 俺来也选择合作学校开展外卖配送业务的条件。

● 从2020年新冠肺炎疫情发生至今，俺来也校内订餐业务发展如何？发展过程中的有利因素和制约因素以及贵司的相关改善方案？

● 您对目前校内订餐的人员架构有无调整计划？

第三次行动学习研讨

时间：2020.01.19　20:00

地点：线上（腾讯会议）

参加组员：学生徐、学生陈、学生潘、学生屈、学生黄

目标：对访谈问题进行讨论修改，搜集用于解决俺来也问题的指导理论

（1）访谈问题终稿。

● 贵司的企业目标是什么？

● 可否提供贵司详细的外卖流程图，原本设计的29分钟送达，每个环节设计时长是多少？实际时长是多少？整个流程瓶颈在哪里？贵司是否有收集相关的数据？是否进行了相应的分析以及改善对策？我们可否一起来探讨一下？

● 贵司校园订餐的人员组织架构是怎样的？现有的组织架构是否有需要调整的空间？是否有考虑社区运营的操作模式吸纳更多的优秀人才加入到俺来也平台？

● 从 2020 年新冠肺炎疫情开始到现在，贵司校内订餐业务发展是否达到预期？有哪些助推的有利因素，有哪些制约的不利因素？贵公司是否有相应的改善方案以及方案落实的效果如何？

● 鉴于有的高校没有开展校内订餐业务，贵司是否有相关规划发展其校内订餐？如果有，具体发展规划有哪些？如果没有计划发展，原因有哪些？

（2）分工进行资料收集。

● 企业运营效率：学生陈
● 麦当劳配送流程及模式图：学生郜、学生陈
● 供应链管理理论基础：学生郝、学生包
● 美团配送流程及模式：学生潘、学生屈
● 目标管理理论：学生魏、学生张
● 俺来也、饿了么配送流程及模式：学生梁、学生黄

第四次行动学习研讨

时间：2021.01.21

地点：线上（腾讯会议）＋线下（俺来也总部）

参加组员：学生徐、学生陈、学生郝、学生潘、学生迟、学生屈、学生华、学生王、学生孔

目标：通过与俺来也内部人员沟通，了解俺来也外卖平台存在的问题，并对之前的解决方案进行讨论，找出其可能存在的问题以及优势。

（1）配送中存在的问题。

● 商家来不及出餐
● 堂食订单太多，商家优先做堂食
● 西游侠不接单
● 用户看不到配送进程

- 有些收餐信息，只有短信，没有语音播报
- 下单没找到餐点，点了已送达
- 订单超时

（2）解决方案及方案的优势和问题。

- 设置超时赔付机制，增设全职西游侠：优势是可以显著解决问题，缺点是使得成本急速增加。
- 增加收餐提醒方式的选项，由学生选择是要短信还是语音播报形式：优势是成本低，可行性高，缺点是仍然存在客户看不到等问题。
- 按照餐点配送地址设置特定的收餐地点，并安排兼职人员看管，优势为精确告知位置，中间工作较少，缺点是成本会增加，且设置地点需要学校允许。

第五次行动学习研讨

时间：2021.03.21
地点：线上（腾讯会议）
参与组员：学生徐、学生陈、学生郝、学生魏、学生屈、学生包、学生部、学生张、学生迟
目标：行动学习中期报告分工

（1）中期报告分工。

- 项目背景和问题提出：学生包、学生张、学生郝
- 行动学习过程以及整合资料：学生陈
- 理论指导：学生梁、学生陈、学生黄、学生部
- 行动学习成果：学生屈、学生潘、学生魏

（2）企业访谈计划。

- 学生陈、学生徐负责与俺来也公司对接人协商，确定二次访谈的时间、人数；
- 第 1 次（2021.01.22）：俺来也座谈，由胡总等作介绍，学生老师参与讨论，时间 1 天；

● 第 2 次（2021.07.02）：俺来也座谈会，由俺来也创始人孙绍瑞全面介绍俺来也企业，并听取俺来也客户——华东理工大学学生对俺来也的意见和反映，时间 1 天；

● 第 3 次（2021.08.01）：项目小组成员参与"俺来也中高层行动学习项目"，时间 1 天。

2. 行动学习反思总结：方案实施后企业方的反馈

华东理工大学 MBA 俺来也行动学习项目小组学生经过 2021 年 1 月和 2021 年 7 月两次拜访企业，进行实地、座谈和考察，从中受益多多。第一次企业访谈：由俺来也胡总带头针对 MBA 项目组的初步方案进行实施。第二次企业访谈：与俺来也董事长孙绍瑞达成约定，于 8 月 1 日针对俺来也校园订餐业务，与俺来也总部高层、12 个分公司的管理层一起进行研讨，确定所有需要落地的解决方案。此次访谈，将 MBA 项目小组的储备方案进行了完善和升华，该项目已经不单单是一次仅针对"外卖配送及时性"的咨询项目，而是针对"校园订餐业务体验感提升的校企合作的共创型"项目，后续将跟进该项目的进展。

（1）企业方反馈。

7 月 2 日第二次企业访谈后，俺来也孙董事长针对之前提供方案给予反馈，提出引导客户提前下单、大数据预估出餐时间、设置拼单选项、进行最优商户评选等均是可行的解决办法，目前已在试行阶段。针对俺来也校园订餐业务，孙董事长诚邀项目小组成员于 8 月 1 日参与公司中高层研讨，一起提出问题、解决问题，开展批评与自我批评，以切实改善俺来也的订餐服务。

（2）MBA 项目组反思。

随着对俺来也的不断深入了解，MBA 行动学习项目组所提部分方案也存在不适用之处，需要进一步和俺来也集团沟通，深入一线，了解俺来也订餐业务的实施全流程，这样才能更好地建言献策，提出更加有可行性的方案。

俺来也历史大事记

2014 年 11 月，俺来也（上海）网络科技有限公司成立正式成立；11 月 17 日，第一家"土地殿"在华东理工大学开业。

2015年1月28日，Pre-A轮2 630万元融资成功；3月16日，9城36店全面开花，安卓及IOS版客户端同步上线；7月20日，校园O2O平台"俺来也"宣布获得A轮1.1亿元投资，由景林资本和Pre-A轮投资方分享资本联合主投，跟投方为森马集团董事长邱坚强和"中欧独角兽众投计划"之俺来也转向投资基金"希游记"。

2016年1月，俺来也完成A+轮融资2亿元；9月俺来也3.0红灿上线，俺来也宣布完成B轮融资2.4亿元；荣获"创业黑马TOP100：中国最具潜力创业公司"称号。

2017年3月21日，俺来也荣获2017年度上海市高新技术成果转化项目；9月25日，"来伊份杯"俺来也首届"最红高校生"全国高校选拔大赛正式启动；12月28日，俺来也宣布完成B+轮融资1.2亿元。

2018年1月完成B2轮1.2亿元融资；8月14日，俺来也集团易筋经公司成立；9月8日，俺来也5.0全新重磅上线；11月29日，俺来也IMCOMING国际版正式上线；12月俺来也两度成为上海市高新技术企业。

2019年1月11日，俺来也大学生驾校项目正式上线；5月8日，麦店（专注年轻人的社交零售空间）项目正式上线。

2020年，俺来也校园上线"云订餐"；4月，俺来也"我们有温度"年度服务理念发布；9月，俺来也支付宝小程序正式上线；9月3日，成功举办2020高校"场"域创新营销论坛。

2021年1月1日，俺来也旗下支付品牌——俺来支付正式上线；1月11日，俺来也7.0全新重磅上线；1月29日，俺来也官网全新上线；3月，俺来也堂食数字化业务升级。

2. 张村创新发展公司精准扶贫探索之路[*]

案例正文

张村创新发展有限公司以"精准扶贫"相关政策为宗旨，以解决农民就业增收，同时促进集体经济发展，推进张村脱贫攻坚工作，实现乡村振兴为使命。本案例以精准扶贫、乡村振兴国家政策为背景，分析张村创新发展公司在社会创业的道路上，对照精准扶贫要求识别社会创业机会，结合资源禀赋聚焦产业扶贫，探索扶贫社会企业的商业模式创新，实现社会与经济双重利益，进而思考如何将脱贫攻坚与乡村振兴有机链接。

关键词：产业扶贫　乡村创业　葡萄经营模式

引　言

2021年7月，安徽省萧县葡萄文化节热闹非凡，白土镇张村现代葡萄示范园内葡萄长势喜人，有光系列（春光、蜜光、宝光等）、阳光玫瑰、夏黑等品种，葡萄沉甸甸地挂在葡萄藤上，等待着来自天南地北的游客品尝。部分早熟品种的葡萄已经在去往上海、浙江的路

---

[*] 本案例由华东理工大学商学院钱丽霞、王涛和孙亚飞撰写，作者拥有著作权中的署名权、修改权、改编权。本案例授权华东理工大学商学院使用，并享有复制权、修改权、发表权、发行权、信息网络传播权、改编权、汇编权和翻译权。本案例只供课堂讨论之用，并无意暗示或说明某种管理行为是否有效。

上了……五年前，张村是出了名的贫困村，人均耕地面积少得可怜，贫困人口占总人口的20%。如今，村里发生大变样，水电路网全线贯通，基础设施日臻完善，现代葡萄示范园成为全省葡萄示范基地，往日的贫困村走上了脱贫致富之路。这五年里，发生了什么呢？

张村创新发展有限公司的创立

萧县地处安徽省最北部，位于苏、鲁、豫、皖四省交界处，被称为"徐州的西大门"，风景名胜众多，文化底蕴深厚，有"中国书画艺术之乡""中国民间文化艺术之乡"之称。萧县也是水果种植大县，果树栽培历史悠久，尤其以葡萄种植闻名，民谣"天上王母蟠桃，人间萧县葡萄"家喻户晓。

白土镇，地处萧县东南部，位于安徽与江苏两省交界处，北邻徐州市，东接宿州市。距萧县东高速路口仅1公里，交通便利，地理及区位优势明显。2016年，白土镇因其域内历史遗址众多入选安徽省第三批千年古镇。

张村行政村在白土镇西部，有山有水，紧靠倒流河，闸河绕村而过，有张村、祝寺、冯楼3个自然村，19个村民小组，1 854户，共有人口5 841人。辖区内共有5 154.6亩耕地，503.55亩园地，4 600亩林地。2014年建卡贫困户481户，共1 151人，主要致贫原因是疾病、残障、劳力缺乏，以及农业生产技术落后等。张村行政村是安徽省人大常委会办公厅结对帮扶单位，在省人大领导的指示下，村委会在扶贫工作队协助下，于2016年7月成立萧县张村创新发展有限公司（简称张村创新发展公司）。

公司业务以村民和集体提供服务为主，遵循集体所有、收益共享的宗旨，严格遵守"参股不控股，投资不经营"的原则，管理张村村委会授权的集体资产，承担张村基础设施、交通、能源、旅游和新农村建设项目，以及政府批准的其他项目的融资、建设和管理，同时负责农副产品种植、销售，农业生产技术咨询服务，对外投资合作，广告发布等业务。其经营目标是解决农民就近就业增收，同时积极、稳妥地促进集体经济发展，推进张村脱贫攻坚工作，实现乡村振兴。

公司的主要业务和管理问题

公司通过扶贫政策扶持以获取资本保障，建立之初主要从事的业务包括：一是向已建成光伏电站提供运营管理服务；二是筹集资金将村集体所有的30余亩荒地平整开垦，之后作为村集体财产进行土地经营权流转。

张村光伏电站是2015年建成的村级扶贫项目，在保护稀缺耕地资源的前提下，充分发挥张村山地资源优势，集中利用崎岖不平的荒山土地所建，项目建成时是安徽省内规模最大的村级光伏电站。张村创新发展公司成立后，承接了村光伏电站的运营管理。光伏电站的日常维护工作由村里一些有劳动能力的贫困户承担，这样既提供了就业岗位，又增加了贫困人口劳动收入。该项目一年能够为村集体带来10余万元的增收，帮助贫困户带来了超过3000元的年收益。

村光伏电站虽然是一项比较稳定的收入来源，但并没有充分发挥张村种植业的农业优势，无法形成可持续发展的特色产业，未能有效利用集体资源，不能带来长远及实质性的集体利润提高与村民收入增加；另外，公司运营也存在现有人员配置不够合理，专业经营管理人员不足，公司在薪酬、管理等方面的激励设计需要进一步摸索等问题。

张村创新发展公司在经营管理中遇到的问题使其无法在日常各项经营活动中充分利用其在资源、政策等方面的优势，难以有效发挥村集体公司的优势。所以，公司亟待确定新的业务发展方向，充分利用政府、事业单位的支持，因地制宜，结合地区特色优势进行资源的优化和整合，明确产业发展方向，投资农业项目并提供农业技术培训服务，有效发挥村集体公司的优势，盘活村集体资产，实现村集体收益最大化。

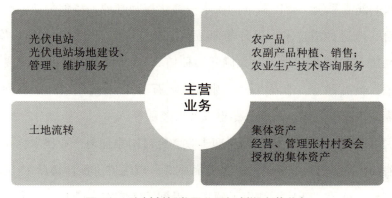

图2.1 张村创新发展公司初创期主营业务

公司的现代葡萄产业跨越式发展

萧县种植葡萄历史悠久，可经济效益一直不高，原因在于当地村民思想保守，固守传统品种，种植技术落后，导致葡萄品质低、单价低、效益差。如何充分利用张村的自然资源优势，实现"输血式"帮扶转变为"造血式"脱贫，带领张村村民脱贫致富，成为扶贫工作队与张村创新发展公司思考的一大问题。2017年4月，安徽省人大常委会机关驻张村扶贫工作队专门邀请安徽省农科院的专家进行指导，经过多次实地考察与比较衡量，结合张村的自然优势与种植历史，最终决定以种植葡萄为特色产业，打造"绿色、优质、安全、生态"的高端葡萄品牌。引入现代化的葡萄种植技术和管理方法，采用"一亩地种6棵葡萄树"的栽培方案（即第一年一亩地种56棵，第二年间伐一半，最终保留6棵）。可是村民们并不理解，总觉得葡萄树越多，葡萄单果也越多，才能多增产。不能认同大树稀植 ① 的栽培模式，也害怕投入有风险，响应并不积极。

如何破解扶贫难题，推广新的葡萄产业呢？张村创新发展公司和扶贫工作队在村西头的集体土地上种起了试验田，先后投入40万元平整土地、搭棚盖膜、铺设精准滴管系统。2017年10月，一期40亩，共计64个种植大棚建成并投入使用。2017年底，省人大扶贫工作队筹措总投资资金约900万元建立张村现代葡萄示范园，资金来源主要有省人大常委会机关的帮扶资金、财政资产受益资金、扶贫资金和村集体经济发展资金等。张村创新发展公司负责推进张村现代葡萄示范园的建设，建成204个涵盖6种类型的葡萄大棚，19个果蔬大棚，约400米的葡萄长廊，构建智慧农业系统以及仓库、泵房、肥水一体化系统等相关配套设施。园区秉承现代农业理念，采用大树稀植的栽培模式，节本高效的滴灌系统，智能精准的肥水一体化控制管理，将葡萄新品种与现代农业新技术相结合，改进种植技术，提升葡萄品质，着力打造"绿色、优质、安全、生态"的高端葡萄品牌。2018年3月一期大棚开始种植20多个品种，其中以"夏黑"和"阳光玫瑰"为主，新品种有"浪漫红颜""甜蜜蓝宝石"，以及光系列和宝系列。同时园区还种植了草莓、车厘子、桃、石榴、冬枣以及雪莲藕等。

2019年夏季，园区一期大棚葡萄喜迎丰收。经过国家葡萄产业技术体系专家组现场评测，张村葡萄平均亩产1 800公斤，葡萄品质好，市场售价预计每斤15元以上，一亩地可增收1万元。种植"新法"结出了硕果，得到了实实在在的收益，大大激发了当初观望村民的种植积极性。

---

① 大树稀植：葡萄喜欢光线，对土肥反应极为敏感，大树稀植利于通风采光，可大大提高品质，才能减少苗木投入，降低管理难度。

　　一旦激发了村民的内在发展积极性，后续就需要思想理念与技术的支持。要想把村民真正培养成懂技术、有想法、会经营的新型农民，不仅需要时间，更需要耐心和方法。为了让村民开拓眼界、接受新理念，张村创新发展公司经常组织大家外出考察、学习，在"走出去"的过程中帮助他们改变观念。在这个过程中，村民开始逐渐认识到葡萄品控做得好，价格自然卖得也高，最后分红就会多一些。有了新观念之后，就要手把手教技术，让种植的人懂技术。张村葡萄示范园的主打产品"阳光玫瑰"是一种消费定位相对高端的葡萄，其对土地和日常管理都有不同的要求。该品种对土地要求非常严格，有时甚至需要全面改土，换成有机质含量高的土壤才能满足种植要求；该品种在葡萄管理上要求也高，需要在不同的生长阶段，刻意地修枝、修花、修整果穗，才能确保葡萄呈现出好的品相和品质。专业修剪技术含量高，每到生长关键时期，安徽省农科院的技术人员都会现场培训，手把手带教，一对一指导，让村民能够听得懂，学得会。为了将这种合作模式稳定下来，张村创新发展公司与省农科院签订了合作协议，技术专家随时线上指导，定期线下指导，全程提供技术支持，为葡萄种植提供技术保障。

　　先进的栽培模式、科学的管理方式、专家的技术保障为张村葡萄示范园快速发展带来了底气，而业内专家对葡萄品质给予的充分肯定，则为张村葡萄产业做大做强带来了信心。2019 年 7 月，国家葡萄产业技术体系首席科学家、中国农业大学教授、省直机关和省农科院等专家和领导来葡萄示范园进行检查指导，大家对张村葡萄示范园种出的优质、绿色、有机、安全的葡萄给予了充分认可。张村创新发展公司深知，要想带领全部村民脱贫致富，就需让给多人知道张村葡萄。为了实现这个想法，张村创新发展公司迈出了第一步——注册"张村果缘"商标，打造品牌影响力，积极参加各类展销会，于是，在葡萄有关的各类活动中陆续出现"张村果缘"的身影。2019 年 7 月，夏黑在安徽省第六届果品展上获得一等奖；2019 年 8 月，阳光玫瑰品种荣获全国葡萄科技年会鲜食葡萄大赛银奖；2020 年 8 月，阳光玫瑰被中国绿色食品发展中心认定为绿色食品 A 级产品；同月，张村葡萄园作为分会场，承办了萧县旅游宣传推介周暨葡萄文化节活动，大大提高了张村葡萄的知名度。

　　名气越来越大，反响越来越好，电视台等各类媒体资源纷至沓来，为张村葡萄产业发展提供多方帮助与支持。通过中央电视台"走进乡村看小康"栏目、安徽科技报、萧县本地融媒体等，搭建多个宣传平台，扩大示范基地影响力。同时，通过开发微信小程序、入驻皖美萧县团购平台等线上销售渠道，打通直播带货渠道，培育本村直播带货主体，积极开展与安徽佩米农业科技有限公司以及海宁、淮北、徐州等地经销商的合作洽谈，确保产品销量稳定持续增长。

名气有了，销量也有了，公司的运营慢慢步入正轨。葡萄产业带来的实际收益，提高了贫困户自主脱贫的积极性和主动性，越来越多的村民加入葡萄种植。伴随着参与村民数量的不断增多，对企业的盈利能力又提出了新的挑战。这时，张村创新发展公司在思考，到底怎样做，能够让公司通过实现足够的盈利来帮助更多的贫困人士脱贫呢？要解决这一难题，公司就必须要在管理方面进行进一步设计和改进。综合考虑张村创新发展公司的状况，结合国家扶贫政策，借鉴其他地方扶贫经验，"政府＋科研机构＋扶贫工作队＋村集体＋公司＋扶贫对象"的经营模式应运而生。具体来说有以下几点：

政府：主要提供前期的资金支持，并保证相应的政策落实。

科研机构：依托省农科院和国家葡萄产业技术体系，全程适时开展技术跟踪服务，从葡萄品种选择、合理种植、科学管理等方面给予全力技术支持。

扶贫工作队：主要帮助村集体牵头协调与指导葡萄示范园的建设、种植、管理、销售等工作，帮助策划、制定相关的方案和相应规章制度，保障葡萄示范园正常运转。

村集体：主要提供土地、管理使用好资金，指定一位村"两委"成员负责协调建设、种植、管理、销售等有关环节的矛盾和问题，并监管葡萄示范园的资金使用和开支情况，定期向村集体公示相关费用。实行"3＋7"分红模式，即30%留存集体用于公司管理与持续发展，70%依据公司整体经营利润平均量化后按比例分配给入股村民。

公司：完善建立股东代表大会、理事会、监事会等内部组织，明确工作任务，规范工作流程、入股方式等细节，保证集体资产有投入、有人管、不流失。主要负责葡萄示范园的具体管理与销售，确保葡萄示范园正常运转，并严格按省农科院的模式管理、种植葡萄。管理、维护好园区公共设施，做好葡萄示范园的各项工作；负责公司品牌建设、宣传及品牌形象维护。

扶贫对象：积极吸纳村内农户以土地租赁、奖补资金等方式入股进行分红。主要是享受扶贫产业利润分红，通过技术推广，让贫困户接受新的种植理念，掌握新的种植技术。在平常的用工方面，贫困户优先使用，解决部分贫困户的就业，增加贫困户的收入。

多方相关者构建的利益联结机制，充分整合和利用了各方面资源，将扶贫对象纳入社会再生产轨道并形成增收稳收机制，让贫困人口分享资产收益。

张村现代葡萄示范基地 2021 年收入接近 200 万元，其中不低于 50% 用于农户增收，示范带动 400 多户低收入农户参与就业，折股量化收益分红 80 户，部分脱贫户收入达 10 万余元，村集体经济基础得到进一步夯实。张村已从过去的"贫困村"，发展为远近闻名的"安徽省美丽乡村重点示范村"。

展　望

全国脱贫攻坚圆满收官后，张村创新公司又该如何进一步发展呢？张村创新发展公司和村两委正在谋划葡萄示范园的中远规划，以产业园为核心，向四周辐射，将打造集采摘、观光、旅游、文化为一体的"葡萄文化产业园"。未来将会加强"现代农业 + 休闲旅游 + 乡村振兴"深度融合，从而实现农业增效、农民增收、农村发展的新局面，使张村真正成为产业兴旺、生态宜居、乡风文明、治理有效、生活富裕的现代化美丽乡村。

案例教学说明

教学目标与用途

1. 适用课程

适用于"社会创业""创业管理"课程中有关社会创业、社会创业商业模式的内容。

2. 适用对象

主要用于本科生、研究生、MBA、EMBA 等学生进行案例分析与讨论。

3. 教学目的

贫困仍是当今世界范围内严重的社会问题之一。2020 年是中国脱贫攻坚的收官之年，本案例以精准扶贫、乡村振兴国家政策为背景，分析张村创新发展公司在社会创业的道路上，如何对照精准扶贫要求，识别社会创业机会，结合资源禀赋聚焦产业扶贫，探索扶贫性质的企业商业模式创新，以实现创造社会与经济双重利益。通过对本案例的分析，旨在引导学生：

（1）理解社会创业的特点。

（2）掌握社会企业商业模式理论，分析社会企业如何将社会需求与资源优势相结合，进行商业模式的创新。

（3）分析产业扶贫过程中，如何精准扶贫，实现产业发展的效益性和利益配置的益贫性。

启发思考题

（1）张村创新发展公司如何将资源禀赋和社会责任相结合进行社会创业？有何特点？

（2）作为扶贫性质的社会创业企业，张村创新发展公司在创业之初如何设计商业模式？经营中遇到哪些挑战？

（3）张村创新发展公司在发展过程中，如何对照精准扶贫要求，对商业模式进行创新，实现社会利益与经济利益的兼顾？

（4）在全国脱贫攻坚收官后，张村创新发展公司又该如何将脱贫攻坚与乡村振兴有机连接？

分析思路

教师可根据预设的课程计划灵活使用本案例，案例教学说明中提出的分析思路仅供教师授课时参考。

本案例按照循序渐进、由浅入深的原则设计启发思考题。首先，从张村创新发展公司成立的背景入手，使学生了解社会创业的含义、理解社会创业的特点；其次，分析案例企业在创业初期时，其商业模式设计方面存在的问题，找出经营中面临的挑战；之后，根据精准扶贫要求，梳理张村创新发展公司所进行的商业模式内容变革，实现产业发展效益性和利益配置益贫性；最后，开放式探讨在全国脱贫攻坚收官后，张村创新发展公司该如何将脱贫攻坚与乡村振兴有机连接。

案例详细分析思路如图 2.2 所示。

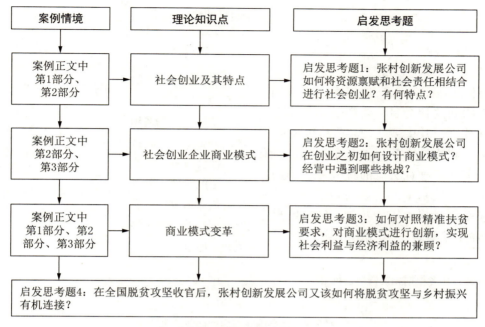

图 2.2　案例分析思路图

理论依据与分析

启发思考题 1：张村创新发展公司如何将资源禀赋和社会责任相结合进行社会创业？有何特点？

1. 理论视角：社会创业的特点

第一，社会创业的特点如下：

相较于商业创业，社会创业还是一种比较新兴的概念。严中华（2008）的广义社会创业定义是：社会创业通过创新的方式解决社会问题，在经营过程中创造社会价值和经济价值。其关键是在坚持创造社会价值这一根本目的的前提下，通过运用营利性企业的商业化运作方式来获得尽可能多的盈利。社会创业具有社会性、创新性、价值性和过程性四大特点（见表 2.1）。

第二，社会创业与商业创业的区别如下：

社会创业与商业创业的主要区别不是创业过程，而是创业的价值追求。商业创业以利润最大化为前提，而社会创业以社会价值为使命，以商业化运营为手段（见表 2.2）。

表 2.1　社会创业的特点

社会性	创新性	价值性	过程性
首要特点是社会性，具有明确的社会目的和使命；其主要目标是解决社会问题，实现某种社会目标；其最基本的要求是在过程中不能伤害社会利益	体现在三个方面：新产品和新服务；现存产品和服务的更多社会效应方面的新用途；构造社会问题的新标准、新定义和提出新的解决方案	通过社会创业，新的产品或者服务、资源、交易等被创造出来，从而对一个社区、社会或者市场贡献一定的价值，而且社会创业追求的社会价值创造始终高于经济利益追求	社会创业是价值创造的过程，它包括从创业伊始，到组织或者活动的经营管理，甚至到某一时间的退出之间的所有各类决策和行动。社会创业是一个过程，意味着成长

资料来源：作者根据相关资料自行整理。

表 2.2　社会创业与商业创业的区别

类　别	社会创业	商业创业
驱动因素	以解决社会问题为驱动因素	以市场机会为驱动
目标导向	社会需求导向	利润最大化导向
价值观	以社会价值为主，兼顾经济价值	以经济价值为主

资料来源：同表 2.1。

第一，驱动因素不同。社会创业机会往往是受某一社会问题驱动，创业者需要解决特定的社会问题；传统商业创业机会以市场机会为驱动，不以解决社会问题为根本驱动因素。

第二，目标导向不同。社会创业机会以社会需求为导向；传统商业创业机会以利润最大化为导向。

第三，价值观不同。社会创业机会以社会价值为主，兼顾经济价值，需要同时考虑企业社会价值和经济价值如何实现；商业创业机会则以经济价值为主。

2. 案例分析

此题为案例讨论的准备题。结合案例与社会企业概念界定及特点，张村创新发展有限公司是一家以扶贫为使命的社会企业（见表 2.3）。

社会创业的机会与契机来源于社会面临的问题，其影响因素包括社会政策、社会

表2.3 张村创新发展公司社会创业的特点

类　别	张村创新发展公司
驱动因素	国家扶贫政策支持下，帮助张村摆脱贫困
目标导向	以解决张村贫困农民就业增收为核心目标，促进张村集体经济持续发展
价值观	扶贫帮困，实现共同富裕

需求、资源禀赋。2013年，习近平总书记在湖南湘西十八洞村调研时首次提出"精准扶贫"，以此为标志，精准扶贫战略正式启动。此后，中共中央、国务院针对精准扶贫战略制定了一系列方针规划，为精准扶贫工作的推进指明了方向，提供了明确的政策引导，建立了"五级书记抓扶贫"的领导责任制，推动扶贫工作有序开展（王亚军，2021）。在此背景下，2014年安徽省人大常委会办公厅与张村行政村结对，选派扶贫工作队进村入驻。扶贫工作队驻村后，为贫困户建档立卡，明确精准扶贫的对象，识别致贫原因，并结合张村依山傍水的地理优势及种植葡萄的悠久历史，提出扶贫方向，并提出建立新型经营主体，构建多主体参与的利益联合体的扶贫模式。基于此，在省人大的指示下，扶贫工作队协助村委会创立了村集体企业——萧县张村创新发展公司，其经营目标是解决农民就近就业增收的同时，积极稳妥地促进张村的集体经济发展，增强村集体的经济实力，推进张村脱贫攻坚工作。

作为典型的社会创业企业，张村创新发展公司具有明显的社会性、创新性、价值性和过程性（见表2.4）。

表2.4 张村创新发展有限公司社会创业特点

社会性	创新性	价值性	过程性
帮助张村摆脱贫困，促进张村集体经济持续发展	新建安徽省内规模最大的村级光伏电站；创新葡萄栽培模式，打造高端品牌；开创"政府+科研机构+扶贫工作队+村集体+主体公司+扶贫对象"多元参与的利益联结机制	根据产业精准扶贫新思路，结合资源禀赋条件发展高端葡萄种植特色产业，通过多维度培训体系，增强贫困村民的现代化意识与能力，激发增收致富的内生力	张村创新发展公司从最初的多业务分散模式，到后面发展为核心业务聚焦、关键资源整合的新型经营方式，以及未来产业链条的延伸，显示其过程性的成长

启发思考题 2：作为扶贫性质的社会创业企业，张村创新发展公司在创业之初如何设计商业模式？经营中遇到哪些挑战？

1. 理论依据：社会创业商业模式

商业模式第一次出现是在 20 世纪 50 年代，但直到 90 年代才开始被广泛使用和传播。企业界和理论界都对商业模式表现出极大的热情，研究者大多从自己熟悉或者擅长的角度探索与解释商业模式，这导致学术界未能就商业模式的定义达成共识。本案例借鉴李振勇（2009）对商业模式的界定，即实现客户价值最大化，把企业运行的内外部要素整合起来，形成一个完整、高效，且具有独特核心竞争力的运行系统，并通过最优实现形式满足客户需求，实现客户价值，同时使系统达成持续盈利目标的整体解决方案。商业模式是一个企业创造价值的核心逻辑，价值的内涵不仅仅是创造利润，还包括为客户、员工、合作伙伴、股东提供的价值，在此基础上形成的企业竞争力和持续发展力。

在阐述商业模式时，目前普遍采用的方法是运用商业模式画布，描述了企业创造价值、传递价值、获取价值的核心逻辑和运作机制（见图 2.3）。价值主张主要描述了公司为客户及成员创造的价值。一个明确的价值主张需要回答以下问题：第一，谁是我们的客户？第二，我们为客户提供什么样的工作？第三，我们为客户和成员创造了什么样的

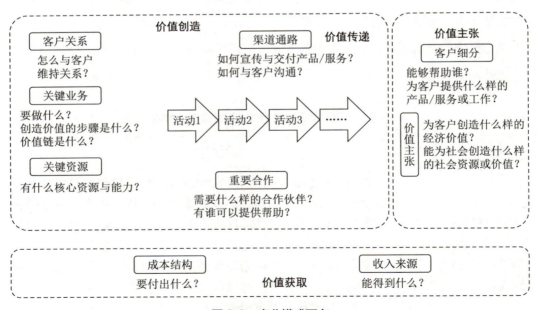

图 2.3　商业模式画布

资料来源：亚历山大·奥斯特瓦德，伊夫·皮厄尼：《商业模式新生代》，机械工业出版社 2013 年版。

价值？第四，能为社会创造什么样的资源？

价值创造主要描述了如何提供产品和服务，即如何创造价值，这一命题包括关键资源、关键业务和合作伙伴，价值传递是将产品和服务送达客户端，以及与客户交流的配送沟通渠道；价值获取描述收入的来源，以及基于价值架构的企业成本结构。

社会创业企业商业模式是指社会创业企业在针对社会问题建立假设的前提下，通过整合组织内外部资源，明确组织自身和利益相关者的交互关系，建立相应的流程与路径，创造社会与经济双重价值。社会创业企业的商业模式构建面临着双重挑战，需要在社会价值、经济价值之间进行平衡，通过经济价值的实现来引领社会价值的创造。

与商业企业一样，社会企业的商业模式也需定义三个主要因素。社会企业必须明确自己的价值主张，确定如何创造和传递产品或服务的方法，以及如何建立一个可持续的收入模式。同时，社会企业与商业企业因追求价值的不同，在商业模式方面也存在差异。社会企业商业模式特点如表 2.5 所示。

表 2.5　社会企业商业模式特点

商业模式组成部分	社会企业商业模式特点
价值主张	创造社会价值的社会使命 从根本着手解决社会问题 提供复杂社会问题的系统解决方案 促进社会改变
价值创造	依据价值主张建立利益相关者之间全新的合作关系、提供创新的调动资源策略
价值获取	获取和运营各种资金来源 通过创造社会收益与经济收益，造福社会

资料来源：作者根据相关资料自行整理。

2. 案例分析

在创业初始阶段，秉承帮助张村摆脱贫困，实现共同富裕的社会使命，张村创新发展公司将其商业模式设计为以增加贫困人口收入，以促进张村集体经济持续发展为经济价值追求，以帮助张村在一定程度摆脱贫困为社会价值追求。借助政府的扶贫资金和扶贫政策，利用荒山建立村级光伏电站，在一定范围为贫困户带来了经济收入，也降低了贫困发生率。

表2.6　张村创新发展公司初创期商业模式画布

重要合作	关键业务	价值主张	客户关系	客户群体
● 村集体 ● 扶贫对象 ● 扶贫工作队 ● 安徽省人大常委会办公厅	（1）光伏电站建设与管理 （2）常规农产品种植与销售 （3）土地流转管理 （4）经营集体资产	社会价值：帮助张村摆脱贫困，实现共同富裕 经济价值：增加贫困人口收入，促进张村集体经济持续发展	● 与政府和村集体的合作关系 ● 与扶贫对象的服务关系	扶贫对象
	关键资源 光伏电站 劳动力 土地		**渠道通路** 无	
成本结构：基础设施建设费用、管理运营费、人员薪资			**收入来源**：光伏电站收入、土地流转收入	

但作为精准扶贫的社会企业，张村创新发展公司在经营中还面临许多挑战：（1）未能充分利用当地资源禀赋条件和区域历史传统，选择与聚焦精准特色产业，致使经营过程缺少关键业务，难以建立精准的经营方式，未能有效激发经营活力；（2）关键业务不精准，导致各合作伙伴的支持方式模糊，从而不能有效整合核心资源，没办法发挥各类资本的聚集效应，进而无法帮助贫困户持续性的增收和稳收；（3）扶贫方式单一，没办法做到贫困人口的精准收益，降低了扶贫对象参与积极性，难以建立紧密合作关系；（4）收入来源仅为经营流转带来的租金和基础设置建设带来的收益，未能产生实质性的利润来提高集体与村民收入水平。

启发思考题3：张村创新发展公司在发展过程中，如何对照精准扶贫要求，对商业模式进行创新，实现社会利益与经济利益的兼顾？

1. 理论依据

第一，商业模式变革。商业模式变革是对企业原有商业模式进行重塑，或改造成新的模式，其本质上是对现有商业模式的一种再创造、再设计过程。商业模式的变革包括构成要素的变化，也可能包括要素间关系的变化。

第二，精准扶贫理论。精准扶贫是习近平新时代中国特色社会主义思想的重要组成部分，也是马克思主义反贫困理论中国化的最新贡献，是中国特色社会主义道路的又一重大创新。精准扶贫重在精准施策，表现为：扶持对象精准—项目安排精准—资金使用精准—措施到户精准—因村派人精准—脱贫见效精准，以此形成一个完整的链条，实现精准扶贫的连续传递和连续推动；精准扶贫的关键在于以人为本，坚持务实工作，扶持生产和就业发展一批，易地搬迁安置一批，生态保护脱贫一批，教育扶贫脱贫一批，低保政策兜底一批，覆盖全部农村贫困人口，体现了因地制宜和因人制宜。精准扶贫充分发挥了中国的制度优势和体制优势，坚持中国特色，把政党组织、政府组织、经济组织和社会组织很好地串联在一起，多元驱动，证明了"1 + 1 > 2"的多元治贫新机制的效率。这一扶贫方略既是中国共产党人多年探索的经验总结，也为世界扶贫事业开辟新章。"精准扶贫"的理论体系既是中国的，也是属于世界的，已经越来越多地被世界接受认可。

2. 案例分析

第一，聚焦精准扶贫要求。

张村创新发展公司在 2017 年初对照精准扶贫的要求，梳理张村生产禀赋条件，细化贫困户人口特征，盘点已获取的经济资源、自然资源、人力资源、社会资源等一系列发展所需资源。

首先是扶持对象精准。进一步细化贫困人口建档立卡，精准识别致贫原因并开展分类帮扶，精准到户、因户施策是实施精准扶贫战略的第一步，也是最重要的一步。精准到具体的贫困户和贫困人口，针对不同贫困户和贫困人口的文化、技能、年龄、性别差异等，因户因人实施产业帮扶策略。有劳动能力的贫困户，可通过生产托管、提供就业等方式实现脱贫增收；对无劳动能力的贫困户，主要通过土地流转、股份合作、资产租赁等方式获得收益。

其次是项目安排或产业选择精准。产业选择精准是精准扶贫的前提，产业选择要遵循市场和产业发展规律，迎合区域特点，还要考虑产业项目的关联带动效应、持续稳定带贫能力、产业链条的延伸性和辐射性，做到扶贫产业既要保证经济效益，又要对接贫困户人力资本特征与生产禀赋条件，从而降低贫困户纳入产业循环的难度。同时还要充分考虑可能的风险，减少未知的市场风险。

再次是经营方式精准。经营方式精准是以产业发展激发生产经营活力，确保贫困户受益的关键，是产品扶贫得以成功的保障，要考虑生产方式的选择和生产关系的创新。经营过程中需围绕扶贫的支柱性产业，坚持促进经济发展的原则，争取各类生产资源，将资源整合与聚集，裂变为优势生产力，创新适合的生产方式；秉承让贫困户收益的原则，创造"输血式"扶贫的生产关系，建立多方参与的利益联结机制，让贫困人口分享产业发展收益。

最后是支持方式精准。支持方式是产业扶贫的各项支撑，要从产业发展和贫困人口收益为出发点，选择政策、资金、技术、人才等各方面支持，同时还需做到支持方式有效，政府给政策、金融给资金、教育出人才、专家给技术、当地建基础，才能让产业扶贫在实践中精准落地和推进。

第二，变革商业模式。

在扶贫工作队指导下，张村创新发展有限公司重新设计商业模式要素，聚焦关键业务，整合核心资源，明确重要合作伙伴。依据社会创业商业模式的特点绘制出张村创新发展公司商业模式画布（见图2.4）。

第三，兼顾经济价值与社会价值。

社会企业的核心问题是平衡经济价值与社会价值，只有实现二者共同提升，才能保证社会企业的存续。作为扶贫性质的社会企业，张村创新发展有限公司经过3年的努力，实现了产业发展效益性和利益分配益贫性。

首先是，社会价值——利益分配益贫性。在现代化葡萄产业发展中，张村创新发展公司充分发挥与省农科院合作的资源优势，引入先进的葡萄栽培模式、种植技术，提高葡萄品质。同时非常重视贫困人口的教育培训，邀请专家开讲座，还组织村民去外地考察、交流与学习，在"走出去"的过程中增强现代化意识。此外，构建全产业链技术培训体系，在葡萄种植整个环节，省农科院园艺所专家全程提供技术指导，尤其是种植关键时期，组织针对性技术指导与培训，将贫困人口培养为有思想、懂技术、会经营的新型农民，帮助扶贫对象自主脱贫，同时激发致富内生动力，培育贫困人口的可持续脱贫能力。另一方面，产业价值链中，创造多种就业机会，鼓励贫困人员参与整体种植与销售环节，加速纳入贫困人口进入产业循环，增强贫困人口的自组织能力。同时，通过构建多元参与的紧密型利益联结机制，让产业效益在更大范围、更深程度上惠及贫困人口，保证贫困户的收益分享。

其次是，经济价值——产业发展效益性。张村创新发展公司整合各类资源网络，充分调动现有资源和能力，与各利益相关者进行协同合作，实现价值共创。与政府密切合作，充分利用各种扶贫性资金；与农科院保持紧密合作沟通，发挥农科院园艺所的专家

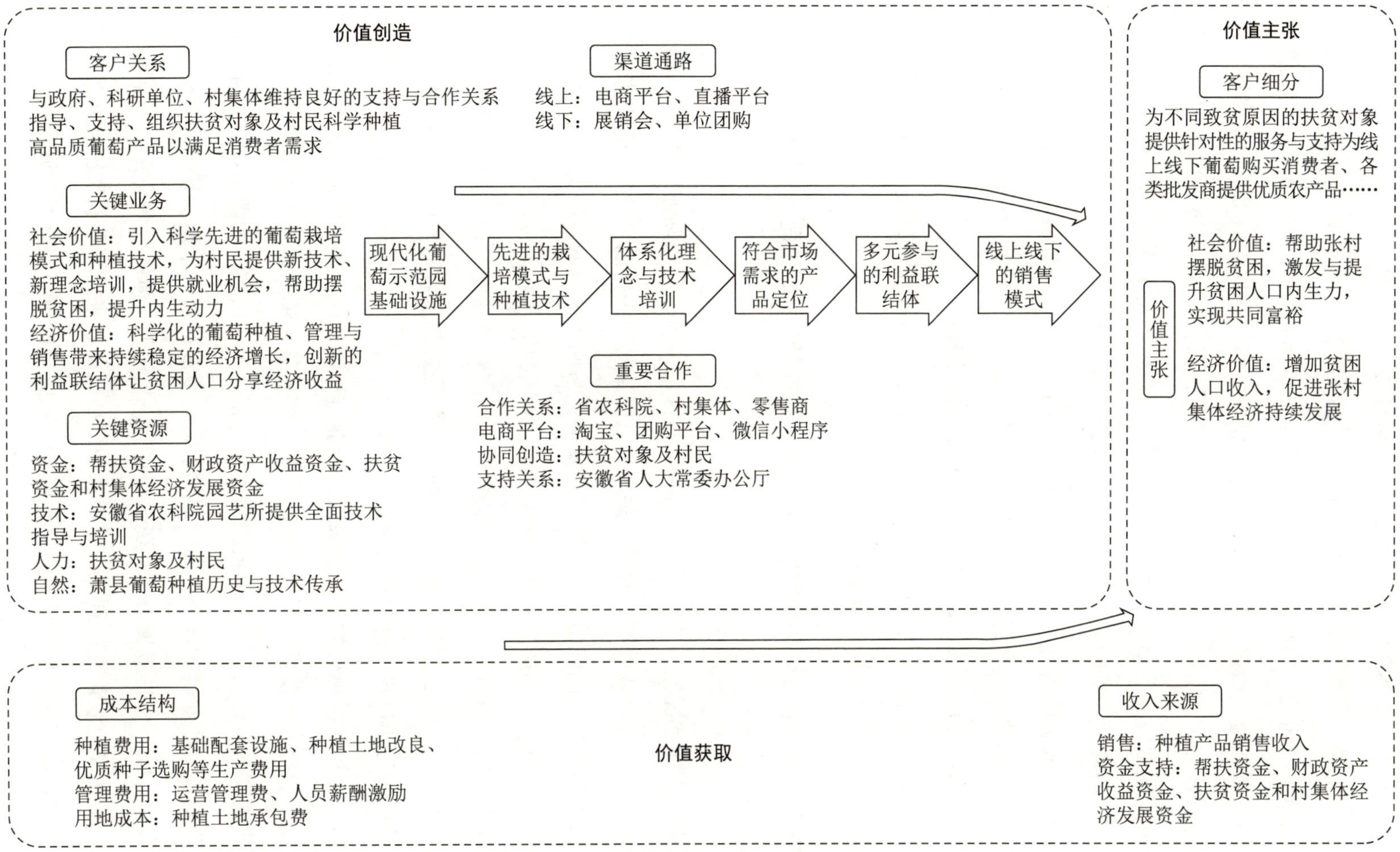

价值主张

客户细分
为不同致贫原因的扶贫对象提供针对性的服务与支持为线上线下葡萄购买消费者、各类地发商提供优质农产品……

价值主张
社会价值: 帮助张村摆脱贫困，激发与提升贫困人口内生力，实现共同富裕
经济价值: 增加贫困人口收入，促进张村集体经济持续发展

收入来源
销售: 种植产品销售收入
资金支持: 帮扶资金、财政资产收益资金、扶贫资金和村集体经济发展资金

价值创造

客户关系
与政府、科研单位、村集体维持良好的支持与合作关系
指导、支持、组织扶贫对象及村民对科学种植高品质葡萄产品以满足消费者需求

关键业务
社会价值: 引入科学先进的葡萄栽培模式和种植技术，为村民提供新技术、新理念培训，提供就业机会，帮助脱贫，提升内生动力
经济价值: 科学化种植，管理与创新的葡萄种植，稳定的经济增长，销售带来持续稳定贫困人口分享经济收益利益联结体

关键资源
资金: 帮扶资金、财政资产收益资金、扶贫资金和村集体经济发展资金
技术: 安徽省农科院园艺所提供全面技术指导与培训
人力: 扶贫对象及村民
自然: 萧县葡萄种植历史与技术传承

渠道通路

线上: 电商平台、直播平台
线下: 展销会、单位团购

现代化葡萄示范园基础设施 → 先进的栽培模式与种植技术 → 体系化理念与技术培训 → 符合市场需求的产品定位 → 多元参与的利益联结体 → 线上线下的销售模式

重要合作
合作关系: 省农科院、村集体、零售商
电商平台: 淘宝、团购平台、微信小程序
协同创造: 扶贫对象及村民
支持关系: 安徽省人大常委会办公厅

成本结构
种植费用: 基础配套设施、种植土地改良、种植土地产用
优质种子选购等生产费用
管理费用: 运营管理费、人员薪酬激励
用地成本: 萧县葡萄种植用地承包费

价值获取

图2.4 张村创新发展公司商业模式画布

资源优势，将专业技术指导纳入从葡萄品种选择、土地养护、葡萄种植与管理技术的全种植链，专业技术的保驾护航，确保了葡萄的品质与产量；扶贫过程中，通过多层次、多形式的培训与沟通，提高了贫困人口思想意识和技术水平，为葡萄产业持续性发展提供了人力资源保障。通过注册品牌、参与展销会、参加评比等活动扩大知名度，各类媒体的竞相报道，扩大了示范基地的影响力。之后，张村创新公司开始打造线上线下销售渠道，开发线上各类购物平台、直播带货平台、微信购物小程序等直接面向消费者的销售通路，同时开展与安徽佩米农业科技有限公司以及海宁、淮北、徐州等地经销商的合作洽谈，拓展线下团购与经销通路。经过五年的发展，在张村创新发展有限公司的带领下，张村现代葡萄示范基地"2021 年收入接近 200 万元，其中不低于 50% 用于农户增收"，示范带动 400 多户低收入农户参与就业，折股量化收益分红 80 户，部分脱贫户收入达 10 万余元，村集体经济基础得到进一步夯实，张村已从过去的"贫困村"，发展为远近闻名的"安徽省美丽乡村重点示范村"。

启发思考题 4：在全国脱贫攻坚收官后，张村创新发展公司又该如何将脱贫攻坚与乡村振兴有机连接？

首先，更加重视经济效率。将葡萄种植的特色优势产业规模化经营，形成规模化报酬递增效应，提升产业效率和收益，进一步巩固萧县和张村的自然与资源优势、让特色产业发展为不可替代的优质产业。同时还要避免与周边区域的同质化，通过创新保持产业的差异性和竞争力，这样才能激发扶贫产业持续的生命力。

其次，丰富"政府＋科研机构＋扶贫工作队＋村集体＋公司主体＋扶贫对象"的农业产业化联合体，完善利润分配机制，更主要的是发挥扶贫对象的参与性与主体性，激发致富的内生力和自我可持续发展能力。

再次，促进产品融合发展。通过延伸产业链，创新产业增值空间，培育新载体，打造一二三产业融合示范区，形成多主体参与、多要素聚集、多业态发展格局，增强产业的盈利实现和扶贫能力，为乡村振兴作准备。张村工作队和村两委正在谋划葡萄示范园的中远规划，以产业园为核心，向四周辐射，让更多的村民采用新技术和新模式，做大做强葡萄产业链，将打造集采摘、观光、旅游、文化于一体的"葡萄文化产业园"。

最后，从注重政策支持到更加重视利用市场机制。张村产业扶贫已经初具发展规模与发展实力，在"扶上马，送一程"的时期，政府发挥作用的重点领域将会从政策及资金支持，转为科技服务、人才培育和风险防范。张村创新发展公司自身应增强市场适应性和竞争性，继续维护高度葡萄品牌形象的基础上，进一步拓展销售渠道，同时加快专业技术人员、营销和管理人员的培养，在市场搏击中成长，形成自己真正的竞争优势。同时，有竞争就会有风险，张村创新发展公司后续应在政府指导与协助下，制定风险防范制度与应对举措，避免集体资产和农户利益受损。

关键要点

（1）厘清案例描述的思路，把握张村创新发展公司社会创业的几个阶段是如何进行的。

（2）了解张村创新发展公司是如何聚焦扶贫产业、细化扶贫对象、整合资源优势，创新商业模式，实现精准扶贫的。

（3）社会企业的核心问题是平衡经济价值与社会价值，只有实现二者共同提升，才能保证社会创业企业的存续在发展。把握张村创新发展公司作为扶贫性质的社会企业，它是如何做到产业发展效益性和利益分配益贫性相结合的。

课堂计划建议

本案例可以作为专门的案例讨论课程，采用小组讨论并汇报的方式进行。课堂教学时间控制在 90 分钟以内。以下是按照时间进度提供的课堂计划建议。

表 2.7　课堂计划

序号	内容	教　学　活　动	时间
1	课前：教学准备阶段	（1）授课教师制订详细的教学计划	提前一周
		（2）发放案例正文及启发思考题	
		（3）将学生分组，每组 4—6 人为宜，请学生以小组为单位在课前完成案例阅读和初步思考，同时查阅相关资料，了解社会企业、精准扶贫、商业模式等相关理论知识。	

（续表）

序号	内容	教学活动		时间
2	课中：小组讨论阶段	（1）课堂前言	授课教师简要介绍案例主题以及本次案例授课的教学目的、教学要求和具体安排	5 分钟
		（2）案例回顾	采用随机提问小组的方式，对张村创新发展有限公司的发展背景，以及其通过精准的产业扶贫创造社会价值和经济价值的发展历程等内容进行简要回顾，使学生进一步明确案例中的重要节点，为案例的分析与讨论做好准备	5 分钟
		（3）小组讨论	由各组长带领小组成员对启发思考题进行细致分析，对每一题形成较为一致的作答大纲	20 分钟
		（4）小组汇报	各小组分别指定一名代表上台汇报，届时，其他小组可以对其提问。每组汇报完毕后，教师以问题为线索，通过与小组同学互动的方式穿插理论知识讲解，进而完成教学目的中对相关要点的讨论和理解	45 分钟
		（5）案例总结	教师对各小组进行针对性的点评及整体归纳总结，再次简明阐述整个案例的知识要点，进一步启发学生们从商业模式角度理解扶贫企业追求的双重价值，从而加深学生对案例学习的思考和理解	15 分钟
3	课后：形成案例报告	请学生们结合课上教师讲解和各小组的多样化分析角度，在把握总体脉络的同时，结合相关理论知识，对启发思考题作出进一步完善，并形成案例报告。		一周内

行动学习过程与效果

1. 行动学习过程

2017 年 11 月 18 日 18:00—21:00，行动学习小组在研究生楼研三教室进行小组会议。会上，老师首先进行项目介绍，在进行互相了解后，小组成员共同了解了企业基本信息和现阶段经营状况，根据已经掌握的信息展开讨论，初步识别问题所在，确定调研方向，为企业实地调研做好针对性的准备工作。

2018年1月7日，行动学习小组在导师带领下到安徽省宿州市萧县张村创新发展有限公司开展实地调研活动。小组成员通过参观、座谈等方式收集资料；借助头脑风暴和团队列名法，分析当前萧县张村创新发展有限公司运营中存在的问题和机遇。

2018年1月20日18:00—21:00，行动学习小组成员在研三教室进行小组研讨。本次研讨根据实地调研和材料搜集资料，分析当前萧县张村创新发展有限公司运营中存在的问题和机遇，以目标为导向，制定初步解决问题的方案。

2018年3月24日18:00—21:00，行动学习小组成员在图书馆金融系会议室进行小组研讨。本次研讨针对项目目标和企业现状及《张村现代葡萄种植示范基地管理方案（拟定）》等，分别提出建议和意见，借助行动学习"收益/实施难度矩阵"工具对相关方案进行评估，最后按照讨论结果进行明确的分工，分组制定不同方案的行动计划。

2018年5月19日18:00—21:00，行动学习小组成员在研究生楼504教室，交流张村创新发展有限公司按照行动计划实施方案的情况及意见反馈，进行质疑反思。

2018年6月30日18:00—21:00，行动学习小组成员在研究生楼504教室，根据行动计划实施的效果进行分析，找出存在的问题，并进行质疑和反思，对方案中存在的不足进行修正完善。

2. 企业效果反馈

企业在项目过程中感到行动学习方式对分析问题和解决问题初见成效，于是联系参访国内其他类似企业，参考其成功的经验，结合萧县张村创新发展有限公司的发展实际，制订合理的运营计划，让公司动起来。同时，公司开始准备人才引进，建立基本管理制度，探索新发展模式。

参考文献

李振勇：《商道逻辑：成功商业模式设计指南》，水利水电出版社2009年版。

刘红岩：《中国产业扶贫的减贫逻辑和实践路径》，《清华大学学报（哲学社会科学版）》2021年第

1 期。

刘志阳：《创业画布》，机械工业出版社 2018 年版。

王亚军：《中国精准扶贫的政策过程与实践经验》，《清华大学学报（哲学社会科学版）》2021 年第
    1 期。

严中华：《社会创业》，清华大学出版社 2008 年版。

萧县新闻：《一亩地里的六颗葡萄》，2019 年 7 月 8 日，https://v.qq.com/x/page/z08915o3cpz.html。

安徽卫视：《安徽各地：因地制宜打造特色扶贫产业》，2019 年 7 月 8 日，https://v.qq.com/x/page/
    r0031y13cmo.html。

安徽卫视·安徽新闻联播：《安徽萧县：葡萄园里的增收"新经"》，2019 年 8 月 26 日，https://v.qq.
    com/x/page/y0032t8dios.html。

《2020 萧县旅游宣传推介周暨葡萄文化节》，https://mp.weixin.qq.com/s/dBUvZGbUzy21TZnRr8u-dw。

中国经济网：《扶贫工作队牵线搭桥 张村甜葡萄变串串"金葡萄"》，https://new.qq.com/rain/a/
    20200925A0EH5T00。

安徽经济网：《种下甜葡萄 长出"致富果"——萧县白土镇张村立足乡村产业促振兴》，https://www.
    ahjjw.com.cn/index.php?m=wap&a=show&catid=14&id=196021。

亚历山大·奥斯特瓦德，伊夫皮厄尼：《商业模式新生代》，机械工业出版社 2013 年版。

3. 上普壹明：中小型开关电源企业的市场"逐鹿"*

案例正文

本案例描述上普壹明公司的发展历史和品牌现状，分析国内外开关电源行业的发展和竞争情况。随后重点阐述上普壹明公司的创立与发展，以及目前面临的问题，主要包括上普壹明开关电源市场的选择、产品的研发与创新，以及营销渠道中海外市场发展的问题和传统渠道的现状，最后引出了上普壹明的市场定位、产品创新和营销渠道等问题。基于这些问题，本案例探寻上普壹明该如何突破发展瓶颈，为其他企业提供参考。

关键词：开关电源　市场定位　产品研发　营销渠道

引　言

2020年12月的一天，在东莞的园区办公大楼，上普壹明的创始人张锦龙与高管团队开会商讨市场发展方向，结合开关电源行业的现状和公司目前面临的挑

---

* 本案例由华东理工大学商学院杜伟宇、黄艳玫和张小庆撰写，作者拥有著作权中的署名权、修改权、改编权。本案例授权华东理工大学商学院使用，并享有复制权、修改权、发表权、发行权、信息网络传播权、改编权、汇编权和翻译权。由于企业保密的要求，在本案例中对有关名称、数据等内容进行了必要的掩饰性处理。本案例只供课堂讨论之用，并无意暗示或说明某种管理行为是否有效。

战，就采取什么样的应对策略进行了"头脑风暴"。现阶段，工业电力市场需求大幅上升，小体积、高效率的开关电源受到市场青睐，但看似发展潜力无限的开关电源市场实则暗潮涌动，制造业的升级转型使得该行业的准入门槛降低，各个企业生产的开关电源产品越来越相似，企业之间的竞争异常激烈，山寨企业更是不惜以价格战来侵占市场，然而原材料成本却在逐年上涨，生产开关电源的利润空间进一步被压缩。

上普壹明公司作为本土中小型开关电源生产企业，面临着激烈的竞争，一方面压力来自行业同盟，互相追逐市场份额；另一方面来自山寨企业的低价冲击，导致其"腹背受敌"，再加上新冠肺炎疫情的冲击，使得企业面临发展瓶颈，未来之路该如何走？张锦龙望着园区，陷入了沉思。

上普壹明的"照明"之路

1. 公司发展历程

广东上普壹明实业有限公司创建于 2013 年，是一家集研发、生产和营销于一体的综合型照明企业。创始人张锦龙的父亲从事电器维修行业，从小耳濡目染，在大学时攻读相关专业，毕业后来到深圳闯荡，最初在开关电源工厂工作并继续学习，慢慢熟悉了开关电源的生产流程，摸索出电子零配件的采购和管理经验，一年后便与四位亲友创立了上普壹明。张锦龙担任公司总经理，负责整个公司战略管理，其余四人分别负责管理生产车间、产品研发、外贸销售、国内销售与运营。创立伊始，这五人负责公司的主要运转。

2016 年，公司的占地面积、员工人数、设备投入均比原有工厂翻倍，2018 年公司更名为广东上普壹明实业有限公司（简称上普壹明），员工人数将近 100 人，当年销售额近 4 000 万，利润 380 万（见图 3.1）。经过六年的不断发展，上普壹明的产品在国内外市场取得一定的市场份额和知名度。它们秉承"以人为本，科技创新，敢想敢做"的经营理念，力争打造最具性价比的电源品牌企业，产品以"Sompom"（上普）品牌行销全球，力求在办公、商业、工业等领域为客户提供专业低压设备解决方案。

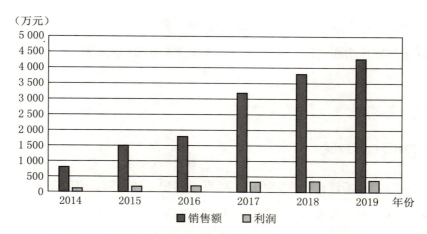

图 3.1　上普壹明公司历年销售额及利润（2014—2019 年）

资料来源：上普壹明公司内部资料。

2."开关电源"产品发展现状

上普壹明主营产品是开关电源，根据功能不同主要包含：常规款、防雨款、防水款、长条款、超薄款、超薄长条款、CCTV 电箱等系列（见图 3.2）。其中各系列可供应 5 V、12 V、24 V 等常规电压，也可根据客户以及设备对输出电压和功率的不同需求定制生产 3.5 V、9 V、15 V、18 V、20 V、36 V 等特殊电压产品。提供宽泛的输出、输入电压以及额定功率，可将 100 V—240 V 等高压交流电输入转变为 3.5 V—48 V 电压的直流电供不同电器设备使用，额定功率涵盖 10 W—600 W。

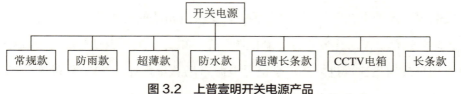

图 3.2　上普壹明开关电源产品

资料来源：上普壹明公司内部资料。

上普壹明为零售维修、广告公司、亮化工程、安防监控、通信机柜等行业的公司提供产品和服务，其中外贸居多，内销仅占 30%。同时九成的顾客来源于线下，包括杂志广告、展会、直营店、代理经销商，上普壹明在线下有深圳华强店、中山古镇店和江苏南通店三家直营店，并在广州、上海、西安等多个国内大中城市设立代理经销商；线上顾客仅占比一成，来自阿里巴巴国际站、淘宝店、金城一品等电商平台。开关电源等工业品的推广主要集中在国内外相关产品的展会和广告上，比如展会邀请老客户及潜在客户到展、现场与客户沟通交流、介绍推广公司和开关电源相关产品等。

开关电源行业的竞争

1. 开关电源技术发展

伴随工业电力市场日趋广泛的需求，拥有小体积、轻分量、高效率等特点的开关电源受到市场青睐，因为传统线性电源的工作效率仅有 50%—60%（由于内部器件一直处于工作状态），而且电源重量大、自身发热严重、体积大、电源转换效率比较低，所以难以满足现代工业的发展。而"小巧"的开关电源把原本相对不太稳定的市电，转换成电器设备或工程项目所需的高效率较稳定的低压直流电。输入的高压交流电通过整流滤波变成 310 V 左右的电压，驱动电路从 310 V 经过启动电阻加到电源管理芯片输出方波信号，控制开关管的导通或截止，刺激感应出电压。并且开关电源正朝着模块智能化、输出输入电压范畴扩张化、输出功率上涨化、抗干扰性强化趋势迈进。

开关电源的出现大大降低了传统电源的体积和质量，提升了电源转换利用率，为企业节约原材料，降低生产成本。因此开关电源越来越成为各类用电设备的关键技术，对现代电路工程具有重要作用。

2. 开关电源的全球市场与中国市场

开关电源"无处不在"。在日常生活中只要与电相通的应用几乎都能看见开关电源的身影，同时通信、AI、生物医疗、新能源汽车、电力、生物识别等范畴领域对开关电源的需求均呈现出迅速增进之势。全世界电源市场总量预计从 2018 年的 225 亿美元将增加至 2023 年的 349.2 亿美元，五年间复合年增长率达 6.7%。

中国的开关电源发展起步于 20 世纪 70 年代末，20 世纪 80 年代开始推广应用。全球经济发展与产业分工的加强，使得开关电源的制造从以前的发达国家和地区向低成本国家地区转移，如中国、东南亚等。在产业转移的同时也带动了中国开关电源行业规模的扩大和技术的发展，当前中国已逐步发展为开关电源最主要的制造国和消费国。随着国内经济的持续快速增长，国家相关经济和政治政策的有力推动，工业品市场中开关电源生产应用链日益活跃，中国开关电源行业迎来兴旺之势：2016 年，国内电源市场

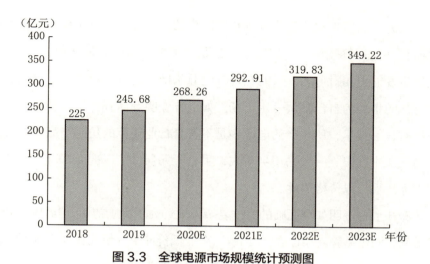

图 3.3　全球电源市场规模统计预测图

资料来源：根据 *Markets and Research*、中商产业研究院相关数据整理。

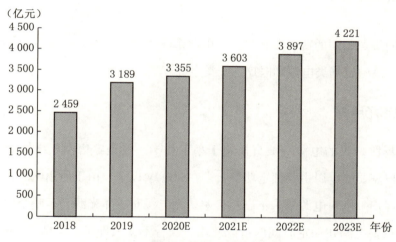

图 3.4　中国电源市场规模统计预测图

资料来源：根据中国电源学会、中商产业研究院相关数据整理。

的规模第一次冲破了 2 000 亿元的大关，增至 2 056 亿元，同比增长 6.9%；2018 年，规模已达 2 459 亿元，同比上一年度增长了 5.95%；预计到 2023 年，其市场规模将增至 4 221 亿元。

目前国内开关电源生产厂商主要有以下类型：第一种，中外合资：这类企业采用了国外先进的生产工艺和流程，主要零器件从国外引进，再回国组装。凭借其强大的研发、制造能力和遍及全球的服务网点，集中针对特定的购买群体及生产线，通过提供稳定性能的产品，成为国内外电源市场上公认的大品牌。第二种，国内大品牌：这类企业有自主研发能力，品质管控严格，生产和销售都较为规范。主要顾客是国有大型企事业单位、科研设计院等终端用户，如诚联、创联、衡孚等品牌。第三种，本土中小企业：这类企业的研发能力相对薄弱，只能在现有电源基础上尝试简单改动，但其通过较高品质和及时有效的售后为自己赢得一定市场。如上普壹明等品牌。第四种，"山寨"企业：这类企业没有核心技术，所生产的电源多是不符合行业规范的仿制产品。主要以低价冲击市场，由于成本受限，一般采用劣质或二手电子元器件，以次充好，生产的开关电源产品功率虚标严重，以价格取胜。

张锦龙深知上普壹明如今面临的竞争复杂程度远高于创立初始，"名牌"企业不可撼动的市场份额，同盟品牌互相逐鹿，"山寨"企业低价冲击等情况让他应接不暇。

开关电源市场的选择

上普壹明按照不同的购买顾客将开关电源市场大致分为四类：大众市场电源、生产者市场电源、高端定制类电源和医疗特殊类电源。

1. 大众市场电源

大众市场所购买的电源一般直接用于小工程，一般是零售商、维修商、广告公司等。此类客户需要的电源主要额定功率大多在 360 W 以下，由于所用电源市场环境级别不高，这类客户一般对电源要求不高。普遍认为电源对主体光源乃至整个电力系统损伤是慢性的，只要电源在一定时间内可以使用、噪音不太大即可。但他们对价格很敏感，追求低价，很多会选用山寨版电源。

2. 生产者市场电源

生产者市场购买的电源一般配套客户自己生产的半成品使用，成品再出售给其他消费者。一般是提供给亮化工程、安防监控、配套设备工厂等客户。它们具有良好的品牌意识，关注开关电源的产品质量，也关心其价格。所以它们既需要质量稳定、便于安装的产品，如有滤波抗干扰功能、返修率较低的产品；又要求厂商有较好的售后服务。

3. 高端定制类电源

国有企业、政府型事业单位和其他高端客户会选择高端定制电源，它们一般只选择国际品牌或者国内一线品牌，要求所用开关电源有相关行业相关规格证书，要求开关电源高效能性，转换效率高；高环保性，节能效果好；安全性高。

4. 医疗特殊类电源

这类客户由于使用的特殊场景，对电压电流、产品的功率密度等要求都非常高，比如设计、科研单位、医疗等其他特殊市场。电源既需要相关行业认证，也要求高稳定性、高可靠性、强适应性、寿命要求高。

上普壹明的产品价格适中，质量相对稳定，性价比较高；研发与生产的机动性强，可以根据客户需求及时合理安排生产确保交货时间；可结合产品为客户提供完整的电路设计方案，并为客户提供周边产品相关买家信息服务，同时已经积累了一定的用户口碑。主要服务于大众市场、生产者市场以及可接受的定制类市场。与大众市场上的厂家相比，其具有领先的技术和服务优势；生产者市场有较大的市场容量及市场潜力受到上普壹明青睐；另外，迎合市场需求接可定制的新产品，不仅可以丰富公司开关电源产品线，提高客户满意度获得相应利润，还可能发现市场痛点，找到市场前沿，引领行业。

上普壹明的研发与创新

1. "被动式"研发

受制于民营企业规模和资金压力，上普壹明新产品的研发能力和空间受到限制，每年的新产品较少，设计产品的过程中创新不足。公司现有产品结构单一，从产品线的长度看，公司近三年来的主要销售额均来自常规款电源，年收入占营收的 90%，产品线较短；从产品瓦数分布看，目前销售主要集中在 360 W 以内的小功率电源，其他型号电源产品并不多；从产品线的宽度来看，公司主要还是以开关电源的生产和销售为主，其余相关产品大多是在客户的主动要求下才会涉及。

这种生产模式虽然满足了当前一些客户需求，确保了一定的销售量。但是这种缺少研发主动性的模式使得上普壹明在生产上延滞，未能达到主动占领市场的优势，而且虽然公司目前在性能和价格上占据优势，但是市场份额占比不高。

发现这些问题后，上普壹明尝试进行产品线长度和宽度的延伸。首先，长度延伸。对产品结构进行转型升级，实现多元化生产经营，延长产品线。如在电源功率上进一步研发更大功率的电源，尤其是现有 600 W 以上的电源；又如根据自身实际和不同细分客户群的需要，把产品按照类别加以分类包装设计，即通过对线上和线下、代加工和自主营销电源采用不同包装。其次，宽度延伸：把上下游的相关联产品组合在一起达到行业横向发展，以点带面提供整体解决方案。例如：DC12 V 开关电源是上普壹明现有的一款性价比高的畅销产品，在具备明显优势的 12 V 开关电源市场需求中，除了开关电源，一般还需要配套低压光源、电源线等产品，上普壹明可以通过为客户提供一站式解决方案，优化设计线路把这几个产品进行组合，捆绑营销。

随着功能设备的日益增多，市场对开关电源的要求也越来越多，而现在市场上开关电源的规格参数都被限定在一个相对狭窄的范围内，一旦客户有对电源的非标准要求就很难得以满足。因此客户就会选择电源定制，上普壹明针对那些可接受的定制要求以及对价格不是特别敏感的定制类客户提供系统的解决方案，根据客户的具体使用环境和设备要求优化开关电源的设计方案，从性能、原材料、规格、尺寸以及效率参数等方面，都达到客户要求。例如，一些企业由于设备空间有限对开关电源的尺寸提出了要求，开关电源元器件一般包括开关、二极管等标准功率模块。上普壹明在设计电源开关时可以进行模块化设计，把电源的驱动保护电路也设计进功率模块中，设计出更智能、更系统高效的电源，这样不仅方便用户使用，缩小开关电源的体积，也方便对整机的制造与维护。

在沿海地区，空气中盐分较多，相对湿度较大，大气绝缘强度较低，容易造成电子元器件损坏故障，所以顾客会要求提高电子元器件的耐压性能和额定容量性能指标。这样的客户定制不仅可以确保获得相应利润，还可以丰富上普壹明开关电源产品线，生产能引领行业具有竞争力的新兴产品。

2."性价比"原则

从成立之初起，上普壹明的开关电源产品秉承一贯的性价比原则，所售开关电源价格产品的定价是在成本基础上，结合市场竞争行情按比例设定利润。这样使得公司产品与竞争对手价格相比时，体现公司定价的相对规范合理——中等偏低，从而获得客户信任；但同时却存在用同一种低价策略应对不同市场的问题，例如一些大型公司或科研实验单位在选择开关电源等供电设备时对价格不敏感，更加注重品质，甚至只要设计和质量达到要求时可以忽略价格；而市场上大多数客户对价格则非常敏感，有时可能因为一点点价差就失去这类客户。

工业品类的开关电源单价低，客户一般是批量采购，影响开关电源价格有多种因素，比如生产成本、销售成本、电源特征、行业等（见表3.1）。

表 3.1　影响电源价格因素

因素分类	因素描述
生产成本	电子物料及固定成本
销售成本	广告、宣传、税、物流
电源特征	外观、包装、安装方式、质量、品牌
行　　业	引领者、竞争者、跟随者、替补者
经　　济	客户财经能力、价格敏感度、整个社会经济发展程度

资料来源：上普壹明公司内部资料。

同时一次性完成的价格设定也没有充分考虑市场的波动，制定的均一低价很难使公司总利润最高化：房租、物流、人工、元器件等成本逐年上涨，致使公司开关电源的生产费用普遍提高；然而国内相关电源生产厂商众多，大大小小的厂商有1 000多家，开关电源市场已经相对成熟饱和，市场价格战普遍；另外消费者对开关电源辨识度不是很高，也导致市场平均成交价格互相比低。上普壹明开关电源最近三年总利润率逐年降低，2019年利润率仅为8.5%，盈利水平和投资开发都受到掣肘，严重影响公司长远发展（见表3.2、图3.5）。

表 3.2　上普壹明公司近三年利润表

年度	销售额（万元）	利润（%）	利润率（%）
2017	3 200	326	10.2
2018	3 800	344	9.1
2019	4 300	365	8.5

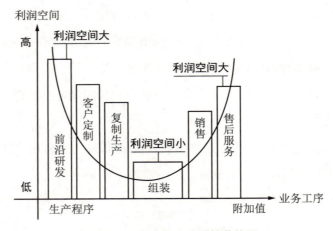

图 3.5　上普壹明公司微笑曲线图

渠道发展问题

1. 海外市场发展受阻

新冠肺炎疫情的暴发给上普壹明带来双重打击。疫情暴发初期，上普壹明遭受"有订单、没人做"的压力，原计划的 2020 年 2 月 3 日开工，因为新冠肺炎疫情的突然暴发不得不延期；在艰难地紧张筹措防疫物资复工后，又因为员工不能按时返回导致人手不足无法按计划生产，只能与客户商量延迟交货；扛过了国内疫情，招到员工，但是海外新冠肺炎疫情再次蔓延，又陷入"有人做、没订单"的窘迫形势，公司相继收到了一些客户要求订单延期的通知，原本签好合同的订单也迟迟收不到订金；更严重的是还出现取消订单甚至没有订单的情况，已经生产完毕的开关电源也不能如期出货，只能堆积在仓库里且收不到尾款。

上普壹明的海外市场贸易占比高达 70%，国外市场的经营成效对整个公司业绩的影响至关重要。然而上普壹明的员工对接服务的一般仅仅是一些国外的代理销售公司以及国内外贸公司，没有直接和国外终端客户接触，所以对于国外实际市场环境缺乏敏锐的嗅觉，当面对动荡的国际市场环境时，无法及时响应复杂的市场形势变化，从而对公司业绩造成不良影响。

上普壹明的国际业务是在 2018 年开始借势互联网，扩展海外业务，在 2018 年下半年公司组建独立线上外贸部，专门负责运营各电商平台，有七名大学以上学历的业务员主要负责平台管理，如在线答疑、直播推广以及售后服务等，以确保平台 24 小时销售有专人在线，负责接待客户，答疑解惑进行相应推广。平台前一天 17:00 之后到第二天 17:00 之前接到的订单，都会及时打包并在当晚 20:00 之前交给合作的快递方，为了提高物流时效，公司采用的国际物流供应商也是类似 DHL 这类信誉比较好的物流公司。

2. 传统渠道冲突

上普壹明的传统销售渠道包括线下自营的三家直营店和各地代理经销商。目前公司国内直营店共开设三家，分别在深圳华强北、中山古镇和江苏南通。三家直营店均为上普壹明公司家族亲属开设，彼此之间是一个相对松散的口头协议组织，缺少正式的契约和承诺。直营店由公司全程参与供货和售后服务管理，自负盈亏，这就让各直营店在进行营销活动时面临较大的风险，也限制了公司营销成果。靠近工厂的最大的深圳华强北直营店由于店长每天在厂备货、调货，及时解决工作中遇到相应问题，重要客户也方便就近经常带厂参观，所以经营效益较好。中山古镇店和江苏南通店由于市场和距离限制，初期管理还可以跟随公司节奏，后期由于信息沟通不及时等各种情形，导致入不敷出。总之，直营店存在执行管理、激励、成员选择等一系列的政策过程中缺乏有效的激励措施，员工推广积极性不高，销售灵活度不够的问题，致使上普壹明整体营销效果不理想。

关于代理经销商，一方面国内电源市场厂商众多，电源市场竞争激烈，各大厂商都想尽各种办法来扩大自己的市场占有率，其中不乏一些厂商甚至以低质低价冲击市场，有些通过低价等促销手段向经销商不断压货，从而抢占开关电源渠道。而各地经销商大多只考虑眼前短期利益，经常选择销售不同品牌的产品以获得更大利益，对不同厂家的忠诚度均较低；另一方面虽然上普壹明与各经销商签订了合作合同，但对代理商的激励考核不够系统，缺少明确的培训计划和考核激励政策，对代理经销商的控制有限。

因此，上普壹明公司制定政策支持经销商，增强公司渠道管理系统的竞争力：首先，对于每年销量能够达到签约目标销量，回款及时的经销商采取返点策略，在下一年初给予其相应比例的"返利"作为奖励，这种返利可以是在价格上的，也可以采取返货形式，以此刺激经销商冲刺销量，提升公司整个开关电源产品销量。其次，结合经销商订货回款的信用评定等级，在进货时给予不同经销商不同"信用额度"的资金支持，减轻他们的资金压力。一般以经销商上一年度月均销售额为标准制定一定比例的信用额度，并且此信用等级由上普壹明公司和经销商共同商定和公开评定。最后，辅以产品赠送、返厂参观等促销活动，返货可以激发经销商的批量采购的热情，这也是另一种促进公司产品流通方式。返厂参观一方面可以展示公司开关电源在车间严谨的生产流程和工艺，取得经销商的信赖，另一方面也是对车间工人的一种无形的精神鼓励。

3. 产品推广"落后"

上普壹明的市场推广包括国内外相关产品展会和广告，具体包括：一是专业杂志广告，在一些电源电子专业杂志上刊登公司产品广告；二是参加国内外相关产品展会，邀请老客户和潜在客户参加，展会现场营销人员与客户交流，介绍推广公司和产品；三是产品宣传彩页，通过柜面赠送或发货时一起邮寄方式推广；最后，在一些电商平台，比如公司官网、淘宝、微信和阿里国际站等，推广公司及相关开关电源产品。总之，公司九成的顾客来自前三种线下推广活动，仅有一成的顾客来源于线上电商平台。而很多采购决策层已是凭经验采购产品，他们很少再去参加展会，许多展会最后往往流于形式。同时互联网的便捷性和信息公开性使得网络营销日益主流化，依靠过去传统单一的线下营销手段显然无法跟上时代步伐。

虽然上普壹明在产品推广上存在种种问题，缺少线上营销手段，但其在线下还有参与行业协会、商会等组织的活动，充分考虑和发挥协会或商会等组织机构在信息汇集、人脉拓展、宣传推广以及综合治理等方面的优势。如在活动参与过程中，对每一次的组织活动进行针对有效的广告和现场推广，除客户定制产品外所有开关电源打上普壹明品牌，增进与客户接触的机会，增强上普品牌的影响力。

上普壹明该如何打破发展瓶颈

上普壹明在发展壮大的同时也面临着各种问题。产品结构相对单一，现有产品研发能力不足；价格体系不够灵活，市场价格战导致公司总利润难以提高；渠道上对国际市场的依存度高，难以应对复杂的市场形势变化；对国内渠道管理力度略显薄弱，直营店在执行管理、激励、成员选择等一系列的政策过程中缺乏有效的激励措施……等等的这些问题成为上普壹明的发展瓶颈。

在各种机械设备、生物识别、人工智能、医疗、机床行业、电梯行业等领域对开关电源的需求量快速增长下，市场竞争更加激烈，各个电源生产和营销企业都在想尽一切办法保住并扩大自己的市场份额，上普壹明希望能在激烈的竞争中立于不败之地。但是新冠肺炎疫情使得倚重海外贸易的上普壹明面临重重困难，目前的销售模式遇到瓶颈，同时如何从恶性竞争的怪圈中脱离，这些都让张锦龙思绪万千。

案例教学说明

教学目的与用途

1. 适用课程

本案例主要适用于"营销管理"等课程当中市场定位、产品和营销渠道等主题的教学环节。

2. 适用对象

工商管理、营销管理等专业的本科生和 MBA、EMBA 学生。

3. 教学目标

本案例的教学目标，在了解宏观环境、行业环境、目标消费群体、主要竞争对手等外部因素的基础上，结合对企业自身发展近况及优劣势的分析，让学生了解品牌定位、产品创新及营销渠道这一系列理论之间的逻辑关系，并学会在案例中分析使用，在这一过程中，可以引导学生：

（1）学会如何确定企业 / 品牌的市场定位，培养学生的战略思考能力；

（2）学会如何通过产品创新提升品牌竞争力，培养学生的行业洞察能力；

（3）学会如何选择并运用营销渠道的相关策略，培养学生的逻辑思维能力。

启发思考题

（1）你认为上普壹明目前的定位是否合适？你认为它的定位应该是什么？

（2）面对开关电源产品市场激烈的竞争，上普壹明需要如何进行产品创新来争取更多的市场份额？

（3）你认为上普壹明目前的营销渠道存在哪些问题？应如何改进？

分析思路

对于案例的分析要紧密围绕案例正文情节中包含的各要素展开：首先，引导学生从案例正文中推导上普壹明的市场定位。在进行定位分析时，分析视角不应该局限于企业自身优势方面，而是要对宏观和行业环境、目标消费者、竞争者，以及品牌自身潜质进行全面挖掘和分析，从而找到上普壹明的市场定位，构建出基于目标市场的核心优势。其次，引导学生结合产品创新及营销渠道相关理论，探讨上普壹明如何通过打造差异化产品线，并结合多样化的营销组合策略来加强品牌的竞争优势。在案例分析时，应注意实现案例情节线、理论知识点、启发思考题、教学目标之间的相互支撑和相互印证。在启发思考题的引导下，通过理论知识与案例实践的反复迭代，实现教学目标。案例分析总体思路如图 3.6 所示。

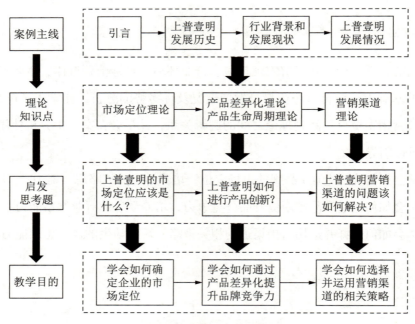

图 3.6　案例分析思路图

理论依据与分析

教师首先以简要的开场问题进行课堂互动引出话题，活跃课堂气氛。

开场问题 1：在座多少同学听说过上普壹明开关电源？用过该企业产品的进行简要评价？

绝大多数同学可能并没有用过上普壹明的开关电源，甚至在上课前都没听说过这个品牌。几位用过的同学可能会表示上普壹明品牌知名度不高、产品种类选择性较少、营销活动不常见。

开场问题 2：同学们是否了解上普壹明近段时间的一些营销动作？

学生可能会提出上普壹明在工业品行业中的展会上出现较多，以及在一些专业期刊刊登过广告和收到过邮寄的产品宣传彩页，但是在网络上较少看到它们的营销内容。

教师在听取同学回答后，将答案归纳总结。教师也可以谈谈自己用过上普壹明开关电源产品后的体验和感受。

在案例分析过程中，教师引导和鼓励学生积极思考和探索。以下问题给出的分析绝非标准答案，仅供参考。

启发思考题 1：你认为上普壹明目前的定位是否合适？你认为它的定位应该是什么？

1. 理论依据

1972 年，里斯、特劳特（1972）提出了定位理论，开创了一种新的营销思维和理念，被评为"有史以来对美国营销影响最大的观念"。市场定位是指为使产品或品牌在目标消费者心目中相对于竞争产品而言占据清晰、特别和理想的位置而进行的安排。因此，营销人员设计的定位必须使他们的产品有别于竞争品牌，并取得在目标市场中的最大战略优势。上普壹明具有一定的市场经验积累，也在消费者心目中占据了一定位置，所以上普壹明需要对市场进行再定位，再定位的基本步骤是：重新拓展产品的基本概念；重新进行市场细分；寻求新目标市场；分析竞争对手。

定位问题实质上是系统考虑产品或品牌创建和发展的内外部因素，包含产品、企业、品牌形象的大定位理论。品牌定位的核心是占据消费者心智资源，考虑时间的变化维度以及其他影响因素。基于以上考虑杨芳平、余明阳（2010）提出的品牌动态定位模型（dynamic positioning model，DPM）。DPM 模型的内涵包括：以消费者、竞争者和企业自身为主维度，以宏观环境、行业等为辅维度，从多个维度采集信息来对品牌进行精确定位。消费者、竞争者和企业的状况直接影响品牌定位的战略战术制定，品牌定位点（即向消费者传达的品牌信息要点）的开发来自对消费者心理、需求的分析或对消费者心智的分析，对竞争者定位点的确定，以及对企业自身能力和资源的解析。宏观环境和行业作为辅助维度，是因为它们不仅对品牌定位发挥着基础的、间接的奠基性作用，而且对消费者、竞争者和企业这三个维度也产生影响。品牌定位战略战术的制定，首先要对宏观的外界环境、中观的行业层面进行信息扫描，然后再根据三个主维度的信息进行决策（见图3.7）。

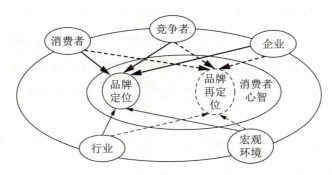

图 3.7　DPM 动态定位模型

资料来源：杨芳平、余明阳（2010）。

2. 案例分析

此问题可以分为两步分析：第一步从上普壹明的消费者、竞争对手和企业自身三个维度进行主要分析，这是为回答上普壹明的市场定位做准备工作，因为学生很可能直接提出上普壹明的市场定位，而没有考虑到定位前先需要考虑哪些因素。结合里斯和特劳特的定位理论以及 DPM 模型，分析时将要考虑宏观环境、目标客户、竞争者和上普壹明自身情况。所以在回答这个问题之前教师可以首先提问上普壹明的目标客户是谁？满足了这些目标客户的什么需求？

首先，教师带领学生通过案例正文的分析，了解并熟悉宏观环境、开关电源行业、不同的开关电源市场及企业自身的情况。

工业电力市场日趋广泛的需求，使得拥有小体积、轻分量、高效率等特点的开关电源受到市场青睐；而传统线性电源的工作效率低，难以满足现代工业的发展。在日常生活中，只要与电相通的应用几乎都能看见开关电源的身影；同时，通信、AI、生物医疗、新能源汽车等新兴范畴领域，均对开关电源的需求呈现出迅速增进之势，可以看出开关电源市场的潜力很大。

当前中国已逐步发展为开关电源最主要的制造国和消费国，国内生产开关电源的厂商主要有四种：中外合资、国内大品牌（有自主研发能力）、本土中小企业和山寨企业，从生产规模和研发能力综合来看，上普壹明属于本土中小企业。依据不同的购买顾客开关电源市场大致分为：大众市场电源、生产者市场电源、高端定制类电源和医疗特殊类电源（见表 3.3）。

表 3.3 开关电源生产厂商与顾客市场细分

生产厂商	顾客市场
中外合资	医疗特殊类电源
国内大品牌	高端定制类电源
本土中小企业	生产者市场电源
山寨企业	大众市场电源

从案例中可以看出，目前上普壹明的市场定位是大众市场电源和生产者市场电源，但这部分市场的消费者对价格很敏感，追求低价，对于电源的质量要求不高，也不是很了解开关电源的原理，所以他们会更加注重价格因素，从而有时候会将上普壹明的正规电源与山寨版的电源相提并论，进行价格比较，这使得其产品价格受到威胁，相当一部分的消费者追求一般的质量和更低的价格，这也使得上普壹明卷入了价格战的漩涡。

根据里斯和特劳特的定位理论和品牌动态定位模型，将生产厂商与顾客市场的细分进行匹配或对照，会发现大众电源市场中山寨企业的产品也很受欢迎，因为它们价格低廉，更能迎合对于质量要求不高的顾客，那么类似上普壹明的本土中小型企业必然会受到冲击，虽然其质量过硬，但是价格比山寨企业高，这会导致其流失很多大众市场电源的顾客和市场份额。所以上普壹明更加需要争取更多的生产者市场份额，这类顾客一般配套自己生产的半成品使用，成品再出售给其他消费者，这类顾客具有良好的品牌意识，关注开关电源的产品质量，也关心其价格。所以争取这部分顾客就需要和国内大品牌竞争，提高上普壹明的品牌知名度和圈内的口碑至关重要，这样才能得到生产者电源市场的认可，从而获得更多的利润和市场份额。

上普壹明自身的产品价格适中，质量相对稳定，性价比较高；研发与生产的机动性强，可以根据客户需求及时合理安排生产确保交货时间；可结合产品为客户提供完整的电路设计方案并为客户提供周边产品相关买家信息服务，同时已经积累了一定的用户口碑。

在学生对于外界环境、行业情况、竞争对手、目标消费群体及品牌自身有了一定的了解之后，通过与主要竞争对手（山寨企业和国内品牌企业）比较，分析上普壹明具有怎样的优势和劣势。学生可以发散性地自由回答，教师也可引导学生多个角度进行分析，例如产品质量、产品价格、营销活动、社会价值等方面。学生的观点可以总结在上普壹明竞争的优劣势对比表中（见表3.4）。

表 3.4　上普壹明竞争优劣势

优　势	劣　势
价格适中	知名度不高
质量稳定	口碑一般
性价比高	品牌宣传不够

启发思考题 2：面对开关电源产品市场激烈的竞争，上普壹明需要如何进行产品创新来争取更多的市场份额？

1. 理论依据

产品差异化理论。为与目标市场建立营利性的关系，市场营销者必须比竞争者更好地理解顾客的需要和递送更多的顾客价值。只有能够有效地进行差异化并定位为向目标市场提供卓越顾客价值的公司，才能获得竞争优势。

产品的起点通常是一个没有任何额外附加特征的基础原理。企业可以通过添加更多特征来创造更高水准的产品式样。特征是将本企业的产品与竞争对手的产品区别开来的一种竞争工具。率先提供价值的新特征是最有效的竞争方法之一。

独特的产品风格和设计是另一种增加顾客价值的方法。一方面企业可以通过产品差异化策略形成市场力量和取得非价格竞争优势，增强企业的核心竞争力；另一方面，企业可以通过产品差异化形成细分市场，进行有效的市场定位，集中优势资源，获取最大利润。

　　构成产品差别化的因素很多，很多学者都认为产品差异化源于产品相关"特征"的改变。这些特征包括物理差异、心理差异、服务差异、空间差异。物理差异是指企业的产品在设计、质量、结构功能方面存在一定程度的差别；心理差异是指企业的广告宣传和其他促销手段带来消费者主观上认识的差异；服务差异是指企业在售前和售后提供的服务内容和服务质量方面存在差异；生产或销售产品的企业在不同的地点分布，导致了产品空间差异。除了上述因素以外，产品差异化还源于消费者对产品认知的不同，无论同类产品之间是否存在客观差异，只要消费者认为产品不同，那么该类产品就存在差异（郭富红、陈艳莹，2016）。

　　产品差异化包括横向差异化和纵向差异化。横向差异化是指在同类产品中，一部分消费者偏好某种特征的产品，而另一部分消费者偏好另外某种特征的产品。研究主要着眼于在不同市场条件下，企业最优产品选择问题。思想最早来源于 Hotelling（1929）的线性城市模型。该模型中，在线性运输成本条件下企业都会尽量定位于市场的中心处，从而减少产品差异化带来的成本，得出最优解。绝大多数消费者都偏好某种特征的产品，这类产品的差异化称为纵向差异化。纵向差异的研究主要围绕着产品质量展开。

表 3.5　产品横向和纵向差异化选择考虑因素

产品横向差异化	产品纵向差异化
空间选址 ● 厂商选址时尽量远离竞争对手，在线性市场上定位于市场两端，实现产品差异最大化 ● 期望质量差异和水平差异度的比率 ● 考虑网络外部性	产品质量 ● 消费者的收入差异足够大时，企业将采用产品质量最大差异化原则 ● 高质量的产品获得较高的利润（三阶段博弈） ● 高质量产品表现出高竞争优势（消费者偏好服从三角形分布）
消费者：需求分布、不确定性、掌握市场信息情况	产品价格影响因素：生产成本、销售成本、行业、经济状况
产品特征维度：主导属性	产品营销推广

2. 案例分析

　　对于上普壹明的产品差异化和创新策略，教师向学生提出问题："企业应该从哪些方面着手进行差异化改进？"教师可以从产品的横向和纵向差异化两大方面来引导学生，结合案例本身来进行分析上普壹明的产品线长度和宽度的延伸、消费者的定制化需求，以及产品价格等角度（见表 3.5 和表 3.6）。

表 3.6 产品横向和纵向差异化选择考虑因素

产品横向差异化	产品纵向差异化
空间选址	产品质量
消费者	产品价格
产品特征维度	产品推广

从案例中可以看出，上普壹明产品线的主要问题在于以下几点：第一，研发主动性不足，受制于民营企业的规模和资金压力，每年的新产品较少，设计产品的过程中创新力不足。第二，产品线较短，结构较为单一，公司近三年来主要销售额均来自常规款电源，年收入占营收比 90%，产品线较短，目前销售主要集中在 360 W 以内的小功率电源，公司主要还是以开关电源的生产和销售为主，其余相关产品大多是在客户的主动要求下才会涉及。第三，产品线较窄。开关电源市场的需求越来越多，目前市场上开关电源的规格参数的范围相对狭窄，但是一部分客户对电源有非标准要求，所以可以争取这部分市场的顾客。

结合产品差异化的理论，上普壹明首先可以进行产品横向差异化，针对不同顾客的偏好进行分层分级定制产品制定价格，从以前的单一产品结构向多元化生产经营转变，延长产业链。比如进一步研发更大功率的电源，尤其是现有 600 W 以上的电源，要根据自身实际和不同细分客户群的需要把产品按照类别加以分类包装设计，对线上和线下、代加工和自主营销电源采用不同包装；还可以进行上下游关联产品组合，掌握客户的需求分布，转变产品的主导属性，为客户提供一站式解决方案。其次，上普壹明可以进行产品纵向差异化，这一部分主要针对的是定制化电源有需求的客户，注重产品质量的提升，高质量的产品一般会有较高的利润，表现出较强的竞争优势，合理制定产品价格，给产品带来良好的口碑，有利于产品后续的推广。定制类客户对于价格的敏感度不高，往往对于产品质量的要求较高，所以根据客户的具体使用环境和设备要求优化开关电源的设计方案，从性能、原材料、规格、尺寸以及效率参数等方面，都需要达到客户要求。这也对上普壹明公司的生产和研发能力提出了较高的要求，但是"不破不立"产业转型升级带来的阵痛不可避免，这样高质量的产品可以为上普壹明带来较强的竞争优势和可观的利润。

在产品价格方面，上普壹明秉持的是性价比原则，但是这种一次性定价的方式过于简单粗暴，不能灵活地应对市场波动，也不能满足不同类顾客的需求。虽然上普壹明公司的定价规范合理，但在面对价格敏感度低的大型公司或科研实验单位时，却不能很好地获得应得的利润，因为它们更加注重产品设计和质量；而面对价格敏感度很高的大众电源市场时，上普壹明有可能因为较小的价差就失去顾客。因为工业品具有奇点效应，会随着技术的更新迭代而不断地更新产品，产品出新快，淘汰也很快，所以可以结合产品的生命周期进行定价（见图 3.8）。

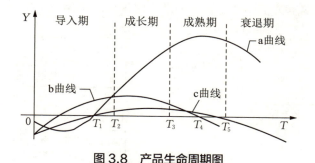

图 3.8　产品生命周期图

资料来源：科特勒等：《市场营销原理与实践》，中国人民大学出版社 2020 年版。

产品市场生命周期可分为导入期、成长期、成熟期和衰退期。

导入期：新产品初涉市场，在技术性能上较老产品有明显优势，而在企业投入上却存在批量小、成本大、宣传费等期间费用高的劣势，该类企业定价决策时要考虑企业自身的竞争实力和新产品科技含量，若新产品具有高品质且不易模仿的特点，则可选择撇脂定价策略，即高价策略，产品打入市场，迅速收回投资成本；若新产品的需求弹性较大，低价可大大增加销售量，则可选择低价薄利多销的价格策略，产品打入市场，迅速占领市场份额，以扩大销售量达到增加利润总额的目的。

成长期：产品销量增加，市场竞争加剧，产品的性价比仍然保持优势，企业可根据自身的规模和市场的知名程度选择定价策略，规模大的知名企业可选择略有提高的价格策略，继续获取高额利润，而规模较小的企业则要考虑由于市场进入带来的价格竞争风险，应以实现预期利润为目标，选择目标价格策略。

成熟期：市场需求趋于饱和，市场竞争趋于白热化状态，企业面临的是价格战的威胁，该阶段应选择竞争价格策略，即采用降价的方法达到抑制竞争、保持销量的目的。

衰退期：产品面临被更优品质、性能的新型产品取代的危险，因而企业选择定价策略的指导思想是尽快销售，避免积压，可选择小幅逐渐降价，平稳过渡的价格策略，同时辅之以非价格手段，如馈赠、奖励等促销方式，最大限度地保护企业利润不受损失；若产品技术更新程度高，则选择一次性大幅降价策略，迅速退出市场，但在运用降价策略时，要注意是否有损于知名品牌的企业形象。

而对于高质量的定制品则不需要运用上述定价法，可以根据成本和利润与顾客进行商议进行定价。

最后，教师将学生关于产品差异化和定价建议汇总至黑板（见图3.9）。

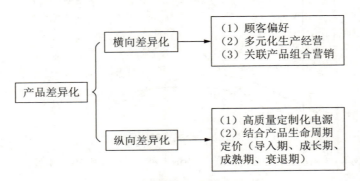

图 3.9　上普壹明产品差异化总结

启发思考题 3：你认为上普壹明目前的营销渠道存在哪些问题？应如何改进？

1. 理论依据

渠道行为理论认为，导致渠道冲突的原因有目标不一致、角色不互补、资源稀缺、认识差异、期望值方面的差异、决策领域无共识、沟通不足等。不同渠道对利益空间的不同需求是造成渠道冲突最根本、最直接的原因。制造商采用多渠道销售产品、提供服务，提高市场占有率，扩大市场份额。开发线上渠道可以降低销售成本，企业绕过传统经销商直接向消费者提供产品或服务，加之互联网零售业从销售平台到物流、售后等各方面的发展愈加成熟，越来越多的消费者选择线上购买，使得传统渠道的利润降低，市场份额减少，从而引发了渠道冲突（见表3.7）。

表 3.7　渠道冲突的类型

冲突类型	渠道关键因素	冲突原因
目标冲突	渠道资源、渠道权力 运营模式、渠道功能	组织成员都有各自相对独立的目标，当各成员间出现不一致时会导致目标冲突
资源分配冲突	渠道资源、渠道权力	资源是具有稀缺性的，当组织成员分配资源时冲突会显现出来
决策冲突	渠道组织、渠道权力	当决策领域相互重叠时，由于双方都想拥有决策权，就会产生冲突
认知冲突	渠道权力、渠道功能	各组织成员往往会从自己的角度和价值观出发去认识新的事物，由此产生的行为之间会发生冲突

渠道冲突的表现主要是目标冲突、资源分配冲突、决策冲突和认知冲突。目标冲突是指渠道成员之间分别以自身利益最大化、追求的目标不一致为表现的冲突。资源分配冲突是指线上线下渠道服务于相同的顾客，线上渠道的开发侵蚀了部分线下渠道的顾客资源，双方为了争抢共同的目标顾客而产生的冲突。在双方目标一致，市场就能够进行很好的界定，但是由于线上线下渠道信息收集、传播存在差异，会使得渠道间产生决策冲突。最后，认知冲突指即使各方获得的信息完全一致，由于渠道成员对信息的解读以及自身认识的不同，面对相同的市场环境，不同的主体也会采取不同的行动，从而产生分歧。

2. 案例分析

上普壹明的营销渠道问题来自多方面，首先是公司主营的外贸业务在 2018 年开始开辟海外的线上渠道，组建的独立线上外贸部，主要负责平台管理、在线答疑、直播推广以及售后服务等，但 2020 年受到新冠肺炎疫情的影响，在国内发生疫情时面临"有订单、没人做"的情况，在国外发生疫情时面临"有人做、没订单"的情况，订单的延期、取消，更严重的情况是没有订单而且仓库积压货物，这样的情况让海外销售渠道面临严重的问题和损失，原因可能有以下几点：第一，公司对外的依存度过高；第二，员工对接服务的仅仅是一些国外的代理销售公司以及国内外贸公司，不直接与国外终端客户接触，所以对于国外实际市场环境缺乏敏锐反应，而且对国外销售渠道也缺乏应急保障机制。

国内渠道冲突则聚焦直营店与代理经销商，因为三家直营店都是上普壹明公司的家族亲属开设，仅有口头协议，缺少正规的契约合同约束，导致管理较为困难，且由于直营店空间距离的不同，从而使得距离工厂较近的深圳华强北直营店经营绩效较好，而中山古镇店和江苏南通店两店因离工厂距离较远，信息沟通不及时，导致业绩不理想；此外，还存在管理问题，缺乏奖惩机制，致使整体员工积极性不高。

代理商则是大多只考虑眼前短期利益，经常选择销售不同品牌的产品以获得更大利益，对不同厂家的忠诚度都较低，同时对代理商的激励考核不够系统，缺少明确的培训计划和考核激励政策，不能有效地控制代理经销商的一些行为。

所以具体的渠道冲突原因和建议措施总结为以下几点：

第一，资源分配冲突。资源是具有稀缺性的，当组织成员分配资源时冲突就会显现出来，可以表现为渠道资源和渠道权力，这一点更多地体现在直营店的运营上，靠近工厂的深圳华强北直营店有着天然的地理优势，"店长每天在厂备货、调货，工作中遇到问题能及时解决，重要客户也方便就近经常进厂参观"，能掌握更多货源和顾客的资源，所以经营效益会相对很好。但是中山古镇店和江苏南通店距离较远，信息沟通不及时，不能跟上公司的节奏，掌握的货物和顾客的资源较少，所以经营效益较差。另外，直营店由公司全程参与供货和售后服务管理，自负盈亏的规则也让资源较少的直营店很吃亏，这一冲突就导致整体的经营效果不理想。

第二，认知冲突。员工和公司的利益点不一致，导致对于一些事情的认知不一致，比如外贸市场中，员工大多对接的是国外代理销售公司或国内外贸公司，缺乏对国外实际的市场环境的认识；而公司则希望他们具备对国际市场环境变动的敏锐反应意识，所以就有了认知方面的冲突。代理商也与公司的认知有所冲突，他们更加考虑眼前的短期利益，缺乏长期合作的观念，所以会选择很多品牌的开关电源进行销售，对不同厂家的忠诚度均较低，而上普壹明希望代理商能够具有较高的忠诚度，能够长期合作，这二者的冲突也使得代理商缺乏积极性，公司难以管理代理商。

第三，缺乏系统的管理和激励机制。解决渠道冲突需要系统的管理规则和奖惩机制，上普壹明主要针对直营店和代理商两个渠道进行管理，因为直营店是公司家族亲属开设，所以在制定奖惩规则时还要考虑一些人情关系，管理起来较为复杂，可以针对不同的直营店经营状况和存在的问题进行规则制定，对于经营绩效好的、渠道资源多的直营店在各方面更加规范，比如管理制度、人力资源等；对于经营绩效低的、渠道资源少的直营店要以激励为主，调动他们的积极性。关于代理商，可以分层级来制定规则，网点多、销售面广的大代理商一般会较为规范，可以进行长期合作的谈判；对于网点少、销售面窄的小代理商，要激励和规范化并行，忠诚度的要求可以更低（见表3.8）。

表 3.8　上普壹明营销渠道问题总结

冲突类型	具体问题
资源分配冲突	不同地理位置的直营店
认知冲突	海外贸易市场；代理商
缺乏系统管理与奖惩机制	直营店和代理商

激励机制建议采用薪酬激励和个人发展激励相结合的模式，设计合理、公平、透明的薪酬激励，对负责不同业务的销售员采取区别化薪酬结构：对老客户的维护采取工资加奖金制度；对于负责新业务开发，提高老客户销量的销售人员来说，则采用工资加提成制度，按当年签订合同额以及货款回收额进行提成奖励。奖金、提成与员工的工作业绩挂钩，使利益驱动与公司销量提升、利润增长相匹配，有利于激发员工及团队的最大潜能。

关键要点

（1）关键点：明确企业定位，紧扣定位分析如何通过产品差异化来提高企业的竞争力和市场份额，以及如何选择和运用营销渠道的相关策略。

（2）关键知识点：市场定位理论、产品差异化理论、产品生命周期理论、渠道冲突理论等。

（3）能力点：理论知识运用能力、批判性思维能力、综合分析能力。

课堂计划建议

1. 时间安排

本案例可以作为专门的案例讨论课程，案例课堂教学时间控制在 90 分钟以内。以下是按照时间进度提供的课堂计划建议。

表 3.9　课堂计划

教学环节	教学内容	教学形式	时间分配
课前准备	提前发放《上普壹明：中小型开关电源企业的市场"逐鹿"》案例的阅读材料，鼓励学生关注和收集有关资料，回答问题	个人自主阅读学习	120 分钟
案例开场	教师以开场白的形式，引出需要讨论的案例	教师讲授和提问	10 分钟
案例研讨	启发思考题 1：你认为上普壹明目前的定位是否合适？你认为它的定位应该是什么？	教师提问，学生回答，教师总结	25 分钟
	启发思考题 2：面对开关电源产品市场的激烈竞争，上普壹明需要如何进行产品创新来争取更多的市场份额？	教师提问，学生回答，教师总结	20 分钟
	启发思考题 3：你认为上普壹明目前的营销渠道存在哪些问题？应如何改进？	教师提问，学生回答，教师总结	15 分钟
案例总结	教师根据学生发言做最后总结	教师讲授	5 分钟
课后计划	为学生提供参考文献及相关资料，结合小组讨论和课堂分析，学生写出更具体的案例分析报告	个人或小组完成	120 分钟

授课教师可根据自己的教学目标灵活使用本案例，这里提出的案例讨论方案设计仅供参考。

2. 课堂提问逻辑

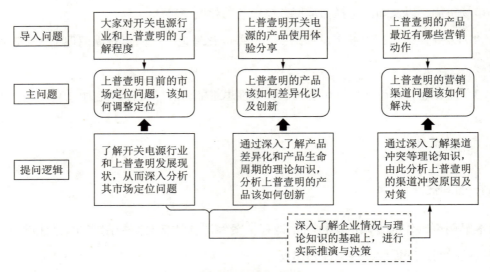

图 3.10　提问逻辑图

行动学习过程与效果

1. 行动学习过程

2019 年 11 月 19 日 18:00—21:00，上普壹明行动学习小组在商院大楼 502 研讨室进行小组会议。会上老师首先进行项目介绍，然后小组成员进行互相了解。参照"行动学习的七个角色"理论，明确了成员角色，按照行动学习"六步法"制定行程计划。

2019 年 11 月 24 日 18:00—21:00，上普壹明行动学习小组在商院大楼 502 研讨室就目前企业现状和问题进行了头脑风暴，用 STP 分析了上普壹明的市场定位问题，产品创新 / 差异化问题和营销渠道的改进措施讨论，基于市场定位、产品差异化、产品生命周期以及营销渠道等理论展开了热烈讨论。

2019 年 12 月 12 日 9:00—18:00，小组前往位于广东东莞的上普壹明公司开展企业现场调研。到场学生有程某、周某、张某某等，公司总经理张锦龙先生、副总王琴女士、人事主管、销售主管、品质主管和生产主管等也积极参与此次调研，基于实地考察和现场访谈，进行 GROW 模型的第一层次 Goal（目标设定）和第二层次 Reality（现状分析）的讨论。小组与公司管理层一同讨论问题及策略，利用鱼骨图、团队列名法等方面对问题的原因进行了归类和深挖，讨论问题解决的可行性。

2019 年 12 月 13 日 9:00—18:00，小组全体进行上普壹明公司深圳华强北直营店的调研，并参观了"华强电子世界"。在调研期间，着重对营销渠道的问题进行了考察和解决方案探讨，交流了不同的渠道冲突问题，确认关键要素。以及推进 GROW 模型的第三层次 Options（发展路径）和第四层次 Way Forward（行动推进的进程）。最后，小组成员与公司高层探讨了问题的初步解决方案，公司高层评估了解决方案的可行性。

2. 反思总结

行动学习是一种强调理论探究与解决实际问题的有机结合的理论和方法系统，强调学习中要结合实践与思考。

本次上普壹明行动学习项目运用 GROW 模型提供了一个有效的结构化方法，帮助企业设定目标，找到解决问题的过程。结合定位、产品差异化、产品生命周期以及营销渠道等理论在四个方面提出解决策略：结合市场，提高新产品研发能力；组合营销，提供一站式解决方案；品质客户高价优质策略；大众客户低价竞争策略；国际渠道拓宽策略；国内渠道激励管理策略；网络促销；实体店促销。

对此，小组积极反思，总结出两点：第一，对于方案实行过程中是研发等否适合小微民营企业；第二，计划能否切实落地等值得反思。

3. 企业效果反馈

该行动学习实践取得了较好的积极效果，企业方给予了较好的反馈。使得上普壹明公司明确了外部环境的关键机遇和挑战，主要竞争者以及上普壹明公司的优势，筛选总结竞争中上普壹明公司在品牌建设、产品、价格、渠道上的策略，使大家清晰地看到上普壹明的发展方向。

总 结

在全部问题讨论完成之后，教师做最后总结。通过上普壹明开关电源为案例提升到一般情况。总结分析问题要结合整个行业发展考虑如何修改上普壹明的市场定位，从上普壹明的本身案例上升到更一般的市场定位、产品差异化和营销渠道策略。教师需要指出在进行市场定位前需要以消费者、竞争者和企业自身为主要分析维度，以宏观环境和行业发展为辅助分析维度。

请每位（每组）同学课后提交一份更完善的案例分析报告，就所讨论的三个问题进行回答。

参考文献

艾·里斯、杰克·特劳特：《定位：有史以来对美国营销影响最大的观念》，中国财政经济出版社2002年版。

杨芳平、余明阳：《品牌动态定位模型研究》，《现代管理科学》2010年第5期。

郭富红、陈艳莹：《产品差异化理论研究综述——基于产品差异化程度越高市场势力越大视角》，《现代学》2016年第9期。

谷泽昊、郭志芳、王文利：《基于顾客渠道偏好改进的Hotelling模型的双渠道供应链零售商博弈》，《工业工程》2015年第1期。

4. 法可赛（中国）库存困境[*]

案例正文

　　法可赛国际始创于 1949 年，是一个由遍布的研发中心、工厂、全资公司、联营公司和子公司组成的集团企业公司。至今已在三大洲的 16 个国家建立生产工厂、技术中心和贸易办事处。法可赛（中国）在太仓、重庆和沈阳也都设有工厂。本案例以法可赛（中国）供应链总监对法可赛工厂库存情况的调查为主线，具体描述了该公司库存困境的形成过程和具体表现，运用行动学习六步法，探讨法可赛（中国）库存问题的解决方案并总结经验，以期为其他同行业企业改善库存管理效率提供借鉴与参考，同时为相关课堂教学提供实际案例。

　　关键词：库存管理　行动学习小组　案例研究

引　言

　　法可赛（中国）公司供应链经理熊文强回想起白天巡视工厂和仓库的情况，心里泛

---

* 本案例由华东理工大学商学院陶峰、周妍、陈桢撰写，作者拥有著作权中的署名权、修改权、改编权。本案例授权华东理工大学商学院使用，并享有复制权、修改权、发表权、发行权、信息网络传播权、改编权、汇编权和翻译权。由于企业保密的要求，在本案例中对有关名称、数据等内容进行了必要的掩饰性处理。本案例只供课堂讨论之用，并无意暗示或说明某种管理行为是否有效。

起阵阵焦虑。公司的原材料库存周转天数过长，问题的严重性远超预期，不知该如何解决，熊经理心中的担心和忧虑逐渐扩散开来。

法可赛（中国）背景介绍

法可赛汽车配件有限公司始创于 1949 年，创始人 José María Pujol 先生和 José María Tarragó 先生在巴塞罗那开办了一个为售后配件市场生产机械线束的小作坊。最初，公司只有 3 名雇员，以两位创始人的姓命名 "Pujol Tarragó"。随着 1950—1970 年西班牙汽车行业的蓬勃发展，法可赛致力于该领域的技术发展，并巩固了作为当地汽车制造供应商的地位。法可赛的国际进程始于 70 年代公司在波尔图开设分店。1987 年，公司更名为法可赛国际（Ficosa）。经过近半个世纪的发展，法可赛国际的产品种类从单一的生产机械线束小作坊发展成了拥有六大产品中心的汽车配件供应商，并在欧洲、北美、南美和亚洲的 16 个国家 / 地区设有工厂、研究中心和销售办事处，是全球主要汽车厂商的官方供应商和技术合作伙伴之一。

从行业的角度来看，法可赛国际由 6 个不同的产品事业部组成。这些事业部分别为：后视镜系统（如内部镜和外部镜、盲角数字检测传感器、视觉传感器）、操纵控制系统（如变速排挡器、停车制动器、腰托系统和线束）、塑料和电气系统（如除冰器、挡风玻璃和大灯清洗器、油箱、管路和电动泵）、天线系统（如通信和信号处理系统）、工业用车和商务车的系统和配件（如巴士、卡车和拖拉机配件），以及安全和锁止系统（如钥匙、驾驶盘、中央闭锁系统）。安全和锁止系统事业部是与德国 Huf 公司的合资企业中的一部分。2017 年，法可赛国际在中国实现 13 亿元人民币的销售额，客户覆盖上海通用、上海大众、吉利汽车、长城汽车、华晨宝马、东风日产、北京汽车、奇瑞汽车等主流整车厂。

中国市场库存危机显现

虽然法可赛国际是一家全球顶级的汽车配件供应商，为全球大多数知名汽车制造商开发和制造汽车系统和配件，但其在中国的发展却并不是那么顺利。法可赛（中国）有三个工厂，分别是太仓工厂、重庆工厂和沈阳工厂，其中，太仓工厂既是工程中心，又是研发中心，辐射全亚洲。太仓仓库里的库存一般是几个公司共用的货或者是需求量很大的货。每当客户有订单来时，太仓工厂都需要进行生产。法可赛（中国）的一部分成品是自行运输到汽车的生产工厂，还有一部分货物是外包给第三方物流公司运输。一般采用公路运输的方式，当有紧急货物时也采用空运。

随着中国市场需求增加，越来越多的企业使用法可赛工厂的零配件，但这却暴露了法可赛（中国）的库存管理模式的漏洞，不仅破坏了与客户的关系，更是导致人才流失严重。2018 年，库存问题已经到了不得不解决的时刻，2018 年 1—7 月的物流运营情况极其糟糕，每个月的库存周转天数指标都远高于年度计划，整个物流团队从原材料采购到生产计划以及成品出货都倍感压力。

某日清晨，熊经理刚到办公室就看到秘书整理过后的库存报表（见表 4.1），他拿起一看，惊叹道："不得了，必须要和陈总监商量一下对策了。"

表 4.1 2018 年 1—7 月库存数据

		1 月	2 月	3 月	4 月	5 月	6 月	7 月
工作天数		23	22	27	24	25	26	26
库存天数	计划天数	23.5	26.5	24.9	24.0	26.1	24.9	22.9
	实际天数	36.33	35.77	34.83	34.61	37.43	46.11	88.49
	计划金额（元）	49 269 609	56 326 827	48 562 938	45 462 886	46 699 786	45 078 543	39 763 653
	实际金额（元）	86 194 227	68 946 643	62 696 177	65 342 420	66 627 128	73 474 492	69 137 363

他拿起库存报表，快步走到陈总监的办公室："你快看今年上半年的库存数据，原材料库存积压这么多，实际的库存量比预算多了这么多，并且有库存越来越多的趋势，这可如何是好？"

陈总监无奈地叹了口气，说道："这也是无可奈何的事情，2008 年，由于中国汽车市场的爆发性增长，公司决定把太仓单一装配的制造中心升级为包含注塑、喷涂、转向灯、SMT，以及装配的集成工厂，我们原来的物流管理方法已经不适用于现在的发展需要了。"

熊经理满脸忧愁地说："陈总监，公司过高的库存周转天数对公司非常不利，很多公司规定的现场 5S 管理、FIFO 管理以及安全管理都受到不同程度的影响。特别是公司现金被库存大量占据，会导致公司不能及时支付供应商货款的情况发生，引起不必要的商务纠纷，所以我们必须想办法改进库存模式。"

陈总监想了想，说："公司库存周转天数过长确实会产生很多问题，比如：使企业资本固化，库存过高会使大量的资本被冻结在库存上，当库存停滞不动时，周转的资金越来越短缺，使企业利息支出相对增加；其次，会加剧库存损耗，库存过高的必然结果是使库存的储存期增长，库存发生损失和损耗的可能性增加；另外，还会导致增加管理费用，企业在维持高库存、防止库存损耗、处理不良库存方面的费用将大幅度增加。"

"所以，库存天数过长问题的解决迫在眉睫。"

现场调查

为了弄清楚库存问题的真实情况，熊经理和陈总监立即行动。

第二天，熊经理和陈总监二人一早从上海赶赴法可赛（中国）太仓工厂进行实地调研考察。刚到仓库门口，就看见库存主管张主任已经在门口等着了："熊经理、陈总监，我带你们看看工厂车间和仓库吧。"

"老张，你详细地给我们介绍一下库存情况，我们要多多了解，才能解决问题。"熊经理面色焦急，"快进去吧"。

张主任带着熊经理和陈总监参观工厂车间，介绍道："2008 年，由于中国汽车市场的快速发展，法可赛总部决定在中国设立工厂，总部人员看到了太仓的区位优势以及当地良好的招商引资政策，于是把仓库建在了太仓。随着投产的汽车种类越来越多，公司的客户范围也逐步扩大。随后在 2010 年，以太仓制造中心为依托，主要客户为重庆福特的重庆装配工厂投入运营。并且在 2015 年，以太仓制造中心为依托，主要客户为华晨宝马的沈阳装配工厂投入运营。此时，太仓制造中心的职能发生了巨大的变化，由原来的单一制造中心变成了辐射中国重庆和沈阳的供应链中心。在 2016 年，太仓工厂的客户群主力进入中国初期的全球化整车企业（福特、通用等），提升为国内主机厂和全球化主机厂（如吉利、奇瑞、广汽、宝沃）并重的格局。"

"我们的客户规模扩大了，这应该是个好事，但怎么会对库存造成这么大的影响，到底是哪个环节出了问题？"陈总监问道。

"来这边，看看生产基地的运作情况，你们就知道了。"张主任边走边说"国内主机厂供应链体系不完善，需求方式五花八门，没有统一规则，而且需求变换频繁。同时，太仓工厂又要为沈阳和重庆工厂服务，提供相应的零配件，使得整个供应链内外部的情况发生了巨大的变化，给物流团队日常稳定的运营带来了极大的困难，原材料备货无法及时消耗，库存周转天数越来越长。"

熊经理看着生产基地的运作情况，简直不敢相信自己的眼睛，有些材料严重缺货，有些原材料却积压一堆。"老张，给我们具体一点讲讲，到底是哪类原材料的周转天数过长？"熊经理急切地问。

"库存周转天数特别长的原料，主要是非标原料，占各类原料总量的90%，特别是其中的电子件原料占50%—60%，再加上大部分属于定制化原料，一旦备货呆滞，难以进行返工处理，其中，进口原料又占到60%，运输方式以海运为主，运输加上通关，使得整个流程的时间变长，交货周期有时长达10周，导致库存周转天数居高不下。"张主任回答。

"公司已有对原料按交货周期的长短进行分类，有交货期超过1个月的为长周期原料，也有短于1个月的为短周期原料。"陈总监补充道。

张主任接着说："同时，客户的备货需求与实际订单的差异也是造成库存天数偏高的主要原因，原料采购订单基于需求预测制定，一旦提交采购订单，无法撤销，当实际订单显著低于需求预测时，备货的原料就无法及时消耗，形成呆滞库存。此种需求预测准确度较低的情况经常发生在行业内某一类客户群体中，这类客户的订单虽仅占销售额的10%左右，但却占据了库存量的40%。"这时，张主任递给了熊经理和陈总监一张表，说："你们看，这是工厂对客户需求预测准确度进行的分类，分为X（波动<10%）、Y（10%<波动<30%）、Z（波动>30%）三个等级。其中，X、Y两类客户交货频次低，原材料循环取货覆盖率也低。而Z类客户的增加，会增加库存管理难度，一方面，缺少现有Z类客户新业务暂停机制；另一方面，新的Z类客户导入的评价准则也不明确。"

"具体的情况就是这些，问题怎么解决，我们也实在没有办法了，还要靠熊经理和陈总监出谋划策。"

熊经理意识到，库存管理问题仅凭自己的力量根本无法解决，必须回去组织会议讨论，共同商量解决办法。

"多谢张主任的介绍，我们得回去开会讨论一下，希望能得到有效的解决方案。"熊经理和陈总监离开了工厂，连忙通知公司高管以及供应链部门召开紧急会议。

会议讨论

会议室里，陈总监首先将已了解到的情况向公司高管和供应链部门技术人员进行阐述，之后提出了库存困境："由于市场环境的突然恶化，客户订单急剧下滑，导致之前原料备货无法及时消耗，通过对报表数据的分析，我们得到库存周转天数是由原料 24天，半成品 4.4 天，成品 14.9 天组成。由于成品库存中包含已售在途的大量出口交货期长的订单，无法有效压缩，半成品周转天数已经处于较低水平。我们现阶段急需解决的是将原材料库存周转天数由 24 天降低为 16 天。针对原料库存积压问题，大家思考一下造成原料库存周转天数过长的原因都有什么，有什么好的建议？"

会议室陷入了沉默，问题的严重性远远超过了大家的初始判断，如果不加以解决，造成的损失和后果难以估计。

不知过了多长时间，办公室的寂静终于被打破，技术总监小李说道："工厂库存涉及供应链上下游，比如：客户需求预测量与实际订单量的关系、供应商的变更对备料的影响，等等。若想彻底解决问题不是件容易的事情，我建议组成一个行动学习小组，专门解决这个问题，使用合理的分析工具，找出症结所在。"

熊经理深深地叹了口气，紧蹙的眉头慢慢舒展开来，他思考了片刻，对小李说道："你说得对，这个问题单靠一人的力量是无法完全解决的，你是技术总监，又在攻读MBA，系统地学过管理体系和方法，我相信你有能力解决公司的库存问题，行动学习小组就由你来组建，我授权你全面负责此次原材料库存周转问题，公司上下会全力配合和支持你的工作，遇到什么问题都要及时和我沟通。"

"好的，熊经理，我会圆满完成任务，解决公司的困境！"

尾　声

小李回到办公室，望着天花板，既欣喜又不安，面对公司如此复杂的库存问题，不知道自己课上所学知识是否能将其解决，但既然经理给了自己这样一个机会，就要努力做好。他立即选拔行动学习小组成员，召开会议，分析问题根源所在。经过几次研讨，行动学习小组针对"法可赛（中国）原材料库存天数过长"的问题形成解决方案，并开始执行，法尔赛（中国）库存周转天数的改进方案对企业进行生产库存管理的优化，对企业知名度的提升、信誉度和美誉度的提升都有积极的促进作用。日后法可赛公司原材料库存周转天数会得到怎样的改进，让我们拭目以待。

案例教学说明

教学目的与用途

1 适用课程

本案例适用于"运营管理"中有关库存管理等内容的教学和研究。

2. 适用对象

本案例适用对象为本科生、硕士研究生、MBA 学生。

3. 教学目的

案例通过对法可赛公司库存周转天数的问题进行详细描述，帮助学生对企业库存问题和行动学习小组活动进行思考和分析。通过本案例的学习，旨在帮助学生：

（1）通过理论知识的掌握进行案例分析，培养学生的总结归纳、融会贯通的学习能力。

（2）将理论融入实践，帮助企业提升库存管理水平，更好地开展行动学习小组活动。

启发思考题

（1）什么是库存管理？根据案例资料分析法可赛（中国）改进库存管理的重要性。

（2）如果你是技术总监小李，你将如何建立行动学习小组，解决公司的库存困境？

（3）结合案例与实际，谈谈企业如何降低库存周转天数。

分析思路

在进行实际教学时，教师可以根据自己的教学目标灵活使用本案例。对于案例的分析，可以结合启发思考题，从库存管理以及行动学习小组活动流程等角度梳理出本案例涉及的相关理论要点。以下提出的分析思路和逻辑路径，仅供参考。

从企业生产活动的角度入手，引导学生树立库存管理理念，要求学生掌握基本的库存管理以及降低库存的方法。结合相关理论与企业实际，分析企业降低库存周转天数的必要性，并从不同角度探讨如何加强库存管理能力，为企业管理与发展建言献策。教师在分析此案例时，可参照如下分析思路：

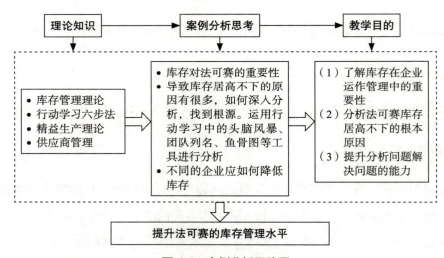

图 4.1　案例分析思路图

理论依据与分析

启发思考题 1：什么是库存管理？根据案例资料分析法可赛（中国）改进库存管理的重要性。

1. 理论依据：库存管理理论

库存管理是指在物流过程中商品数量的管理。库存多，占用资金多，利息负担加重。但是如果过分降低库存，则会出现无法满足订单需求的情况（沈厚才等，2000）。

不同的企业对于库存管理历来认识不同。概括起来主要有以下三种：

一是持有库存。一般而言，在库存上有更大的投入可以带来更高水平的客户服务。长期以来，库存作为企业生产和销售的物资保障服务环节，在企业的经营中占有重要地位。企业持有一定的库存，有助于保证生产正常、连续、稳定进行，也有助于保质、保量地满足客户需求，维护企业声誉，巩固市场的占有率。

二是库存控制，保持合理库存。库存管理的目的是保持合适的库存量，既不能过度积压也不能短缺。

三是"零库存"。主要代表是准时生产方式（JIT）。JIT认为，库存即是浪费。因此，其库存管理的目标就是零库存。

2. 案例分析

此问题可分为两个部分，首先，可引用库存管理理论来明确库存的类型、库存的周转，以及库存对企业运营管理的影响等方面切入，从而更全面地理解库存管理。

第一，库存是指为了满足未来需求而临时闲置的资源，它包括各种原材料、毛坯、工具、半成品和成品，也包括处于运输中的在途库存。因此，库存管理即为针对这些闲置资源而进行科学有效的管理。

第二，评价库存管理效率的重要指标是库存周转率，它是指某时间段内库存货物周转的次数，通常，库存周转率越高越好。其计算公式为库存周转率（年）=365天/库存周转天数，其中，库存周转天数 = 年平均库存数量（或价值）/ 年销售量（或销售产品价值）。

第三，库存的好处是缩短订货提前期，分摊订货费用，防止短缺和中断等，其最大的弊端是占用资金。

其次，本案例中库存管理对企业的重要作用，通常可从库存周转率以及库存对资金的占用着手。结合案例可知，法可赛（中国）的库存周转率持续处于高位，如2018年7月的实际库存周转天数已达88.49天，远远高出计划的22.9天，库存金额达到惊人的6 913.73万（如表4.1所示）。其次，该公司的库存周转率由原料24天，半成品4.4天和成品14.9天组成。而原料中，非标原材料占总原料的比重达到了90%。因此，原材料库存管理是整个库存管理的重中之重。最后，结合企业管理人员的对话可知，公司的高库存可能导致不能及时支付供应商的货款，增加了企业的利息支出，同时过高的库存也可能发生损耗，而且增加了库存管理的费用。由此可总结出，当前公司的库存周转率过低，占据了大量的流动资金，因此，急需对库存管理进行优化。

另外，学生也可补充资料，从企业内外部环境的角度出发，进行分析。

启发思考题 2：如果你是技术总监小李，你将如何建立行动学习小组，解决公司的库存困境？

1. 理论依据：行动学习解决问题六步法（陈万思等，2019）

第一步：摆症状、明确问题并制定目标——症状是问题的表现。此步骤要求所列举的症状一定是可以观察到的客观现象，而不是来自主观臆测和推论，即用数据说话。并尽可能描述所有的现象。在目标制定过程中，目标既明确又要有挑战性，可按照SMART 的要求设定目标。

第二步：寻找可能的原因。此步骤要尽可能找到导致问题或现象的各种原因，可使用头脑风暴法或者团队列名法。找到原因集合后，对每个原因进行分析，剔除不相关的原因。这个环节要多问几个为什么，发挥学生的好奇心来搜索信息。

第三步：把原因进行归类，并按紧迫性排序。针对第二步筛选后的原因，利用鱼骨图将原因分为相互独立的几类，并明确原因之间的因果关系。接着，用重要性—紧迫性矩阵对原因进行排队。那些既重要又紧迫的原因通常是立即要消除的原因。

第四步：将原因转化为子目标，将第三步重要性—紧迫性矩阵所列出的要立即消除的原因逐一转化为子目标，可运用头脑风暴来制定目标，目标制定中依然要符合SMART 原则。

第五步：针对每个子目标，提出解决方案并对方案进行评估。此步骤中要制定出实现子目标的可能方案，针对每个子目标可提出两个及以上的方案；接着，设计评估标准并选择最佳方案，可借助收益—实施难度矩阵进行评估，在评估中要对方案进行系统的、全面的分析，必要时要反思，勇于否定已有的结论；最后，对选中的方案进行风险分析。

第六步：制订行动计划，即制定详细的可以操作的行动计划。计划要具体，可操作，可跟踪的。行动计划要分解到每个小组成员，有具体的责任人和监督人。

2. 案例分析

首先，成立行动学习小组，小组的成员人数在 6—9 人为宜，成员需具有采购、生产、库存管理相关背景。教师在小组活动中的作用主要是启发学生思考，把握讨论的主题，避免讨论中过于发散，无法得到有价值的结果。组队完成后，制订小组学习计划。作为一门实践课程，行动学习实践的总周期大概为 8 个月，因此讨论活动通常在 2—3 个月内完成，剩下的时间留给企业实施方案，听取反馈。总讨论次数一般为 6 次（时间和计划都依具体情况而定）。每次讨论都提前安排组员做会议记录，准备好大白纸、白板笔。讨论的要点记录在大白纸上，会后整理成电子版文档，便于查阅。

第一步：摆症状、明确问题并制定目标——教师在进行行动学习讨论时，首先要对所要解决的问题进行梳理。往往表面看上去的问题未必是真正要解决的问题。因此，在这一步骤中，要摆出法可赛（中国）公司库存管理中的各种现象（或问题）。本行动学习实践项目的开题中所确定的题目是"六个月内将库存周转天数由 44 天降到 34 天以下"。然而，通过对企业的调研，对高管的访谈，以及学生的集思广益，我们发现，当前企业库存周转率虽然低，但是贸然地提出直接降低库存周转率可能会导致难以聚焦后续寻找原因和提方案环节。根据企业提供的资料可知，在总库存周转天数中，原料是 24 天，半成品是 4.4 天，成品是 14.9 天。其中成品库存包含了已售且在途的大量出口交货期较长的订单，很难进一步优化库存周转率；而半成品的库存周转天数已处于较低水平，因此，通过调研，行动学习实践的题目改为了"六个月内把原材料库存周转天数从 24 天降为 16 天"。

在引导过程中，教师可逐步引导学生将问题层层分解。首先，库存周转率高是需要努力的方向，可引导学生思考，并提出如果以总库存周转率的提升为目标将会有哪些困难。接着，结合案例指出该公司的库存周转率由三部分组成，再引导学生讨论这三部分是否有轻重缓重之分？特别给学生指出成品库存部分中，库存包含了大量的以海运为主的出口订单。最后，结合案例资料，得出以案例正文中的原料库存周转天数从 24 天降到 16 天是合理的。

确定好上述问题后，由于该问题是解决偏差的问题（从 24 天降到 16 天），所以结合行动学习理论可知，适用于行动学习六步法。

第二步：寻找可能的原因——运用头脑风暴法，组织学生讨论，先提出可能的原因。此环节要鼓励学生大胆的提出意见。通常，需组织企业方的管理层，针对导致库存周转天数较长的原因进行访谈。此环节尽可能多地寻找可能的原因（见表 4.2）。

表 4.2　头脑风暴结果——35 条造成原料库存周转天数过长的具体原因

序号	内　容	序号	内　容
1	客户需求预测量高于订单量	18	供应商停供导致配套原料呆滞
2	零部件设计变更管理不当（产生呆滞库存）	19	供应商的变更导致的备料增加
3	最低采购量高于实际消耗量	20	一线工人流动率高，备料增多
4	新项目量产初期存在原料用量不确定性	21	缺少供应链级 EDI，导致信息传递不及时、不一致
5	生产的最低批量高于客户订单	22	库存的调整和更新不及时，导致账实不符
6	入库后原材料本身质量问题，原材料质量问题导致配套物料暂时呆滞	23	环保要求降低了原料库存的消耗能力
7	供应商多送料	24	原材料储存环境管理不当
8	运输周期长（天气、季节）	25	厂内物流精益化管理缺失
9	采购计划编制过程中人员操作失误	26	ERP 系统功能不足
10	供应商交货批量大于订单量	27	动态盘点准确度低
11	BOM 原材料用量多于需要量，该原料库存偏多，原材料用量少于需要量，配套原料库存偏多	28	Z 类客户增加，增加库存管理难度
12	原材料安全库存设定过高	29	产品从汽车非电子向汽车电子转换，长周期类库存原料增加
13	呆滞物料处理不及时	30	用历史数据对客户当期需求的甄别缺乏准确性
14	供应商本地化率低，采购周期长	31	新的 Z 类客户导入的评价准则不明确
15	生产过程不稳定，备料增多	32	缺少现有 Z 类客户新业务暂停机制
16	库存记录不准确，库存账实不符	33	X、Y 两类客户交货频次低
17	原材料种类过多，模块化程度低	34	X、Y 两类客户原材料循环取货覆盖率低

针对第一轮提出的原因，进一步总结、分析、剔除和精简原因（表 4.3）。

表4.3　26条原材料造成原料库存周转天数过长的具体原因

序号	内　容	序号	内　容
1	客户需求预测量高于订单量	14	供应商的质量表现不佳导致变更引起备料增加
2	零部件设计变更管理不当（产生呆滞库存）	15	缺少供应链级 EDI 导致信息传递不及时、不一致
3	最低采购量高于实际消耗量	16	环保要求降低了原料库存的消耗能力
4	运输周期长（天气、季节）	17	厂内物流精益化管理缺失
5	BOM 原材料用量多于需要量，该原料库存偏多，原材料用量少于需要量，配套原料库存偏多	18	Z 类客户增加，增加库存管理难度
6	原材料安全库存设定过高	19	产品从汽车非电子向汽车电子转换，长周期类库存原料增加
7	呆滞物料处理不及时	20	用历史数据对客户当期需求的甄别缺乏准确性
8	供应商本地化率低，采购周期长	21	新的 Z 类客户导入的评价准则不明确
9	定制件太多，缺乏标准化应对市场需求波动的能力下降	22	缺少现有 Z 类客户新业务暂停机制
10	库存的调整和更新不及时，导致账实不符	23	X、Y 两类客户交货频次低
11	原料种类过多，模块化程度低	24	动态盘点方法不当导致账实不符
12	供应商停供导致配套原料呆滞	25	机器故障的不确定性导致报废率高，引起备料增加
13	X、Y 类客户原材料循环取货覆盖率低	26	供应商评价体系不当导致的供应商变更

　　第三步：把原因进行归类，并按紧迫性排序——前两步完成后，基本为问题的解决提供了有效的方向。

　　在这一步骤中，首先采用鱼骨图法，从人员、设备、物料、方法、环境、测量六个方面对以上 26 种原因进行分类。

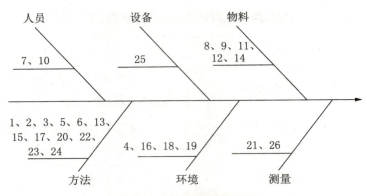

图 4.2　原因分类的鱼骨图

同时，为了更好地理解各个原因与不同物料之间的关系，也可从三类客户的物料采购周期的角度对运用进行分类，由此可知，库存周转天数降低的重点聚焦在对库存周转天数影响最大的长周期物料上。

表 4.4　原因分类结果

	长　周　期	短　周　期
X	2、4、5、6、7、8、9、10、11、13、14、15、16、17、19、23、24、25、26	2、5、6、7、9、10、11、13、15、16、17、19、23、24、25、26
Y	2、4、5、6、7、8、9、10、11、13、14、15、16、17、19、23、24、25、26	2、5、6、7、9、10、11、13、15、16、17、19、23、24、25、26
Z	1、2、3、4、5、6、7、8、9、10、11、12、14、15、16、17、18、19、20、21、22、24、25、26	1、2、3、5、6、7、9、10、11、12、15、16、17、18、19、20、21、22、24、25、26

然后，这些原因的重要性和紧急性评价如下：

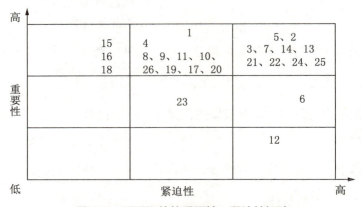

图 4.3　原因评价的重要性—紧迫性矩阵

重要性—紧迫性矩阵显示，首先需要消除的导致问题的原因为：7、25、14、21、22、2、5、13、24。这是第三步的重要成果。

第四步：将原因转化为子目标——第四步将第三步中的筛选出的重要原因转化为一个个具体的子目标。

由第三步确定的优先消除的原因为：7、25、14、21、22、2、5、13、24，针对列出的重点原因进行头脑风暴制定相应的子目标（见表4.5）。

表4.5　目标结果图

子目标 1—原因 7、原因 8	1 个月内建立子仓储物料处理的监督与考核机制（库存天数下降目标：2 天）
子目标 2—原因 25	3 个月内建立设备 TPM 维修保养管理机制（库存天数下降目标：0.5 天）
子目标 3—原因 14	3 个月内建立协助供应商提升质量管控流程制度（库存天数下降目标：0.2 天）
子目标 4—原因 21、原因 22	2 个月内建立完善的 Z 类客户评价准则（库存天数下降目标：0.5 天）
子目标 5—原因 2	3 个月内建立并完善设计变更管理流程（库存天数下降目标：1.5 天）
子目标 6—原因 5	1 个月内开发自动化的 BOM 导入和复审工具（库存天数下降目标：1 天）
子目标 7—原因 13	3 个月内优化循环取货路径和提高车辆装载率（库存天数下降目标：2 天）
子目标 8—原因 24	3 个月内将 A 类物料的动态盘点准确率从 65% 提升到 85%（库存天数下降目标：0.3 天）

子目标确认后，需要对各个子目标订立具体的数据指标，即各个子目标的库存天数下降目标数值。

确定子目标 1 为下降 2 天，子目标 2 为下降 0.5 天，子目标 3 为下降 0.2 天，子目标 4 为下降 0.5 天，子目标 5 为下降 1.5 天，子目标 6 为下降 1 天，子目标 7 为下降 2 天，子目标 8 为下降 0.3 天。

第四步要特别注意确定子目标时同样要满足 SMART 原则。特别要提出每一个指标的量化数值。数值的制定通常需要企业方管理者的参与，以此确保目标值可实现。

第五步：针对每个子目标，提出解决方案并对方案进行评估——当子目标确定好后，即可提出相应的解决方案。可运用头脑风暴法和团队列名法，对每个子目标提出方案。本案例的目标方案如表 4.6 所示。

表 4.6　子目标解决方案

子目标 1 方案 A	• 明确责任主体 • 责任主体定期发布仓储物料处理结果报告 • 将完成结果与月度绩效考核挂钩
子目标 2 方案 B	• 识别设备维修保养责任部门 • 制定 TPM-1 维修保养内容及频次 • 制定 TPM-2 维修保养内容及频次 • 建立 TPM 维修保养数据库 • 通过数据分析实现预见性设备维护
子目标 3 方案 C	• 识别需提升质量的供应商目录 • 基于供应商产品及工艺组建技术支持团队 • 梳理供应商质量管理流程，提供改善方案 • 跟踪实施结果 • 反馈供应商产品改进后的质量表现
子目标 4 方案 D	• 建立客户分类的指标体系及权重 • 确定客户分类的阈值 • 确定客户业务暂停的阈值 • 建立年度动态评价的制度
子目标 5 方案 E	• 清晰定义变更发起部门职责 • 对变更内容进行可行性分析及审批 • 发起部门参照变更管理清单进行沟通和实施 • 实施部门提交执行结果 • 发起部门评估并关闭变更需求
子目标 6 方案 F	• 确定开发负责人 • 需求分析和规范确定 • 代码开发和测试 • 用户验证及优化
子目标 7 方案 G	• 识别所有车辆现有装载率 • 制订装载率提升方案（包装） • 在现有的循环取货范围内覆盖更多取货点 • 定期评估循环取货路径的合理性
子目标 8 方案 H	• 识别动态盘点责任部门 • 通过 VSM 方法标识清楚 A 类物料的存放区域、移动路线定义 • 建立每日盘点计划 • 建立动态盘点的作业指导书 • 编制工厂软件记录和分析每天动态盘点结果

由于企业资源、时间、资金的约束，上述方案无法同时在企业内实施，因此，需要对上述方案的优先顺利进行讨论。此步骤可借助收益—实施难度矩阵来完成。针对每一个方案，画出其在矩阵中的位置。通常，这一步骤也是由企业方管理者主导完成的，行动学习队员可提供建议。

本案例运用"收益—实施难度矩阵"对每个方案的分析结果如图 4.4 所示。

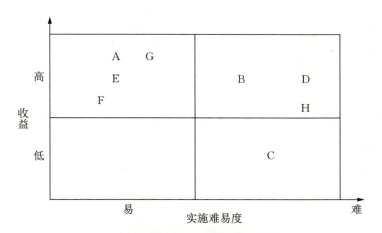

图 4.4　方案收益—实施难易度情况

方案的实施顺序优先考虑实施的难易程度，接着结合其收益大小。由图 4.4 可知，F 方案收益较好且较容易实施，因此应优先实施。次之考虑 A 方案不仅收益高，实施难度也较容易，因此，紧随 F 方案实施。以此类推，最终确定的方案执行顺序为：

$$F \rightarrow A \rightarrow E \rightarrow G \rightarrow B \rightarrow D \rightarrow H \rightarrow C$$

第六步：制订行动计划——方案执行顺序确定好后，要讨论各个方案的执行具体计划。可借助甘特图、网络图等工具。在制订计划时，要明确责任人以及每个时间点要完成的具体任务，以此保证计划得到有效实施。本案例的行动计划如表 4.7 所示。

表 4.7　各个方案的执行具体日程计划图

方案	事项	责任人	W1	W2	W3	W4	W5	W6	W7	W8	W9	W10	W11	W12	状态
F	1	WHM	√												
	2	WHM		√											
	3	SCM		√	√	√									

（续表）

方案	事项	责任人	W1	W2	W3	W4	W5	W6	W7	W8	W9	W10	W11	W12	状态
A	1	PM	√												
	2	MM		√	√	√	√								
	3	MM		√	√	√	√	√							
	4	MM					√	√	√	√	√	√			
	5	MM											√	√	
E	1	STAM	√	√											
	2	STAM		√	√										
	3	STAM			√	√	√	√	√	√	√				
	4	STAM								√	√	√			
	5	PQM										√	√	√	
G	1	SD	√	√	√										
	2	SD			√	√									
	3	SD				√	√								
	4	SD						√	√	√					
B	1	PD	√	√											
	2	PD			√	√									
	3	PD					√	√	√						
	4	PD								√	√				
	5	PD										√	√	√	
D	1	ITM	√												
	2	ITM		√											
	3	ITM			√										
	4	ITM				√									
H	1	SCM	√	√											
	2	SCM		√	√	√	√	√	√	√					
	3	SCM									√				
	4	SCM										√	√		
C	1	SCM	√												
	2	SCM		√	√	√	√	√	√						
	3	SCM							√	√					

启发思考题 3：结合案例与实际，谈谈企业如何降低库存周转天数。

1. 理论依据

● 库存管理理论（见启发思考题 1 的理论依据）；精益生产理论

精益生产是通过系统结构、人员组织、运行方式和市场供求等方面的变革，使生产系统能很快适应用户需求不断变化，并能精简生产过程中一切无用、多余的东西，最终达到包括市场供销在内的生产的各方面都表现出色的一种生产管理方式（蒋美仙等，2005；周武静等，2012）。

精益生产方式的基本思想可以用一句话来概括，即 Just In Time（JIT），可理解为"旨在需要的时候，按需要的量，生产所需的产品"。

一是追求零库存：精益生产是一种追求无库存生产，或为使库存达到极小的生产系统而开发了包括"看板"在内的一系列具体方式，并逐渐形成了一套独具特色的生产经营体系。

二是追求快速反应，即快速应对市场的变化：为了快速应对市场的变化，精益生产者开发出了细胞生产、固定变动生产等布局及生产编程的方法。

三是企业内外环境的和谐统一：精益生产方式成功的关键是把企业的内部活动和外部的市场（顾客）需求和谐地统一于企业的发展目标。

四是人本主义：精益生产强调人力资源的重要性，把员工的智慧和创造力视为企业的宝贵财富和未来发展的原动力，核心为充分尊重员工，重视培训，共同协作。

五是库存是"祸根"：高库存是大量生产方式的特征之一。由于设备运行的不稳定、工序安排的不合理、较高的废品率和生产的不均衡等原因，常常出现供货不及时的现象，库存被看作是必不可少的"缓冲剂"。但精益生产则认为库存是企业的"祸根"，其主要理由是：库存提高了经营的成本，以及库存掩盖了企业存在的问题。

● 供应商管理

供应商管理是在新的物流与采购经济形势下提出的管理机制。现代管理学如 MBA、EMBA 等将其分为竞争式及双赢式两种模式（蔡敏，2021）。

竞争关系模式主要是价格驱动。这种关系的采购策略表现为：首先，买方同时向若干供应商购货，通过供应商之间的竞争获得价格好处，同时也保证供应的连续性；其次，买方通过在供应商之间分配采购数量对供应商加以控制；最后，买方与供应商保持的是一种短期合同关系。

双赢关系模式：一种合作的关系，这种供需关系最先是在日本企业中采用。它强调在合作的供应商和生产商之间共同分享信息，通过合作和协商协调相互的行为：① 制造商对供应商给予协助，帮助供应商降低成本、改进质量、加快产品开发进度；② 通过建立相互信任的关系提高效率，降低交易／管理成本；③ 长期的信任合作取代短期的合同；④ 比较多的信息交流。以此建立一种双赢的合作关系对于实施准时化采购是很重要的。

2. 案例分析

导致库存周转天数过长的原因有很多（本案例可参考行动学习解决问题六步法中第二步的总结），因此，降低库存周转天数的方法也比较多。教师可首先结合案例，请学生从人、机、料、法、环、测等六大方面总结降低库存周转天数的方法。接着，可介绍精益生产和供应商管理两个理论知识，引导学生运用这两个理论再谈谈如何降低库存周转天数。例如，结合精益生产理论，利用看板来拉动生产，使得每个环节的生产都可以做到按需生产，实现零库存；结合供应商管理，与供应商建立良好的合作关系，缩短订货周期，保证优先供应等来降低每次的订货数量，还可引导供应商来管理企业库存，及时为企业补货。最后，教师可引导学生根据自身工作经历和企业经营特点，谈谈其独特的或者有效的库存管理方法。

关键要点

（1）理清法可赛公司库存周转天数问题出现的过程和原因，把握案例描述的思路。

（2）掌握本案例的关键知识点，包括精益生产、库存管理以及行动学习解决问题六步法等理论知识。

（3）鼓励学生将理论融入实践，提高学生的逻辑思维和解决实际问题的能力。

课堂计划建议

1. 时间安排

整个案例的课堂时间控制在 90 分钟左右。教师可以根据教学目标和计划来灵活安排课堂计划，以下是按照时间进度提供的课堂计划建议，仅供参考。

（1）课前计划。

首先，通过网络学习平台或者线下课程提前两周发放案例正文，提供启发思考题给学生，请学生在课前完成阅读，了解法可赛公司相关背景知识，同时预习库存管理、行动学习小组等相关知识要点，完成初步的思考。其次，进行分组，每个小组5—6人即可，每组选择一个组长，对小组编号，方便开展课程讨论。

（2）课中计划。

第一，案例讲解：由教师通过PPT展示的方式，对案例进行总体介绍，指出案例分析的线索（20—30分钟）。

第二，分组讨论：针对法可赛（中国）原材料库存周转天数改进方案，积极进行小组活动并展开分组讨论，引导学生鼓励畅所欲言，深入挖掘。讨论过程中注意与每组学生进行交流，鼓励学生变换思路，发散思维，对自由发言中有创意的思想和灵感给予肯定和鼓励（20分钟）。

第三，小组汇报：每组派代表展示小组讨论结果（包括对启发思考题的分析以及对案例其他相关思考），展示过程中可以让其他小组成员提出问题（每组5分钟，总时间在30分钟以内）。

第四，归纳总结：教师对学生讨论情况进行点评，对本案例中涉及的相关知识点进行概括和总结，进一步加深学生对本案例的理解（15—20分钟）。

（3）课后计划。

通过案例讨论让学生将本次所学相关概念和理论应用到实际中，并带着本案例所用到的方法对所熟悉或所就职的企业进行思考。要求学生提交相关报告，理论联系实际，培养学生学以致用的能力。

2. 课堂板书

图4.5　法可赛案例——行动学习"大白纸"板书

行动学习过程与总结

1. 行动学习过程

行动学习过程见表4.8。

表4.8　法可赛（中国）行动学习过程

讨论次数	时　间	地　点	参与者	成　果
1	2018.12.22 10:00—13:00	法可赛（中国）太仓工厂	全体学生	通过对现状的了解和现场的调研，明确了问题
2	2018.12.22 13:30—17:00	法可赛（中国）太仓工厂	全体学生	初步识别出导致库存居高不下的35条原因
3	2019.03.28 18:00—21:00	教室	全体学生	对原因进行了归类，并借助鱼骨图和重要性—紧迫性矩阵对原因进行了分析
4	2019.04.27 9:00—12:00	讨论室	全体学生	针对最重要和紧急的原因，分别列出每个原因的子目标，目标设定满足SMART原则
5	2019.04.27 13:00—17:00	讨论室	全体学生	根据列出的子目标，提出相应的解决方案，并用收益—实施难度矩阵对方案进行评价，并制订行动计划
6	2019.06.30 10:00—12:00	讨论室	全体学生	质疑与反思，针对在讨论过程中忽略的问题进行反思

2. 总结

行动学习实践课程使学生对行动学习理论有了更深的理解和认识，在调研及讨论中，学生参与度较高，均能根据实践课程的目标提出待解决的具体问题，并有针对性地提出问题的解决方案，对理论工具有着比较好的掌握程度。

法可赛（中国）公司库存较高的原因有很多，比如：（1）生产的最低批量高于客户订单；（2）客户需求预测量高于订单量；（3）供应商多送料；等等。针对企业当前面临的问题，学生首先对法可赛公司的订单进行精细刻画，按周期和客户类型两个维度将订单分为六类；然后用头脑风暴法和团队列名法对导致每一类订单库存量高的原因进行了全面的梳理，并按重要性紧迫性进行了排序；接着，针对这些原因，讨论了每一类订单的一些应对方案；最后，运用收益及实施难易程度矩阵对方案进行了细致的筛选，得到了可行的方案。在六次研讨中，学生们兴趣较浓，每位学生结合自身的工作经验和理论储备对问题进行了分析，可以看出学生们对该运营管理问题有着较好的实践经验，多次聚焦后，能找到问题的重点和关键，最终方案也得到了公司的重视，并在一定范围内得以实施。至项目结束时，公司仍在分步实施所提方案。

行动学习讨论中，有两点需要注意：（1）个别学生参与度不高，存在"搭便车"的现象。解决方法是轮流做会议记录，并给每位参与者都分配具体的任务。在讨论时，采用团队列名也能更好的消除"搭便车"现象。（2）讨论中，思维容易发散，特别是头脑风暴时，往往在讨论原因，但是已经有学生在谈解决方案了，因此，教师需要及时将讨论范围聚焦到主题上来。

参考文献

沈厚才、陶青、陈煜波：《供应链管理理论与方法》，《中国管理科学》2000 年第 1 期。

陈万思、吴琦、王婷婷、赵蕾：《基于行动学习的 S 连锁餐饮企业服务质量提升策略分析》，《人才资源开发》2019 年第 17 期。

蒋美仙、林李安、张烨：《精益生产在中国企业的应用分析》，《统计与决策》2005 年第 12 期。

周武静、徐学军、叶飞：《精益生产组成要素之间的关系研究》，《管理学报》2012 年第 8 期。

蔡敏：《浅谈中小企业采购中的供应商管理》，《物流工程与管理》2021 年第 1 期。

5. FD 包装公司营销变革探索之路[*]

案例正文

FD 包装公司作为江浙沪区域众多中小型包装公司中的优秀一员,致力于成为最专业的包装生产商。伴随着国家绿色环保的政策出台、终端消费者需求多样化、下游公司附加服务需求增多以及互联网等新型营销渠道发展,传统的营销难以给公司带来新的业务增长点,公司营销策略变革迫在眉睫。本案例旨在帮助学生分析市场营销环境,理解市场定位分析过程,学会运用 4P 营销理论制定营销策略。

关键词:包装行业 市场定位 营销策略

引 言

七月初的上海,梅雨季还迟迟不肯离去,微风从地上卷起一股热浪,越发使人感到闷热。FD 包装公司的会议室里,正在进行的是公司年中工作汇报会。总经理汪先生眉头紧锁,面容略有些憔悴,看着手中上半年销售数据,陷入深思。FD 包装公司成立之后发展态势良好，最近几年公司销售业绩每年持续平稳增长，但是，2020 年上半年销售比预期目标低了 8%，且前十客户的销售额占总销售额的 56%。加上，国家绿色环保政策出台，包装下游公司的服务需求增多，市场竞争越来越激烈，公司面临销售压力更大的下半年，该如何进行调整，汪总内心忧虑重重。

FD 包装公司背景介绍

FD 包装公司成立于 2003 年，位于上海工业腹地松江区，具有便利的交通、信息、网络和强大的产业群。自创立以来，FD 包装公司坚持"精益、高效、责任、诚信、创新、学习"的经营理念，做最专业的包装生产商；2013 年，公司进入多元化、内外贸综合发展道路；2015 年 10 月，新管理团队正式搭建；2016 年 3 月办理了印刷经营许可证，7 月通过了 ISO9000 审核，8 月办理了全国工业产品生产许可证，12 月份顺利获得十项实用新型专利技术证书；2017 年 5 月顺利通过环评验收，并先后获得 BV 迪士尼审核、BRC 食品认证、方圆质量管理体系认证，取得上海高新技术企业认定等，并且引进了专业定制的 ERP 管理系统，为公司最高管理层的决策提供了更准确的数据基础。

2019 年，公司基本构架主要由总经理和 8 个部门构成，具体构架如图 5.1。现有员工 110 余人，其中主要部门为生产部、品控部和销售部，分别有 60 人、10 人和 10 人。

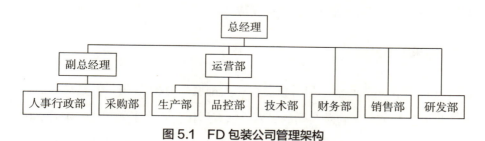

图 5.1 FD 包装公司管理架构

资料来源：根据 FD 包装公司整理。

公司专业从事食品袋、宠物食品袋、服装口罩袋、自动包装卷膜等各种软包装的生产与销售。目前拥有现代化标准厂房 10 000 平方米，拥有高速凹版印刷机、高速复合机和多功能制袋机，主要业务流程可以分为订单生成、原材料供应、生产加工与检验、储运、售后服务 6 个环节。具体来看，公司的生产流程有设计、制版、印刷、检品、复合、分切、制袋、品控、成品。

FD 包装公司的包装产品，按照商品最终形态，可以简单地将产品分成膜类和袋类产品；按照应用领域分类，可以根据客户所处领域分类为食品类、服装类、日化用品、卫生用品、工业用品、医疗用品。目前，公司膜产品与袋产品的营收占比分别为 41.7% 和 58.3%，与市场需求基本一致。

机遇与挑战并存的包装行业

1. 利弊共存的法规与政策

近年来，在政策方面对包装行业影响最大的主要有增值税税率调整、出口退税政策、环保监管、食品安全卫生等方面。

2018 年 4 月，财政部和税务总局联合发布了《关于调整增值税税率的通知》（财税〔2018〕32 号），明确了"纳税人发生增值税应税销售行为或者进口货物，原适用 17% 和 11% 税率的，税率分别调整为 16%、10%"。该政策给企业带来更多的利润空间和降价空间，在一定程度上缓解了公司的经营压力，随着国际形势的激烈动荡，减税降费力度有望持续加大。

环保标准提高、政策趋严，给包装行业增加了较大的治理成本，尤其是江浙沪一带始终是国内环保治理的排头兵，对公司的环保要求格外严格。各个包装公司按照监管要求，加装昂贵的环保设备，增加了企业运营成本。

2. 包装需求不断升级

下游市场品牌化趋势凸显。尽管包装行业大都属于 B2B 公司，但是最终消费者对产品包装的态度直接影响到了包装公司的经营。随着国民消费水平的提高，消费者的品牌意识、环保意识逐渐增强，促使下游企业在提高产品自身竞争力的同时也要比拼包装的质量、美观度等，更多的企业对包装供应商产品质量和附加服务的要求不断提高。在此过程中，中低端包装的市场份额可能逐渐萎缩，综合实力较强的企业有望获得更多下游优质客户的青睐，从而提升市场份额。因此，强强合作成为包装企业未来竞争的主要方向之一。

包装需求发生新变化。消费者对于包装的装饰性及附加功能要求越来越高，包装的精致化、个性化、轻量化等方面正逐步成为消费者购买产品的重要考虑因素之一，从而带来包装产品附加值的提升。2018 年 3 月，国务院办公厅发布《关于推进电子商务与快递物流协同发展的意见》，首次提出了电商快递绿色发展理念，吹响了电商行业绿色发展的集结号；下游企业为了更专注于核心业务，越来越倾向于选用具备包装一体化服务能力的企业为客户提供多种产品的"设计—生产—仓储—物流"的包装综合服务。

3. 包装材料技术新老并存，迭代缓慢

材料"绿色"发展趋势。塑料包装多为一次性产品，寿命短暂。为减少包装废弃物（白色污染）对环境的影响，废弃物的减量化处理及使用生物降解材料已成为塑料包装的发展方向之一，生物降解材料目前主要运用于塑料包装行业。中国目前在环保材料的开发及废弃塑料回收的技术上还与国外存在较大差距，塑料包装行业的龙头企业可以凭借其资源优势，深耕相关技术研发，顺应国家的环保政策，实现行业长足发展。中小包装企业，材料研发能力不足，处于竞争弱势中。但就目前来看，新材料研发进程比较缓慢，并没有对原有材料产生实质性影响。

包装行业印刷工艺有从凹版印刷向柔版印刷的趋势。柔版印刷、胶版印刷、凹版印刷和丝网印刷是世界上最普遍的四大印刷方式。柔版印刷全称为柔性版印刷，是使用柔性版、通过网纹传墨辊传递油墨施印的一种印刷方式。柔版印刷在欧美等印刷工业发达的国家中发展得很快，由于成本更低、更环保，这一印刷技术也成为国内企业的发展趋势；凹版印刷是图像从表面上雕刻凹下的制版技术，相较于柔版印刷，它在成本和环保上处于劣势，但是在成像质量上占据绝对优势，不少欧美国家的消费厂家都愿意到中国进行凹版印刷。以确保成本效益最大化。

4. 行业集中度低，中小包装公司竞争激烈

根据中国包装联合会数据，中国包装企业 90% 左右为中小企业，龙头企业市场份额均不足 1%[①]，行业高度分散。中国包装行业集中度低的主要原因有：第一，小批量、个性化订单众多。包装行业下游涵盖食品饮料、医药、日化、家电通信等诸多领域，包装种类纷杂、标准化程度低，难以实现规模经济。第二，包装企业由于资金和地域限制，缺乏扩张实力，加上销售半径的限制，销售区域多集中在其生产经营所在地附近，中国国土面积大，导致全国性市场的分散。第三，产品同质化高，大多数中小包装企业产品

---

① 产业信息网：《2016 年中国包装印刷行业发展现状分析》，https://www.chyxx.com/industry/201612/482014.html。

档次、附加值含量低，缺乏设计研发能力和自主创新能力，投资回报率低。

中小企业经营压力增大。在行业景气度不佳或增长趋缓的局面下，中小包装企业面临原材料价格上涨和产品运输半径有限的双重压力，利润持续下滑，落后产能遭到淘汰，低端塑料包装公司的整合势在必行。原材料价格上涨导致的成本上涨，使得原先利用进入门槛低和低成本优势进行经营的中小包装企业面临更多生存压力，而各细分市场上的龙头企业则通过其较强的议价能力转嫁上涨成本，保持盈利同时提高市场占有率，强者恒强。

由于产能限制，中小包装公司在选择合作企业中处于被动局面。数量众多的中小包装企业争夺众多中小订单，竞争格外激烈。由于包装行业具有很明显的低成本、高运输的特点，因此销售半径内的企业竞争尤为激烈。

5. 行业准入门槛高，新进者难发展

包装行业对材质、工艺的经验有严格的要求，并且新进入者普遍不具备大规模生产的能力。同时，对于潜在进入者来说，由于国内市场对于塑料包装产品需求在不断增大，尽管一开始可以获得较好效益并达到长期成本最低化，但一旦过了临界点，便开始呈现下滑趋势，而初始进入者并不具备此能力。现有的国内塑料包装产品供应商并未做好大批量供货的准备，仍然处于小批量生产维持经营的状态。近年来环保督察在各地展开，加大了潜在竞争对手的进入门槛。

6. 上下游议价能力堪忧

塑料包装制品主要原材料是 PE、PP 等合成树脂，PE、PP 属于石油化工行业的下游产品，其价格受国际原油市场价格波动影响较大。包装行业的议价能力偏弱，主要受制于产业集聚效应差，且上游材料供应商普遍都是大规模公司。细分市面上的龙头企业通过内沿外生扩大产能，从而提高市场地位，提高议价能力，而中小企业议价能力差很可能会接受转移成本，进而使得生存环境每况愈下，加速中小企业的淘汰，这势必会提升市场集中度，大企业将会获取更多的市场份额。

内销方面，客户讨价还价能力总体趋向于能够提供综合性服务的包装公司。龙头包装企业有从产品供应商到整体包装服务商的转变意图和能力，并且中小企业只能选择一些中小订单，因此，中小包装企业的单位生产和营销成本相对较高。销售员在推销产品

时也是基于成本加利润的方式进行谈判，纯粹的价格选择，很难进行其他增值服务，这也使得中小企业对客户的议价能力偏弱。

外销方面，由于欧美日等多数国家法律禁止采用凹版印刷，因此很多对印刷质量要求较高的企业往往选择中国包装公司，国内包装公司众多，大型包装公司可以接受国外优质订单，中小企业仍然需要投入更多成本在展会或阿里巴巴等渠道商进行推广，接受中小订单，因此，中小企业对客户的议价能力仍是偏弱的。

7. 替代品的威胁

替代品方面，纸包装与塑料软包装的相互替代性较高，2017 年初以来，受废纸进口政策、国内环保监管趋紧等因素影响，包装纸价出现了较大幅度的上涨，瓦楞纸、白板纸出厂价格在 2017 年 10 月份达到高点，纸包装上游渠道受到限制，对塑料包装成本优势支撑有利。

相较于现在的软包装产品，纸质包装产品具有使用便利功能的同时还相对更为环保一些，不少环保人士呼吁百姓减少软包装产品的使用，选购纸质包装产品作为替代品。同时，可降解塑料一直在被提出，但目前看来并未有公司将其真正投入生产并使用，环保材料高成本也会成为今后竞争的弊端。

包装行业营销现状

随着国民经济的持续发展，中国包装产业整体发展态势良好，现已成为仅次于美国的全球第二大包装大国。但国内包装行业集中度极其分散，根据中国包装联合会数据，国内包装公司总数达 30 万家，其中 90% 左右为中小公司。此外，包装行业下游涵盖领域广、包装种类纷杂，标准化程度低，且产品同质化较高、附加值低、产品间利润率差异明显等特点，行业集中度极其分散。在过去发展过程中，市场对包装的需求较为单一，很少有包装公司对市场、客户进行细分，研究客户需求偏好变化等，同时多数公司普遍采取同质低价的营销策略，这虽然可以使短时间获利，但是这种不成熟的被动营销策略并不利于公司与行业的长远发展。

包装产品行业企业一方面比较注重成本控制、生产技术及设备更新，很少将关注点放在营销层面，认为只要靠低价就有市场；另一方面包装企业间技术、规模等差距较大，市场集中度不高，目标客户群体重合度低，使得企业间竞争主要集中在价格和产品本身质量上。

国内视频、日化、电子等行业的快速发展，推动了包装行业的迅速发展同时，优秀的包装设计与加工也推动了下游行业的不断壮大，二者相辅相成。现在整体市场出现新变化，从原本市场对包装的需求较为单一、营销渠道有限逐渐发展为消费者需求多样化、下游公司需求的多样化以及互联网等新型营销渠道多样化，这使得整个行业意识到光有低价是不够的。近年来，那些具备强大的产品设计能力、技术研发实力、先进生产装备的公司，开始关注为下游客户提供优质服务、为消费者提供更有创意的包装设计，这些企业更容易在争取优质客户的市场竞争中脱颖而出。

FD 包装公司在过去也是一直比较重视生产技术，先后获得 BRC 食品认证、BV 迪士尼审核、方圆质量管理体系认证，以及取得上海高新技术公司认定等。在营销过程中也是根据成本加利润的方式进行定价，并没有完备的营销体系，营销行为较为被动，遇到行业不良竞争时主要通过压缩利润的方式应对。公司的销售渠道也比较单一，主要是业务员推销、参加国内外展会、老客户介绍、在阿里巴巴和外贸平台推广等途径。缺乏广告宣传的投入，在线上广告投入和线下活动中并没有进行有效的营销活动，参加国内外展会也没有收到较好的营销成效。

针对公司营销探索的讨论

在包装行业滚打摸爬多年的汪总，深知目前整个行业营销现状，FD 包装公司如若再重复成本加利润的定价策略会吃力不讨好，并且大公司在应对原材料上涨时可以通过不断优化供应链、提升产品合格率、降低物耗、采用套保等方式消除未来原材料价格可能上涨带来的压力，这对手段匮乏的中小包装公司是极其不利的，原有薄利的营销方式亟待转型。2020 年销售业绩下滑，就是改变的契机。

汪总看着参加公司年中工作汇报会的大家，缓缓说道："在座诸位都是公司的中层管理者，对行业和公司都很熟悉，上午听了今年上年销售报告，估计都很有触动。下午我们就对公司目前发展状况进行讨论，各抒己见，畅所欲言。"

第一位发言的是人事行政部经理，她说："目前，我们公司关键部门主管行业经验丰富。在过去的经营生产中，积累了大批包装行业经验丰富的高管和员工，为 FD 包装公司茁壮成长提供了强大的专业保障。但在选人及育人方面还有较大改进空间，受限于公司规模和薪酬条件，我们公司无力付出更高薪酬吸引更优秀的人才。育人方面，行业内主要采取旧人带新人的方式培养人才，我们也主要通过'师徒模式'育人，但师徒模式也存在很大缺陷，例如受个人喜好、个人利害、专业盲点等制约，单纯的'师徒制'会造成员工培养缓慢，人才能力发展不均等问题，这个状况在销售部比较明显。"

"我非常赞同人事部对我们部门人员的分析，目前销售团队总体稳定，呈现出'老人带新人'的局面，包装行业的销售经验是不可或缺的能力；而公司销售人员的流动率不高，也能说明公司目前的薪资待遇和奖励机制对老员工具有一定的吸引力；但目前公司内训和外训机会都很少，这导致销售人员的业务水平参差不齐，知识的专业度和系统性不强。从业绩和客户反馈结果看，内销队伍实力强劲，但外销方面仍需要加大投入力度。"公司销售部李经理接着说，"除了销售团队能力影响销售外，我们的推广模式太单一，知晓度难以提升。前段时间，我们对下游客户进行年中回访，大家反馈我们在线上广告和线下活动中的投入太少了，听不到我们的声音，看不到我们的推广。此外，我们的产品质量没问题，但价格偏高，没有太多竞争力，因此即使关系不错，产品质量也得到认可，但下游客户也不太愿意把我们推荐给其他朋友公司。"

沉稳的生产部张经理坐在旁边频频点头，他向大家介绍了目前 FD 公司在产研方面的状况。公司的设备主要以较老机器为主，有一定的折旧且产能一般，公司在未来是有扩产能趋势的，但是受限于政策的不确定性和资金问题，短时间内仍会保持现状。包装行业产能利用方面呈现季节波动，每年 1—5 月、10—12 月都是行业忙季，大量订单不断涌入各包装公司，给公司产能带来了挑战，尤其是印刷方面的产能承压极大，若不能按时交货，会加大客户流失的风险。因此，产能问题对公司的限制性不容忽视。产品创新与研发投入目前才刚刚被管理层重视，公司计划加大对产品创新和研发的投入，未来发展空间很大。

财务部经理手拿公司财务能力分析表，抬手扶额略作思考，然后抬起头，开始向大家介绍公司目前财务状况。公司自 2016 年开始采用 ERP 系统，为生产经营提供支持和保障，财务系统基础较好，相较于同行业竞争对手处于领先地位。然而，在数据使用、细节优化、成本分析、分产品分析等方面，都需要更多改进和完善。

"财务经理说得很对，过去我们将人才培养和激励的重心放在生产和销售人员上，将公司财务外包给代账公司，忽视了公司财务队伍的建设。目前，公司的财务人员仅仅能够满足日常的记账、报账、纳税申报等基本财务要求，但随着公司 ERP 系统的完善，需要更多具有数据分析能力的专业人员为公司经营决策提供财务专业支持，公司以后需要扩张，更需要熟悉公司发展状况的财务专业人才提供专业支持！"汪总补充道。

"根据大家刚才的发言，我们公司目前已经积累了一定的市场和技术优势，产品质量也获得良好口碑。但若故步自封，不根据市场需求的变化而变化，那么很有可能面临被竞争对手超越以及被市场所淘汰的局面。只有了解和顺应市场的发展，甚至想顾客所未想，继而凭借技术实力，再结合丰富的市场经验和创新能力，才能继续牢牢把握市场份额。包装产品行业从开始到现在都过多地致力于技术层面的研究，行业长期以来过多地将重点放在只有靠低价就有市场上，然而现在整体市场出现新变化以及营销渠道多样性，我们应该意识到光有低价是不够的。我们可以尝试从营销方面进行变革与创新，将公司现有产品进行细化分析，确定我们公司的市场定位。"

这时，公司销售部李经理深深地吸了一口气，然后全身放松下来，似乎如释重负，他心里似乎已经有了整盘棋局。他娓娓道来："长期'浸泡'在包装市场中，我发现各大包装公司已经形成了自身核心竞争优势，中型包装公司亦有自己的王牌领域，且具有同区域包装公司不可比拟的绝对优势，这也符合包装行业细分市场庞杂的特点，针对细分市场营销建立优势是每个中小企业发展的必由之路。另外，具体分析上半年销售数据发现，除了整体销售业绩比目标低 8% 以外，我们膜销售额低于袋销售额，是市场需求发生变化，还是我们没有做好？这也需要进一步研究与分析。此外，按照我们客户所处领域分类，有食品类、服装类、日化用品、卫生用品、工业用品、医疗用品。每个行业产品需求点是有差别的，未来这些市场我们要均衡做，还是有重点选择？"

"除了确定优势核心产品外，供应商还有很多优化空间。"一直认真聆听并不时记录的采购部经理接着说，"目前我们公司的合格供应商数量为 76 家，前三大供应商仅占比 23%，其中公司原材料 80% 来自 23 家。供应商比较分散主要原因是包装耗材的原材料和油墨多种多样，每家供应商的供应材料都有明显产品差异；另外，需求的多样性也需要根据包装需求选择报价低的合格供应商，因此也造成了供应商数量多且不集中。单纯从数字上来看，80% 的原材料来自 30% 的供应商，仍然有优化空间的，对供应商的集中选择将会给企业带来更有利的议价环境。"

......

会议还在继续，大家各抒己见，努力为这次营销变革贡献自己的真知灼见。汪总听着大家的发言，或面带微笑，或低眉思考，随着讨论的不断深入，一个想法在心中越发坚定，那就是公司必须通过优化市场定位，形成营销差异，才能在未来的激烈竞争中抢占更多市场份额。似乎所有的成长都要经历选择，FD 包装公司目前也面临着新的选择。汪总经理缓缓说道："刚才大家踊跃参与，提出许多新想法。变革，不能仅凭一腔热血拍脑袋，我们首先应该思考的是面对如今复杂多变的行业环境，公司下一步应该重点发展的是哪个或哪些业务？其次，我们还需要思考如何结合公司的实际情况变革营销策略，形成差异化的产品与服务？在此过程中，可能会遇到哪些困难，又该如何克服？实施这些变革，公司又该制定哪些保障措施？接下来，由销售部牵头，其他部门配合，共同规划本次公司的营销策略变革，一个月后，我们还在此会议室讨论新的市场定位和营销策略方案。好了，今天的会议就先到这里，大家回去认真准备，期待一个月后看到你们的方案。"

尾　声

就在大家紧张又忙碌的工作中，一个月的时间悄然而逝，转眼之间便进入骄阳似火的盛夏。在销售部经理带领下，公司各位中层管理者及关键岗位业务骨干反复开会讨论，到销售一线考察市场行情，终于一份凝聚大家的心血和汗水的完整营销策略变革规划书完成了。接下来，FD 包装公司的营销将会进行怎样的变革，让我们拭目以待。

案例教学说明

教学目的与用途

1. 适用课程

本案例适用于"市场营销"课程中市场点位、营销组合等内容的课堂讨论，也可作为课程相关章节的延伸阅读。

2. 适用对象

本案例适用于 MBA、EMBA 学生和全日制研究生的教学工作。

3. 教学目标

本案例描述了 FD 包装公司在面对国家相关政策调整，包装行业的竞争环境日益激烈的情况下，优化目标市场定位，变革营销策略的过程。希望通过对 FD 包装公司营销变革环境分析，指导学生利用市场营销理论和方法对 FD 包装公司营销策略变革之路展开思考与讨论，提高学生分析问题和解决问题的能力。

启发思考题

（1）结合案例资料对 FD 包装公司进行策略变革时，所处的外部市场环境展开分析。

（2）促使 FD 包装公司进行营销变革的内部因素主要有哪些？

（3）如果你是销售部李经理，你会如何进行市场细分与定位以解决 FD 包装公司的销售困境？

（4）FD 包装公司的营销策略变革之路已经开始，你认为在实施的过程中应当注意哪些问题？

分析思路

教师可以根据自己的教学内容和教学目的灵活使用本案例，这里提供本案例的分析思路，仅供参考。

本案例分析首先从 FD 包装公司面临的外部环境变化出发，依据 PEST 和波特五力工具分析整个包装行业的变化；之后，通过公司内部大讨论，剖析公司内部经营状况，探寻公司出现营销困境的原因。因此，"什么是使其陷入营销困境的原因，制定什么策略可以帮助该公司的营销之路走得更远"成为分析和讨论本案例的核心。这不仅需要找到营销困境的主要原因，还需要运用恰当的理论去分析关键问题并制订有效的营销组合解决方案。其中，对原因的分析包括内因与外因的分析。

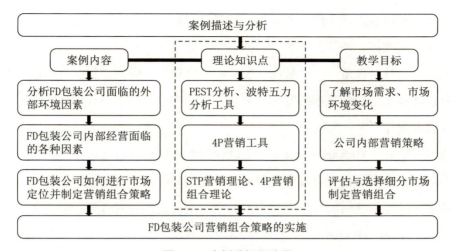

图 5.2　案例分析思路图

理论依据与分析

启发思考题 1：结合案例资料对 FD 包装公司进行策略变革时，所处的外部市场环境展开分析。

1. 理论依据：PEST 分析、波特五力分析

PEST 分析法是对宏观环境分析的一种方法，四个字母分别代表了政治（P）、经济（E）、社会文化（S）、科技（T）。政治环境是指一个国家或者地区的政治制度、方针政策、法律法规等方面的内容，公司经营，尤其是中长期的投资受到政治环境的影响和制

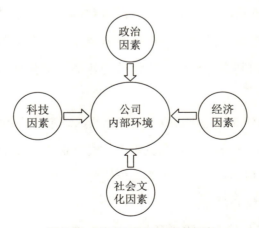

图 5.3　PEST 分析的四个因素

资料来源：迈克尔·波特：《竞争战略》，中信出版社 2014 年版。

约较深。经济环境是指一个国家或者地区的经济形势和经济政策，经济环境分析由经济体制、宏观经济政策、经济发展水平、社会经济结构等因素构成。社会文化环境是指一个国家或地区的社会性质、人口状况、民众的价值观念、受教育程度、风俗习惯等几个方面。科技环境是指科学技术的变化对公司带来影响以及技术与其他环境要素之间的相互作用及其表现等。

迈克尔·波特（Michael Porter）于 20 世纪 80 年代初提出波特五力模型，它认为行业中存在着决定竞争规模和程度的五种力量，这五种力量综合起来影响着产业的吸引力以及现有公司的竞争战略决策。五种力量分别为同行业内现有竞争者的竞争能力、潜在竞争者进入的能力、替代品的替代能力、供应商的讨价还价能力、消费者的讨价还价能力。

第一，已有竞争者的竞争能力：同行业内企业之间的利益一般都是紧密相关的，所以企业的竞争战略目标是使其得到比竞争对手更好的优势。所以，企业在实施竞争战略的过程中就会产生冲突与对抗，形成了企业间质量、价格、售后服务等方面的竞争。

第二，潜在进入者的威胁：同行业内潜在进入者不仅给此行业带来新的生产能力与新资源，也会与现有企业进行原材料、市场份额等的竞争，降低此行业中现有企业的获利水平，甚至影响现有企业的生存。

第三，替代产品的威胁：两个企业因为生产的产品互相可以替代，所以它们会进行相互竞争。这种替代品的竞争会对行业当下的企业竞争战略产生一定的影响。首先，现有企业产品的价格与获利能力，会因替代品而降低；其次，现有企业由于替代品的进入而需通过提高产品质量或降低成本来增加产品特性或降低产品价格，以此来保证其获得一定的利润；最后，替代品企业的竞争强度取决于客户转换成本的高低。

第四，供应商的议价能力：供应商采用提高投入要素价格和降低单位价值质量的能力，以影响现有企业的盈利能力与产品竞争力。供应商议价能力的强弱依据其供给的投入要素的价值，如当供应商供给的投入要素价值对企业的产品生产或产品质量格外重要时，供应商的议价能力就非常强。

第五，消费者的议价能力：购买者利用压价、需要较高产品性能或服务质量的能力，以改变现有企业的盈利能力。

图 5.4　波特五力分析模型

资料来源：迈克尔·波特：《竞争战略》，中信出版社 2014 年版。

2. 案例分析

首先，引导学生分析包装行业面临的宏观环境。

政治环境：包装行业发展的外部环境中政治法律方面利弊共存，总体上明确了塑料包装行业绿色、环保、卫生、可循环的发展方向，监管趋严将会提升行业集中度和企业运营成本，这些将会带动整个行业良性、健康发展。

经济环境：经济环境平稳运行尤其是江浙沪地区经济的繁荣，有利于行业及公司平稳健康发展；国家重视实体经济发展利于本行业及下游公司的壮大，市场机会更多。

社会文化环境：社会文化环境的变化要求包装更加美观，因此，对包装的形状、色彩要求提出了更高的要求；社会要求包装更加绿色环保，对原材料材质的要求进一步升级，对包装行业对新材料尤其是环保性、功能性材料有更深层次的理解；下游合作公司认为包装公司不应该仅仅是一家产品提供商，更应该是一个集设计、生产、服务于一体的综合服务商。

科技环境：包装行业技术环境虽然日新月异，但是总体来说对行业传统的材料冲击不大，新材料主要是满足某些细分领域的特殊化功能需求；印刷工艺逐步从凹版印刷转向柔版印刷，更加符合环保要求和理念，是未来的大趋势，但是凹版印刷的市场仍然很大，尤其是欧美日市场的需求。

其次，引导学生借助波特五力分析 FD 包装公司面临的微观行业环境。

竞争对手：包装行业集中度低，中小包装企业产品同质化高，附加值含量低，由于产能限制，中小包装公司在选择合作企业中处于被动局面。数量众多的中小包装企业争夺众多中小订单，竞争格外激烈。而包装行业具有很明显的低成本、高运输的特点，因此销售半径内的企业竞争尤为激烈。

潜在竞争对手：潜在竞争对手的竞争威胁相对较弱，主要是包装行业对材质、工艺的经验有严格的要求，并且新进入者普遍不具备大规模生产能力。同时，对于潜在进入者来说，由于国内市场对于塑料包装产品需求在不断增大，尽管一开始可以获得较好效益并达到长期成本最低化，但一旦过了临界点，便开始呈现下滑趋势，而初始进入者并不具备这一能力。

供应商：包装行业对供应商的议价能力偏弱，特别是中小企业讨价还价能力更弱，主要受制于产业集聚效应差，且上游材料供应商普遍都是大公司。内销方面，中小包装企业的单位生产和营销成本相对较高，很难进行其他增值服务，这也使得中小企业对客户的议价能力偏弱。外销方面，由于欧美日国家多数国家法律禁止采用凹版印刷，因此很多对印刷质量要求较高的企业往往选择中国包装公司，国内包装公司众多，大型包装公司可以接受国外优质订单，中小企业仍然需要更多投入成本在展会或阿里巴巴等渠道商进行推广，接受中小订单，因此，中小企业对客户的议价能力仍偏弱。

替代品方面：纸包装与塑料软包装的相互替代性较高，相较于现在的软包装产品，纸质包装产品具有使用便利功能的同时还相对更为环保。不少环保人士呼吁百姓减少软包装产品的使用，选购纸质包装产品作为替代品。同时，可降解塑料一直在被提出，但目前看来并未有公司将其真正投入生产并使用，环保材料高成本也会成为今后竞争的弊端。

消费者：尽管包装行业大都属于 B2B 公司，但是最终消费者对产品包装的态度直接影响到了包装公司的经营。随着国民消费水平的提高，消费者的品牌意识、环保意识逐渐增强，对于包装的装饰性及附加功能要求越来越高，包装的精致化、个性化、轻量化等方面正逐步成为消费者购买产品的重要考虑因素之一，从而带来包装产品附加值的提升。

综上所述，通过分析中国包装行业外部环境，可以得出：品质要求和环保监管不断加强使得包装行业进入门槛越来越高，小型包装企业明显较多，行业集中度较低，低质、同类包装产品产能过剩，行业竞争激烈，主要采取价格竞争策略等特点。

启发思考题 2：促使 FD 包装公司进行营销变革的内部因素主要有哪些？

1. 理论依据：4P 营销组合

"4P 理论"是由美国营销学者杰罗姆·E. 麦卡锡（E. Jerome McCarthy）在其《基础营销学》（*Basic Marketing*，1960）一书中首次提出的，他将公司的营销要素归结为 4 个基本策略的组合，即著名的 4P 理论：产品（product）、价格（price）、渠道（place）、促销（promotion）。产品变量主要涉及设计、性能、品牌、包装、规格、服务、保障、退货；价格变量主要包括标价、折扣、付款期限、信贷条件；促销变量主要涉及销售促进、广告、人员推销、公共关系、直接营销；渠道变量主要涉及覆盖区域、商品分类、位置、存货、运输等因素。麦卡锡还指出，营销组合的各要素都受公司外部环境的影响和制约，具体见表 5.1。

表 5.1　4P 理论主要内容

产品	设计、性能、品牌、包装、规格、服务、保障、退货
价格	标价、折扣、付款期限、信贷条件
促销	销售促进、广告、人员推销、公共关系、直接营销
渠道	覆盖地区、商品分类、位置、存货、运输

2. 案例分析

FD 包装公司针对公司经营状况与营销策略开展了问题讨论，各部门各抒己见，主要内容可归为以下几个方面：

第一，产品方面：公司的设备主要以较老机器为主，有一定的折旧且产能一般，公司在未来是有扩产能趋势的，但是受限于政策的不确定性和资金问题，短时间内仍会保持现状。产能不足，将会影响客户对交换时间的满意度，存在大客户流失的风险。工人的生产能力、生产技术和产品质量方面获得了客户的充分认可，但产品创新与研发方面没有受到足够重视，这将会影响长远发展。

第二，渠道方面：公司地处发达地区，在市场、资源、人才、技术等优势明显，销售覆盖主要以江浙沪为主。通过分析销售数据发现，前 15% 的客户贡献了 80% 的利润，客户对销售额的贡献符合 80/20 法则，甚至前 20% 的客户贡献远远高于 80/20 法则。FD 包装公司的产值贡献相对集中，一方面，FD 包装公司可以选择提供增值服务以巩固与大客户的关系；另一方面，对于行业未来不景气的大客户，未雨绸缪，加快行业前景好的下游行业市场布局。此外，公司合作的供应商比较分散，供应商数量多且不集中，未来还有很多优化空间，对供应商的集中选择将会给企业带来更有利的议价环境。

第三，促销方面：目前 FD 包装公司业务人员团队比较稳定，流动率不高，有利于客户关系的维护，但也存在销售人员的业务水平参差不齐，知识的专业度和系统性不强，公司急需针对销售人员构建营销知识的系统化培训体系。从营销渠道角度，FD 包装公司的获客方式主要是通过朋友介绍或者营销人员拜访的传统推广渠道，营销渠道比较单一，且缺乏广告宣传的投入，在线上广告投入和线下活动中并没有进行有效的营销活动。客户关系维护方面，FD 包装公司营销团队沟通能力、专业能力、工作态度、售后服务质量等表现非常好，客户认可度比较高，这是公司未来发展的支撑力量。

第四，价格方面：公司采购集中度低与原材料高质量要求使得对供应商缺乏议价能力，导致成本偏高，同时公司自身成本控制差导致产品价格没有竞争力。此外，公司在以往并没有注重财务人员队伍建设，造成即使引入比较完善的财务系统，但是由于财务人员缺乏分析能力，没有办法进行更为专业和细化的成本核算与财务分析。销售人员目前主要采用成本加利润的方式进行粗放式报价，未来学会计算报价是营销从业人员的必修课。

启发思考题 3：如果你是销售部李经理，你会如何进行市场细分与定位以解决 FD 包装公司的销售困境？

1. 理论依据：STP 营销

STP 营销也被称作目标市场营销。其中，S（segmenting market）表示市场细化；T（targating market）表示目标市场营销；P（positioning）表示市场定位。STP 营销，即销售人员希望用以达到公司经营目标的营销策略，通过对特定的市场环境进行市场营销研究，利用市场细分、目标市场选择和市场定位来制定和实施市场营销策略，从而特定的细分市场为公司的目标消费者来开展市场营销活动的一整套市场营销方法体系。STP 营销的基本思路如图 5.5 所示。

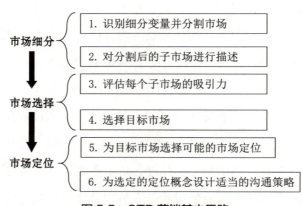

图 5.5　STP 营销基本思路

资料来源：菲利普·科特勒：《市场营销：原理与实践》，中国人民大学出版社 2015 年版。

2. 案例分析

针对 STP 理论，教师可以引导学生理解 STP 分析的步骤与过程，然后结合 FD 包装公司尝试进行分析。

首先，进行市场细分。FD 包装公司作为中小包装公司，需要扬长避短，以客户价值为导向，运用 STP 理论制定公司市场营销策略，正确识别并确定最佳细分变量，有计划地对市场进行重新细分与定位。根据包装行业特点，FD 包装公司市场细分主要分为按客户所处领域分类和按客户产值贡献分类两个细分形式。

按照客户所处领域分类为食品类、服装类、日化用品、卫生用品、工业用品、医疗用品。对各细分行业前景深入了解，需要进一步分析。

根据智研咨询机构研究数据，2002 年中国休闲食品的市场规模仅 317 亿元，处于起步阶段；2008 年增长至 528 亿元；2010—2014 年是中国休闲食品行业高速发展的 5 年，复合年均增长率达到 12.7%，2014 年市场规模已接近千亿。[①] 又根据该机构数据，2016 年中国休闲食品人均 2.2 千克的消费量已接近韩国的水平，相比更为成熟的日本、英国和美国仍然有较大的提升。随着中国人口老龄化、计划生育政策、城镇化等因素影响，宠物市场也更加光明。综上，预计食品类包装需求会持续火爆，公司在进行产品研发和营销选择时，应当把握食品行业发展的大方向。在过去的发展过程中，FD 包装公司已经取得了食品安全相应资质，并积累了很多成功的食品包装案例，例如沃尔玛、家乐福、克里斯汀和康师傅等，具备较强竞争优势。

服装包装采用塑料包装往往是以"袋"或"薄膜"的形式，内包装对服装起到保护作用，不同品种的服装可选择与之相匹配的包装袋形式和尺寸，材质基本相近，通用性较强；外包装则需求各异，尤其是对色彩的要求很高，而目前很多知名的服装品牌外包装选择采用纸质材料，塑料包装的竞争力不强。中国产业信息网数据显示，近期服装社会零售呈现稳定的增长态势，增长速度维持在 8%—10% 增速。[②]

日化用品领域，中国作为人口大国，日化用品消费的刚性需求庞大，预计未来会带来稳定的订单数量。FD 包装公司服务的面膜市场表现要优于普通日化市场，但是考虑到中国人口基数较大会对人均起到摊薄效果，面膜的市场渗透潜力不大，但是市场发展

---

① 产业信息网：《2017 年中国休闲食品行业发展趋势预测及价格走势分析》，https://www.chyxx.com/industry/ 201611/468191.html。

② 《2018 年中国服装市场规模呈现稳定增长态势》，https//：www.chyxx.com/industry/201911/809155.html。

显著优于日化市场发展。

卫生用品对包装产品的需求也较多，主要的需求主要来源于纸巾类、女性用品和婴儿用品类卫生用品。根据对中国《中国生活用纸年鉴》数据进行分析，可以发现受益于渗透率提升和消费升级驱动的产品结构改善，卫生用纸消费量稳步增长。

工业用品是指那些为进一步用于行业生产而购买的产品。因此，消费品和工业品的不同之处在于购买产品的目的不同，涉及的该类下游企业更为庞杂，对材质的要求也不一，很大程度上受经济景气度的影响。工业用品市场如大经济环境以"稳"为主，淘汰落后产能，因此，FD 包装公司在可以选择时尽可能选择一些规模较大、知名度高的工业用品企业，有利于建立长期稳定客户关系。

医疗用品包装的要求相较于其他细分市场都较高，实验室、工作室对卫生要求较高，而 FD 包装公司包装标准仅仅能满足个别医疗用品的标准。相较于其他行业的包装，医疗用品的包装利润率更可观，目前的医疗包装市场主要是"强强合作"或者是专业性极强的中小型企业。

按客户产值贡献分类，按照 FD 包装公司年度销售数据的产值进行排序发现，前 34 个客户贡献了 80% 的营业额，其中，前十大客户占比接近 50%。纳入统计范围的客户共计 226 家，前 15% 的客户贡献了 80% 的利润，客户对销售额的贡献符合 80/20 法则，甚至前 20% 的客户贡献远远高于 80/20 法则。FD 包装公司的产值贡献相对集中，一方面，FD 包装可以选择提供增值服务以巩固与大客户的关系；另一方面，对于行业未来不景气的大客户，提前警惕，加快行业前景好的下游行业市场布局。

其次，进行目标市场选择。在选择目标市场时，需要评估不同的细分市场，同时必

表 5.2　FD 包装公司市场细分

行业	小规模	中规模	大规模
食品类	细分市场 1	细分市场 2	细分市场 3
日化用品	细分市场 4	细分市场 5	细分市场 6
服装类	细分市场 7	细分市场 8	细分市场 9
卫生用品	细分市场 10	细分市场 11	细分市场 12
工业用品	细分市场 13	细分市场 14	细分市场 15
医疗用品	细分市场 16	细分市场 17	细分市场 18

须考虑两方面因素：细分市场的总体吸引力、公司的目标和资源。

先根据产品类型不同，把公司产品分为膜类产品和袋类产品市场，然后根据客户所处行业不同对客户进行划分，并考虑各细分市场的市场规模，如表 5.2 所示，横轴表示细分市场的规模，纵轴表示为客户所处行业，进而对各个细分市场进行编号。

对市场进行细分后，充分考虑公司的经营目标、经营能力、目标市场吸引力、市场容量和潜力等综合做出评估，如表 5.3 和表 5.4 所示是 FD 包装公司膜类 / 袋类产品的细分市场评估结果。

表 5.3　FD 包装公司细分市场评估（膜类产品）

细分市场	符合企业目标	符合企业能力	细分市场结构吸引力（利润）	市场容量	市场潜力	得分汇总
1	7	10	9	6	6	38
2	9	9	7	8	8	41
3	5	6	6	9	7	33
4	7	10	10	6	7	40
5	9	9	8	8	9	43
6	5	6	7	9	8	35
7	1	9	8	6	6	30
8	1	9	8	7	7	32
9	1	9	7	9	9	35
10	6	10	10	5	6	37
11	10	9	10	7	8	44
12	8	8	9	9	9	43
13	5	10	6	6	7	34
14	7	9	6	7	8	37
15	9	8	6	8	9	40
16	1	1	9	9	9	29
17	1	1	9	9	9	29
18	1	1	9	9	9	29

注：1—10 评分，1 为最低分，10 为最高分，分数由 FD 包装公司高管打出。

表5.4　FD包装公司细分市场评估（袋类产品）

细分市场	符合企业目标	符合企业能力	细分市场结构吸引力（利润）	市场容量	市场潜力	得分汇总
1	7	10	9	6	6	38
2	9	9	7	8	8	41
3	5	6	6	9	7	33
4	7	10	10	6	7	40
5	9	9	8	8	9	43
6	5	6	7	9	8	35
7	1	10	10	6	7	34
8	7	10	9	8	9	43
9	9	8	6	9	8	40
10	6	10	10	5	6	37
11	10	9	10	7	8	44
12	8	8	9	9	9	43
13	5	10	6	6	7	34
14	7	9	6	7	8	37
15	9	8	6	8	9	40
16	1	1	9	9	9	29
17	1	1	9	9	9	29
18	1	1	9	9	9	29

注：（1）1—10评分，1为最低分，10为最高分，分数由公司高管进行头脑风暴得出。（2）目标市场选择标准：总分＞40，单项≥7。

　　我们对FD包装公司的细分市场以公司管理层参与头脑风暴方法评估不同的细分市场，并进行赋分汇总，在评估之后公司必须选择将定位于哪个或哪几个目标市场，如表5.5是得出FD包装公司的目标市场。

　　从上述研究成果中，我们可以初步得出以下信息：

　　第一，FD包装公司的目标市场为食品中规模市场、日化中规模市场、卫生用品中规模市场、卫生大规模市场，袋类市场多出服装中规模市场1个目标市场。这是公司未

表 5.5　FD 包装公司目标市场选择

膜类产品的目标市场	袋类产品的目标市场
2 食品中规模市场	2 食品中规模市场
5 日化中规模市场	5 日化中规模市场
11 卫生用品中规模市场	8 服装中规模市场
12 卫生大规模市场	11 卫生用品中规模市场
	12 卫生大规模市场

来进行集中化战略的重点细分领域。

第二，数据表明，FD 包装公司在食品细分领域具有较强的相对优势，这为公司在食品细分领域的战略布局提供了保障，然而，公司并不希望把产值贡献占比最高的工业用品领域视为未来重点布局的细分领域，因此公司未来经营充满了不确定性。

第三，市场定位。除了决定将要进入哪一个细分市场，中小企业还必须面对众多的竞争者进行准确的市场定位，根据公司的价值主张为目标市场创造差异化的价值，并在市场占据一个显著的位置。因此，FD 包装公司作为中小型包装公司，必须以客户需求为核心，结合目标市场的特点，策划出适合自己的目标市场定位，使自己的产品和服务获得最大竞争优势，并且通过适当的营销组合来实现所有策划的定位。

FD 包装公司在进行目标市场具体定位时，考虑到公司具备一定资质、技术和经验优势，希望通过差异化策略进入市场，为目标市场顾客提供高品质、高服务的产品，坚持以"质"取胜，与成本控制优秀的大型包装公司形成营销差异，并在与资质较差的小公司的竞争中掌握技术和经验上的绝对优势。

启发思考题 4：FD 包装公司的营销策略变革之路已经开始，你认为在实施的过程中应当注意哪些问题？

第一，针对产品研发，主要是优化产品研发流程；更新与替换生产设备，提高产能；及时掌握市场新技术动向。

第二，人才是企业的核心竞争力。公司要建立完备的员工新入和选拔培训体系，提升员工对公司的认同感及工作的专业度。也要建立灵活而全面的薪酬体系，激励人才，提升整个团队的工作效力。另外，需要引入 ERP 财务数据分析专业人员，加强财务对决策的支持力度。

第三，向管理要效率。针对内部管理，主要是提升部门协同度，销售、采购、生产相互之间形成例会机制，大家信息共享，增强相互了解。针对财务支持，财力资源不仅仅体现在充足性上，更体现在效率上，公司需要对销售费用进行一定的把控，销售部门制定比较明确的销售预算、销售明细规范，确保总体销售费用支出合理有效。另外，除了营销之外，财务部门需要对各部门的预算进行汇总、分析，使得公司负债和现金等保持合理的范围内，提升资金使用的效率。财务部门应用 ERP 系统，可以根据客户的细分原则，对于不同级别的客户不同有审核标准，这样也可以使客户感受到待遇的重视程度。

关键要点

（1）掌握市场定位理论，依据环境分析的结果，准确把握环境变化带来的机遇与挑战，同时结合企业自身实际情况，制定适当的营销组合策略。

（2）鼓励学生将理论融入实践，提高学生逻辑思维和解决实际问题的能力。

课堂计划建议

本案例可以作为专门的案例讨论课来进行。如下是按照时间进度提供的课堂计划建议，仅供参考。整个案例课的课堂时间控制在 90—120 分钟，课前、课中、课后计划如表 5.6：

表 5.6　课堂计划

序号	内　容	教　学　活　动	时　间
1	课前： 教学准备 阶段	（1）授课教师制定详细的教学计划 （2）发放案例正文及启发思考题 （3）将学生分组，每组 4—6 人为宜，请学生以小组为单位在课前完成案例阅读和初步思考，同时查阅相关资料，了解宏观环境分析、行业分析、市场营销等相关理论知识	提前一周

（续表）

序号	内 容	教 学 活 动		时 间
2	课中：小组讨论阶段	（1）课堂前言	授课教师简要介绍案例主题以及本次案例授课的教学目的、教学要求和具体安排	5 分钟
		（2）案例回顾	采用随机提问小组的方式，对包装行业及 FD 包装公司的发展及营销状况等进行简要回顾，使学生进一步明确案例中的重要节点，为案例的分析与讨论做准备	5 分钟
		（3）小组讨论	由各组长带领小组成员对启发思考题进行细致分析，对每一题形成较为一致的作答大纲	20 分钟
		（4）小组汇报	各小组分别指定一名代表上台汇报，届时，其他小组可以对其提问。每组汇报完毕后，教师以问题为线索，通过与小组同学互动的方式穿插理论知识讲解，进而完成教学目的中对相关要点的讨论和理解	45 分钟
		（5）案例总结	教师对各小组进行针对性的点评及整体归纳总结，再次简明阐述整个案例的知识要点，进一步启发学生们从市场定位与细分角度思考传统包装行业发展，从而加深学生对案例学习的思考和理解	15 分钟
3	课后：形成案例报告		请同学们结合课上教师讲解和各小组的多样化分析角度，在把握总体脉络的同时，结合相关理论知识，对启发思考题作出进一步完善，并形成案例报告	一周内

行动学习过程与效果

1. 行动学习过程

● **第一次行动学习课程：企业调研（6 月 21 日上午）**

小组成员及出席人员：

华理老师：侯老师、刘老师

FD 高管：汪总经理、销售部李经理、采购部殷经理、人事部周经理、生产部张经理、品控部吴经理、技术部刘经理

华理学生：学生汪、学生张、学生王、学生高、学生罗、学生瞿、学生易、学生何、学生姜

主要内容：了解 FD 公司组织架构及企业概况

- **第二次行动学习课程：企业调研（6 月 21 日下午）**

  小组成员及出席人员：

  华理老师：侯老师、刘老师

  FD 高管：汪总经理、销售部李经理、采购部殷经理、人事部周经理、生产部张经理、品控部吴经理、技术部刘经理

  华理学生：学生汪、学生张、学生王、学生高、学生罗、学生瞿、学生易、学生何、学生姜

  主要内容：深入了解销售部门业绩状况并对此分析产生这一现象可能的原因

- **第三次行动学习课程：小组研讨（8 月 2 日上午）**

  小组成员及出席人员：

  华理老师：侯老师、刘老师

  FD 高管：汪总经理、销售部李经理

  华理学生：学生汪、学生张、学生王、学生罗、学生瞿、学生易、学生何、学生姜

  主要内容：通过行动学习六步法分析并解决问题，将原因转化为子目标，制定子目标 1 的解决方案

- **第四次行动学习课程：小组研讨（8 月 2 日下午）**

  小组成员及出席人员：

  华理老师：侯老师、刘老师

  FD 高管：汪总经理、销售部李经理

  华理学生：学生汪、学生张、学生王、学生罗、学生瞿、学生易、学生何、学生姜

  主要内容：通过行动学习六步法分析并解决问题，将原因转化为子目标，制定子目标 2 的解决方案

- **第五次行动学习课程：小组研讨（8 月 30 日）**

  小组成员及出席人员：

  华理老师：侯老师、刘老师

  FD 高管：汪总经理、销售部李经理

华理学生：学生汪、学生张、学生王、学生罗、学生瞿、学生易、学生何、学生姜

主要内容： 通过行动学习六步法分析并解决问题，将原因转化为子目标，制定子目标 3 的解决方案及行动计划

2. 行动学习过程板书

在寻找问题可能的原因时，运用到团队列名法作为指导工具，梳理销售陷入困境的原因。

表 5.7　可能的原因

1. 因成本控制不力导致的价格偏高	10. 膜的销售占比低	19. 品牌推广宣传少
2. 销售团队激励不够	11. 缺少对销售数据多维度分析	20. 缺少 ODM 业务
3. 无客户分级管理	12. 产品同质化程度高	21. 产品制造合格率低
4. 销售业务能力有待提升	13. 缺少对终端客户需求的研究	22. 客户流失
5. 研发实力弱	14. 销售团队配置不合理	23. 生产效率偏低
6. 产品附加值低	15. 渠道单一	24. 客户投诉偏高
7. 客户重复购买率低	16. 销售业务人员管理宽松	25. 对客户投诉处理不当
8. 对竞争对手的研究少	17. 对行业分析不够	26. 缺少销售业务员的培训体系
9. 淡旺季无应对机制	18. 需招聘有能力的销售员	

（1）进行原因分类，并按紧迫性排序。

根据分析，以上原因可以分为相互独立的几类，各类别之间没有因果关系，则使用鱼骨图分析如图 5.6 所示：

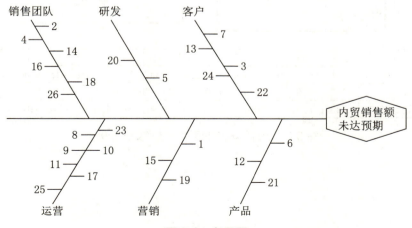

图 5.6　鱼骨图

（2）使用重要性 / 紧迫性矩阵。

分析公司现有问题原因的重要性 / 紧迫性矩阵如图 5.7 所示：

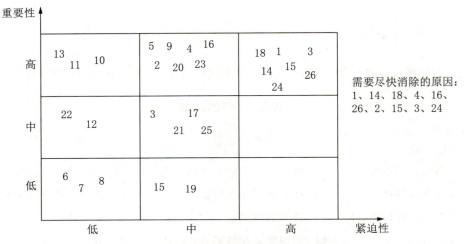

图 5.7　问题原因的重要性 / 紧迫性矩阵图

3. 企业效果反馈

该行动学习实践取得了较好的积极效果，企业方给予了较好的反馈，企业的生产效率、产品合格率和销售额有明显改善与提升。

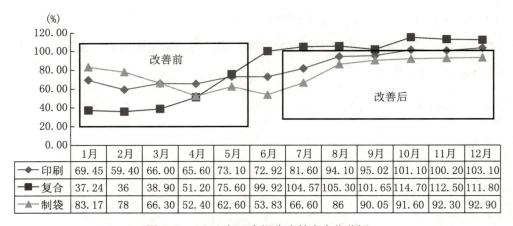

图 5.8　2018 年三车间生产效率变化分析

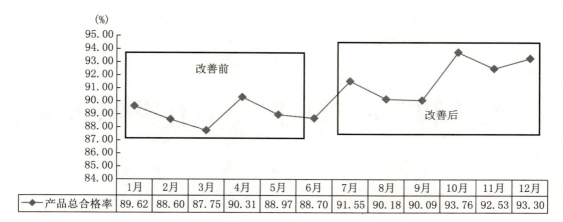

	1月	2月	3月	4月	5月	6月	7月	8月	9月	10月	11月	12月
◆ 产品总合格率	89.62	88.60	87.75	90.31	88.97	88.70	91.55	90.18	90.09	93.76	92.53	93.30

图 5.9　2018 年产品总合格变化分析

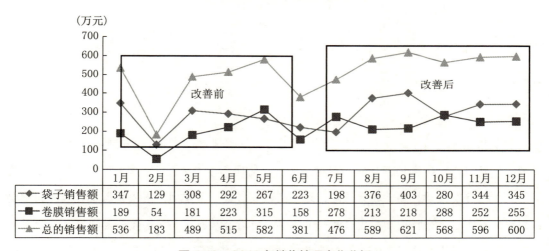

	1月	2月	3月	4月	5月	6月	7月	8月	9月	10月	11月	12月
◆ 袋子销售额	347	129	308	292	267	223	198	376	403	280	344	345
■ 卷膜销售额	189	54	181	223	315	158	278	213	218	288	252	255
▲ 总的销售额	536	183	489	515	582	381	476	589	621	568	596	600

图 5.10　2018 年销售情况变化分析

参考文献

菲利普·科特勒：《市场营销：原理与实践》，中国人民大学出版社 2015 年版。

迈克尔·波特：《竞争战略》，中信出版社 2014 年版。

李平：《基于 STP 战略的差异化营销与同质化现象探析》，《印度洋经济体研究》2011 年第 6 期。

郭国庆：《市场营销学通论》，中国人民大学出版社 2011 年版。

卢泰宏：《解读中国营销》，中国社会科学出版社 2004 年版。

中国造纸协会生活用纸专业委员会：《中国生活用纸年鉴》，中国石化出版社有限公司 2016 年版。

孙丽英：《中小企业市场营销存在的问题及对策》，《山东社会科学》2013 年第 2 期。

张婷婷：《我国中小企业网络营销策略研究》，《山西财经大学学报》2011 年第 s1 期。

6. 数"智"应对风险，合作共赢未来

——金功科技 ERP 实施项目风险管理 [*]

案例正文

随着信息技术的不断发展，信息化水平已经成为企业核心竞争力的重要组成部分。由于环境的不确定性，导致 ERP 实施项目的难度大、周期长、涉及面广、质量把控难等特点，使得信息技术开发活动存在着较大风险，达不到预期目标。本案例运用项目风险管理的相关理论知识，结合因果分析图和层次分析法等工具，针对金功科技公司，整合其项目风险管理的识别、估计、评价、控制与应对等全过程，剖析 ERP 实施项目风险管理中存在的问题，并提出相应的解决措施，为构建行之有效的企业 ERP 实施项目风险管理体系和方法提供借鉴。

关键词：项目风险管理　ERP 实施项目　全过程

引言：冬夜愁绪

在一个萧瑟的冬夜，天空又涌起了密云。金功科技公司大多数办公室的日光灯都熄

———————————

[*] 本案例由华东理工大学商学院张坚、储彬、吕拓撰写，作者拥有著作权的署名权、修改权、改编权。本案例授权华东理工大学商学院使用，并享有复制权、修改权、发表权、发行权、信息网络传播权、改编权、汇编权和翻译权。由于企业保密的要求，在本案例中对有关名称、数据等进行了必要的掩饰性处理。本案例只供课堂讨论之用，并无意暗示或说明某种管理行为是否有效。

灭了，唯有王董事长案前的灯光依旧亮着，成了寒冷黑暗中的一点点光。王董事长满面愁容地望着今天刚刚呈递给他的公司服务的各家企业的业务数据报告，一阵无奈从心底泛起。近些年来，这些服务的公司进入发展瓶颈的态势愈发区域强烈，王董事长不是没有感知，然而这样一份业务量数据几乎成了击溃他心理预期的最后一根稻草，他几乎想象得到在以后的日子里服务的乙方们接连不断的电话声。寒风刮过窗户的缝隙，击打着玻璃发出刺耳的呼啸，让人有些沉寂。而眼下愁眉苦脸的王董事长却期望着也能这样大喊一声，发泄出心中所有的愤懑。

金功科技背景介绍

上海金功信息科技有限公司（以下简称金功科技）成立于 2004 年 6 月，作为金蝶集团中国区前十大标杆品牌伙伴，是金蝶软件全系列产品最高级别伙伴。历经多年的持续发展，服务于 5 000 多家客户，已经成为上海地区规模较大和初具知名度的企业管理信息一体化方案商。同时，作为腾讯云产品钻石合作伙伴，基于云平台技术开发，深度集成了金蝶软件和腾讯的优势应用，为客户提供基于腾讯云平台的应用解决方案。金功科技秉承"用管理＋互联网"推进全球企业信息化的使命，帮助企业实现智能制造，迎接工业 4.0 时代的到来。

挑灯夜谈，直面困境

ERP[①] 的项目实施是一项非常依赖项目经理的工作，可以说，好的项目经理就是成功的一半。在 15 年的发展历程中，金功科技着力于培养自己的项目经理，其中一直负责对接 HZ 公司业务，由王董事长一手培养起来的李经理更是他的得力干将。此刻，心绪难以平复的王董事长急不可耐地把下午向他提交这份业务数据报告的李经理召回了公司，希望和他商讨接下来的对策。

---

① ERP（enterprise resource planning，ERP），即企业资源计划，是 MRP II（企业制造资源计划）下一代的制造业系统和资源计划软件。除了 MRP II 已有的生产资源计划、制造、财务、销售、采购等功能外，还有质量管理，实验室管理，业务流程管理，产品数据管理，存货、分销与运输管理，人力资源管理和定期报告系统，是为企业决策层及员工提供决策运行的手段的管理平台，范围有制造业、零售业、服务业、银行，等等。

"王董，您这么晚了找我回来，是不是为了今天 ERP 项目业务数据报告的事？"

"先不谈这个。"王董事长摆了摆手，打断了李经理的急切询问，并示意他坐到自己对面，"小李啊，你也跟着我打拼这么多年了，我们也算共患难的好战友吧。我记得公司发展初期，所有业务经理里面是你第一个提出要把那些大客户作为发展重点。正是你的策略才帮助金功科技成长为上海地区规模较大和初具知名度的企业管理信息一体化方案商，也帮助我们服务的这一家家公司取得今天这样的成绩。这么回忆起来，你真是我一手栽培起来的公司中流砥柱呢！"

听见王董事长突然叙起了旧，李经理反倒更加紧张起来，他试探性地表示："王董您客气了，公司如今的地位和成就也是您领导有方，我只是做了 ERP 项目经理分内的事。再说了，当初您在致辞时和我们说的就是要常怀'致良知之心和利他精神'，金功科技和客户企业间的共赢是我们都想看到的。我也明白如今业务问题对公司的打击之大，其中 ERP 项目交付的问题对业务的影响最大，尤其是项目的风险控制比较难，造成无法按时上线和及时收款。这样的问题我作为项目经理难辞其咎，您尽管批评我就是。"

"哎，小李，这么说就生分了。我是在为业务的事情发愁没错，但这绝不是你一个人的过错，更不是没办法克服的问题。我倒是觉得若能撑过这一段瓶颈期，我们公司的发展更会有一波质的飞跃。这不，叫你来也是想听听你的意见嘛。就拿第一页这个 HZ 公司来说，我记得这个客户与我们的合作年限最久，也是你一直在提供服务，那就拿 HZ 举例，你觉得这样的问题都是因为什么而产生的呢？"

见王董事长如此大度又坦诚，李经理一下子平静了许多，他清了清嗓，推推眼镜，不紧不慢地说："我认为公司的 ERP 项目实施目前出现问题的主要原因有以下几点：第一，在项目售前阶段，销售团队和实施团队存在信息不对称情况，客户的报价比项目交付实际耗费的低了太多。第二，二次开发的定制化产品、软件产品的选型相对复杂了一些。这样会导致我们难以进行统一的客户数据处理支持和维护管理，在使用过程中也会存在较大的数据维护风险。第三，现在的人员流动性太强了，资深的实施顾问和项目经理少之又少。第四，我们做得不够好，在针对诸如 HZ 公司这样的大型企业，我们对管理需求调研还不够准确。"

听见李经理专业地侃侃而谈，对自己担心的问题分析得如此深入，王董事长轻松了不少，愈发觉得眼前的业务问题并非难以解决。他向李经理点了点头以示肯定，随即补充道："我在想，这次突如其来的新冠肺炎疫情是不是也对我们 ERP 的研发与实施带来了一定的挑战与风险呢？"

"没错没错！这正是我想说的！你还是有预见的。除了我前面提到的问题外，此次疫情对 ERP 软件行业的影响将涉及产业链各大环节与所有主体，比如企业的管理效率降低、正常上下班严重受阻、车间排产紊乱、网点拓展被迫推迟、市场营销被迫减缓、品牌塑造被迫调整、市场销量大幅下滑、企业与职工收益纷纷受损，等等。这也是我之前一直说的，对 ERP 软件冲击的具体程度，取决于新冠肺炎疫情的防控效果，短期内的剧烈冲击已不可避免。"

听完李经理如此有见地又鞭辟入里的分析，王董事长如同吃了颗定心丸，他一拍手，大声说道："好！小李，那我们就来好好分析分析 ERP 实施项目的过程，看看怎么去解决你提到的这些问题的成因吧。"

巧做规划，管理风险

几天后，在经过那晚的谈话之后，王董事长给予了李经理更大的期待与鼓励，他将 ERP 实施项目风险管理的方案制定全权交给了李经理，而李经理也不负所望，很快交出了一份风险管理的具体方案。这天他又来到王董事长办公室，向他做起了汇报解释：

"王董，基于那天晚上我们分析过的当前公司 ERP 实施项目的全过程，我给出的 ERP 实施项目风险管理主要分成以下几个步骤，从项目风险规划、项目风险识别、项目风险估计、项目风险评价和项目风险应对五个步骤进行实施项目风险管理，明确各个步骤相关工作的目的、输入、输出，从而提早预防风险和保证实施项目顺利完成。"

此时王董事长却突然打断了李经理的发言："小李呀，我是搞技术出身的，对你说的这些风险管理的详细内容不是很了解，请你给我具体解释一下。"

"没问题，我详细地给您说一说，如果有不明白的，您直接打断我问就行！我刚刚说的项目风险规划，是指在项目正式启动前或启动初期，对项目风险的一个统筹考虑、系统规划和顶层设计的过程。比如说在项目开始之前，公司首先会确定一个项目经理作为负责人，统筹全局；然后会对 ERP 实施项目的全局进行通盘安排，确保每一个部分都有专门的人负责，并且按照公司特定的规章制度进行实施。"

"项目风险识别就是确定哪些风险事件可能影响项目，并将这些风险的特性整理成文档，进行合理分类。那接下来就是召集包括您在内的公司各部门相关领导，以及几位行业内的专家一起开个会，用头脑风暴的方式对可能存在的风险进行一个识别。"

"在识别完这些风险之后，我们就会根据项目风险的特点，对已确认的风险，通过定性和定量分析方法测量它们发生的可能性和破坏程度的大小，然后对风险按潜在危险大小进行一个排序，明确划分风险高、中、低的程度。"

"最后的风险评价实际上就是对项目风险进行综合分析，并依据风险对项目目标的影响程度进行项目风险分级排序的过程。说白了就是在前面几步的基础上估算出各风险发生的概率及其可能导致的损失大小，从而找出那个关键风险的过程。一旦抓住了关键点，我们就可以给出相应的科学依据和解决方案，以保障项目的顺利进行。不过您放心，这个过程我们肯定是会请行业内的专家，通过问卷或者 AHP[①] 建模的方式来进行的。"

数智结合，管理升级

听完如此详尽的风险管理方案，王董事长情不自禁地喜上眉梢，但他依旧保持了冷静，接过李经理的话头，顺着他提到的 ERP 实施项目往下发问："小李呀，你说的这个 ERP 实施项目的风险管理听着的确非常有效。前两天我也把你发给我的 ERP 项目实施方案发给了 HZ 公司那边的张总，他听到了也连连称赞。但是他又问起我们金功科技现在指定的风险方案要怎么结合实际落到实处，这个问题似乎我也只能来请教你了。希望你给我说说针对 HZ 公司的 ERP 实施项目都有哪些主要内容。"

见王董事长和服务客户肯定自己给出的风险管理方案，李经理心中悬着的石头也落下来不少，他自信地阐释道："在本次 ERP 系统项目实施之前，我们公司已经开始对 HZ 公司采用相对简单的 ERP 系统进行以财务为主的信息化管理。客户公司原有的系统主要用来进行财务管理以及供应链管理。ERP 系统的使用在当时为公司管理效率的提高以及管理水平的提高起到了很大的作用。"

"HZ 公司是塑料加工制造企业，采用 ERP 系统对上下游企业进行管理能够有效地提高其管理效率，增加公司对上下游供应商与客户的管控与交流。作为加工型企业，库存管理与成本管理直接关系企业的效益，因此本次实施的 ERP 系统管理是在原有的财务以及供应链管理的基础之上，重点增加了生产管理、库存条码管理以及成本管理（见图

---

① 层次分析法（analytical hierarchy process，AHP）由美国运筹学家托马斯·塞蒂（T. L. Saaty）于 20 世纪 70 年代中期正式提出，是一种将定性与定量相结合的、系统化、层次化的多属性决策分析方法。

6.1）。通过这些功能模块的实现，使得客户企业得以实现全面信息化管理。在金功科技过去给 HZ 公司提供的管理中，由于存在来料加工、委外加工等不同的加工方式，因此使得 HZ 公司的原材料管理情况较为复杂，为管理带来难度。针对这种情况，本次实施的 ERP 系统中引入了 RFID 射频识别技术，对物料进行编码，从而使得 HZ 公司的库存管理相关人员能够通过系统实现自动入库、自动出库以及库存盘点。"（见图 6.1）

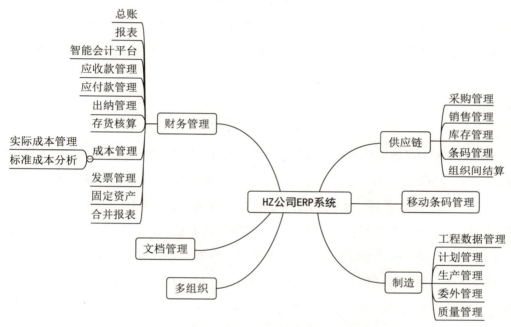

图 6.1　HZ 公司 ERP 实施项目系统功能模块

前路漫漫，道阻且长

见王董事长紧缩的眉头随着自己的解释一点点舒展，李经理愈发地相信自己过去几天所做努力的正确性与必要性，他补充道："总体而言，从 HZ 公司的情况来看，其实施 ERP 系统的条件是相当成熟的，在人员、软硬件设备等各个方面都具备实施条件。但是王董，有些潜在的问题我还是得和您反馈下，毕竟我作为下属又是服务提供方，直接和张总沟通是否合适？但是，HZ 公司本身在布局以及使用等方面的问题，使我们提供的 ERP 系统实施也存在一些难点。具体包括以下几个方面：第一，项目异地开发、实施难度大：HZ 公司总部在上海，但是在上海、苏州太仓、长春三地都有工厂，因此系统需要在三处工厂能够同时部署实施，同时系统的各种数据信息要能够实现即时共享，以便 HZ 公司的各个工厂之间能够实现协同办公。第二，用户量激增、储备资源短缺：HZ 公司原有系统的用户只有 20 个左右，在本次 ERP 系统实施之后用户预计会增加到 120 个以上，而系统上线实施准备时间有限，因此在人员培训等方面会存在难度。第三，多地数据管维繁琐、成本高：HZ 公司属于加工型企业，因此生产的产品并不固定，主要生产定制化的产品，这就导致了原材料与产品都不固定。难以对原材料与产品进行统一的数据管理，在管理过程中存在太多的基础数据，而且在使用过程中还会不断增加。第四，人员配置、培训管理缺口大：ERP 实施项目整个生命周期过程，需要专门的人员进行管理，而 HZ 公司在以往系统的使用过程中没有专门的系统管理员，这也会为后续的系统实施带来一定的难度。"

尾　声

听完李经理一番透彻的汇报，王董事长起身拍了拍李经理的肩膀以示肯定，然后坚定地说："没有问题的，这些话我回头和 HZ 公司的张总谈一谈，相信他肯定也会信任你基于多年的经验作出的判断，给予你更多的信任。相信当前的 ERP 实施项目一定可以非常顺利地推进下去，金功科技的明天也会变得越来越好的！走，我给张总也打个电话，请你们吃饭，我俩都得好好感谢感谢你，再说了，吃饱了才有力气继续努力嘛！"

听到这里，李经理反倒有些不好意思地说："这都是我们应该做的，就好像您从我刚加入金功科技那天起就常和我提的那样，激情、专业、致良知，这都是成为我们行为准则的东西。本来就是要以客户为核心嘛！应该的，应该的。"

此时天色已晚，同样是冬夜，同样在王董事长的办公室中，但此刻两人的心境与之前那次夜谈时相比，已发生了翻天覆地的变化，黑暗中亮着的唯一一盏灯散发出的一点点光也能把内心照亮，而窗外呼啸的寒风似乎也在呼唤着春意，宣告着没有一个冬天不可逾越，没有一个春天不会来临。

伴随着 ERP 实施项目风险要求的提升，对金功科技 ERP 实施项目风险管理提出更高的要求。金功科技迫切需要在项目全过程中狠抓风险管理，如何从项目风险规划、风险识别、风险估计、风险评价以及风险应对入手提高项目管理效率？

金功企业发展历程大事记

2004 年，响应金蝶"产品领先、伙伴至上"战略，成为金蝶伙伴。

2007 年，荣获金蝶集团 KIS 产品全国业绩 TOP1 伙伴。

2009 年，荣获"金蝶年度最佳成长伙伴"与"金蝶集团中国区前十大伙伴"。

2010 年，被中国《电脑商报》采访报道，并评为"中国华东 SMB 行业优秀方案商"。

2012 年，上海市人民政府和经信委授权金功科技为"上海市中小企业发展服务中心服务机构"单位。

2013 年，成为上海金蝶最大的 K/3 Wise 产品全分销承接伙伴、EAS 及 K/3 Cloud 实施与开发金牌承接伙伴。

2014 年 3 月，成功研发"新能源设备生命跟踪管理系统"并成功应用于上海瑞华集团。

2014 年 5 月，"金功云商管理软件 V1.0"成功发布。

2014 年 6 月，接受江苏泰兴电视台采访，在"与创业者同行"栏目持续报道王宏忠董事长带领上海金功公司成功发展的事迹。

2015 年 7 月，"金功电商 ERP 管理软件 V1.0"成功发布。

2016 年 3 月，购置"金源中心"近 400 平方米 5A 甲级办公楼，成立软件中央研究院和企业管理咨询事业部。

2017 年 12 月，王宏忠董事长荣获中国软件网"2017 中国企业服务渠道商年度人物（上海市）"。

2018 年 8 月，"金功云商智能管理平台软件 V1.0"成功发布。

2019 年 1 月，当选为金蝶集团中国区前十大优秀合作伙伴。

2020 年 2 月，荣获金蝶集团 2019 年度中国区云星空产品精英伙伴奖（全国前三）。

2020 年 10 月，获得国家高新技术企业认证。

2021 年 2 月，当选上海市闵行区科技创新创业大赛获奖单位。

2021 年 3 月，"金功金云智数管理平台软件 V1.0"成功发布。

案例使用说明

教学目的与用途

1. 适用课程

本案例主要适用于"项目风险管理"和"项目管理"等课程教学，以具有一定企业管理经验的工程硕士和 MEM 学生为教学对象。

2. 教学目标

本案例的教学目标在于以风险管理过程为主线进行设计，围绕风险规划、风险识别、风险估计、风险评价、风险应对等知识点，加深学生对于项目风险管理、项目管理学等领域相关理论、知识的理解。项目风险管理是在项目过程中识别、评价各种风险因素，并采取必要对策消除或有效控制能够引起不希望的变化的潜在领域和事件。项目风险管理的目的就是把有利事件的积极结果尽量扩大，把不利事件的后果降低到最低程度。

本案例重点探讨 ERP 实施项目风险管理的特点和构成，深入剖析 ERP 实施项目风险管理的体系和方法。通过本案例的阅读和分析讨论，帮助学生了解和掌握以下重要知识点：

（1）探讨 ERP 实施项目风险管理的特点和方法；

（2）归纳 ERP 实施项目风险管理的过程；

（3）分析 ERP 实施项目风险管理的方法和策略。

启发思考题

（1）金功科技 ERP 实施项目风险规划的特点和构成？

（2）在项目启动初期，如何运用鱼骨图和矩阵分析来推进金功科技 ERP 实施项目风险识别和估计？

（3）在项目风险识别和估计的基础上，如何运用定量分析进行金功科技 ERP 实施项目风险评价与控制？

（4）从项目治理角度，金功科技 ERP 实施项目风险应对是如何开展的？

分析思路

本案例的分析思路重在启发学生能够更好地掌握框架问题、系统分析问题、提出合理对策。主要是针对项目管理课程中的项目风险管理的理论与实务进行讨论分析，如何将理论要点融入案例中是设计分析思路的主要线索。教师可以根据自己的教学目标（目的）来灵活使用本案例，并提出针对性的分析思路。案例分析思路如表 6.1 所示：

表 6.1　案例分析思路

决策点	启发思考题	教学目标	理论知识点
项目风险规划的特点和构成	金功科技 ERP 实施项目风险规划的特点和构成？	掌握项目风险规划的工具和方法	项目风险规划包含的内容、特点及构成
如何进行项目风险识别和估计	在项目启动初期，如何运用鱼骨图和矩阵分析来推进金功科技 ERP 实施项目风险识别和估计？	了解项目风险识别和估计的工具和方法	项目风险识别的步骤和工具及依据，项目风险估计的工具及主要内容
如何进行项目风险评价	在项目风险识别和估计的基础上，如何运用定量分析进行金功科技 ERP 实施项目风险评价？	了解掌握项目风险评价的工具和方法	项目风险评价的计算方法，项目风险评价的依据
从项目治理角度，如何进行项目风险应对	从项目治理角度，金功科技 ERP 实施项目风险控制与应对是如何开展的？	运用项目风险应对的工具和方法	项目风险的应对，项目风险应对的依据
业务流程优化措施	金功科技 ERP 实施项目的业务流程优化措施？	知晓项目的业务流程优化措施	项目的业务流程优化措施

　　按照案例逻辑分析思路，本案例主要从行业背景、公司概况开始入手，在介绍 ERP 实施项目基本情况的基础上，从项目风险规划、项目风险识别与估计、项目风险评价与控制、项目风险应对四个方面展示了项目风险管理的全过程，归纳 ERP 实施项目的主要内容和难点。

理论依据与分析

　　对启发思考题进行深入引导性分析给出启发思考题的引导性分析，具体分析思路及方式由授课教师根据学生层次、课堂情况、授课方式等灵活选择。

　　启发思考题 1：金功科技 ERP 实施项目风险规划的特点和构成？

　　1. 理论依据

　　第一，项目风险管理的概念。

　　项目风险管理是项目团队在整个项目生命周期中对各种风险进行识别、分析、评价基础上，采用各种管理方法、技术和手段对项目涉及的风险进行有效控制的过程。项目风险管理是在项目进行的全过程中，对于影响项目的进程、效率、效益、目标等一系列不确定因素的管理，包括对外部环境因素与内部因素的管理，也包括对主观因素与客观因素、理性因素与感性因素的管理。

项目风险管理的内容包括项目风险管理规划、风险识别、定性风险分析、定量风险分析、风险应对计划以及风险监督与控制。在执行中，项目风险管理可以简化为项目风险管理规划、识别、评价、控制和应对五个环节组成。其中，项目风险识别是项目风险管理的重要环节。若不能准确地识别项目面临的所有潜在风险，就会失去处理这些风险的最佳时机。

第二，项目风险管理的特点。

全过程管理。项目风险的全过程管理，要求项目风险管理者能够审时度势、高瞻远瞩，通过有效的风险识别，实现对项目风险的预警预控；要求项目管理者能够临危不乱、坦然面对，通过有效的风险管理工具或风险处理方法，对于项目运行过程中产生的风险进行分散、分摊或分割；要求项目风险管理者能够在项目风险发生后，采取有效的应对措施并能够总结经验教训；对项目风险管理工作进行改进。

全员管理。项目风险的全员管理并不仅仅是对于项目运行全部参与方或参与人员的管理，而是要求所有的人员均能够参与项目风险的管理。项目风险管理既是对项目全部参与方（人员）的管理，同时也是全员共同参与对项目风险的管理。

全要素集成管理。从项目风险管理所追求的现实目标或项目风险管理所需解决的根本问题，其主要涉及项目工期、造价以及质量三方面的问题。

总之，项目风险管理的过程是一个在可能的条件下追求项目工期最短、造价最低、质量最优的多目标决策过程。

第三，项目风险管理规划。

风险管理规划主要针对各种可能出现的风险事件，定义项目组及成员风险管理的行动方案及方式，制订各种风险应对计划和应对策略，并选择适合的风险管理方法，确定风险判断的依据等，用于对风险管理活动的计划和实践形式进行决策。项目风险规划的目的是明确风险管理思路和途径，以预防、减轻、遏制或消除不良情况的发生，避免对项目产生不利影响。项目风险管理规划的主要工作如表6.2所示：

表 6.2　项目风险管理规划的主要工作

依　据	工具和方法	结　果
项目章程 项目范围说明书 利益相关者风险承受程度 项目管理计划 项目组织及成员的风险管理经验	风险管理规划会议 风险管理图表 工作分解结构	项目风险管理计划 项目风险规避计划

2. 案例分析

在项目开始之前，公司首先会确定一个项目经理作为负责人，统筹全局。其次会对 ERP 实施项目的全局进行通盘安排，确保每一个部分都有专门的人负责，并且按照公司特定的规章制度进行实施。除此之外，由于公司性质，在本行业中具有较为丰富的经验，具有较多的历史项目进行参考。

本案例的项目风险规划是基于公司的现有资源对该 ERP 项目进行规划，对其中可能出现的风险进行规划管理；同时，对公司的 ERP 实施项目业务流程进行分析，考虑了 ERP 实施项目的实施内容和实施难点，形成了项目进度计划、项目组织架构、角色相关表以及业务流程计划等风险管理文件。

ERP 实施项目风险管理规划的特点和构成具体包括以下四点：

第一，技术规划。企业在推进 ERP 实施项目时，必须要选择与企业相匹配的技术，才能够使得项目顺利完成。企业可以综合考虑内部情况，从供应商的角度出发，考虑到供应商的稳定性、社会地位、服务水平等，选择合适的产品。

第二，组织规划。组织规划是为保证项目的良好开展，项目有关人员的职位设置构架。组织规划通常包括角色和职责安排、人员管理计划、组织图表以及有关说明四个方面。

第三，流程规划。流程规划是从公司战略、从满足客户需求、从业务出发，进行流程规划与建设，建立流程组织机构，明确流程管理责任，控制与评审流程运行绩效，适时进行流程变革。

第四，质量规划。质量规划是识别哪些质量标准适用于本项目，并确定如何满足这些标准的要求。在质量管理计划中，企业需要规定的质量测量和度量基准，可用于识别风险。

启发思考题 2：在项目启动初期，如何运用鱼骨图和矩阵分析来推进金功科技 ERP 实施项目风险识别和估计？

1. 理论依据：项目风险识别

项目风险识别是确定何种风险事件可能影响项目，并将这些风险的特性整理成文档。风险识别是项目管理者识别风险来源、确定风险发生条件、描述风险特征并评价风险影响的过程。项目风险识别的主要工作如表 6.3 所示：

表 6.3　项目风险识别的主要工作

依　　据	工具和方法	结　　果
项目风险管理计划	文件审查法	项目风险来源表
成果说明	信息收集法	项目风险的分类
历史资料	检查表法	项目风险的征兆
项目计划	情景分析法	可能潜在的项目风险
项目风险的种类	图表法	
制约因素和假设条件	系统分解法	

2. 案例分析

在项目风险管理过程中，首先召开项目风险识别会议，参会的主要人员包括金功科技各业务部门领导、软件实施人员以及两名外部专家。根据国内外 ERP 实施项目风险管理的相关理论知识，会议首先确定了四大风险识别的方向。并且在头脑风暴的帮助下梳理项目实施过程中可能存在的风险。以此为基础绘制了鱼骨图进行原因剖析并分类，如图 6.2 所示。

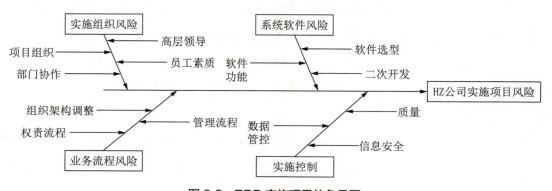

图 6.2　ERP 实施项目的鱼骨图

主要的风险包括四个大类 13 项风险。第一系统软件风险，它包括了软件选型以及功能风险等。第二是人员组织风险，涵盖项目组织和高层领导造成的风险。此外，还有员工素质和部门协作之间的问题。第三是业务流程风险，包括管理和组织方面的变革以及权责的沟通等方面存在一些问题和风险影响着系统的实施。最后还有实施控制风险，包括项目的进度和完成的质量等，如图 6.3 所示。

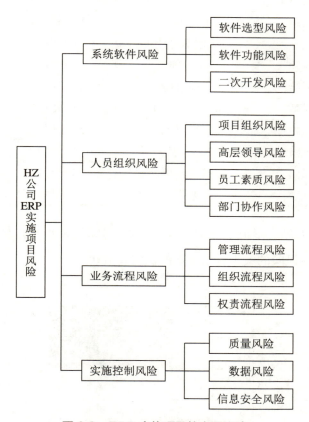

图 6.3 ERP 实施项目的主要风险

项目风险估计是在项目风险识别的基础上，运用定性和定量分析方法估计各个风险发生可能性和破坏程度的大小，并按潜在危险大小进行优先排序。本案例根据矩阵图定位分析，把已经识别出的风险分为高中低三类风险，具体包括：第一，高风险，项目组及甲乙双方高层关注，在项目开始时制定好战略规避措施，降低风险发生率。第二，中等风险，项目组及各金功科技各职能部门在项目执行期间重点关注，在项目进行过程中，根据实际情况调整风险应对战略，降低风险发生率。第三，低风险，项目组全程关注，严格根据风险管理计划做出风险应对措施。

表6.4　风险等级定义表

风　险	发生可能性	风险危害	风险等级
C11 软件选型风险	3（可能）	5（很大）	高
C12 软件功能风险	3（可能）	1（小）	低
C13 二次开发风险	2（较不可能）	2（一般）	低
C21 项目组织风险	2（较不可能）	2（一般）	低
C22 高层领导风险	4（较可能）	5（很大）	高
C23 员工素质风险	2（较不可能）	1（小）	低
C24 部门协作风险	3（可能）	1（小）	低
C31 管理变革风险	5（很可能）	5（很大）	高
C32 组织变革风险	4（较可能）	5（很大）	高
C33 权责流程风险	5（很可能）	5（很大）	高
C41 进度质量风险	3（可能）	3（大）	中
C42 数据管控风险	1（基本不可能）	3（大）	低
C43 信息安全风险	1（基本不可能）	4（较大）	低

然后通过专家判断，形成了风险等级定义表，如表6.4所示；最终形成风险矩阵图（如图6.4所示），对风险的大小有了直观的识别和估计。

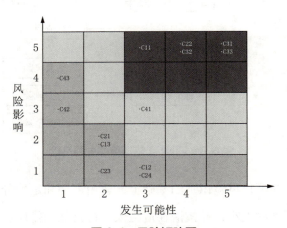

图6.4　风险矩阵图

启发思考题 3：在项目风险识别和估计的基础上，如何运用定量分析进行金功科技 ERP 实施项目风险评价与控制？

1. 理论依据

第一，项目风险评价。

项目风险评价是在风险识别的基础上，对项目各个方面的风险和关键性技术过程的风险进行综合分析，估计风险事件发生的可能性大小、可能的结果范围和危害程度、预期时间和频率等。并依据风险对项目目标的影响程度进行项目风险分级排序的过程。风险识别和评价需要结合在一起，在项目生命周期的自始至终反复地进行。项目风险评价的主要工作如表 6.5 所示。

表 6.5　项目风险评价的主要工作

依　据	工具和方法	结　果
项目风险管理计划 项目风险识别的成果 项目进展状况 项目类型	风险管理规划会议 风险管理图表 工作分解结构	项目风险管理计划 项目风险规避计划

第二，项目风险控制。

风险控制是指对风险进行辨识、评价、确定并实施应对措施的过程，目的是在给定项目约束条件和目标下使风险保持在可接受水平上。风险控制是围绕项目风险的基本问题，制定科学的风险控制标准，采用系统的管理方法，建立有效的风险预警系统，做好应急计划，实施高效的项目风险控制。风险控制有助于最大限度地降低风险事故发生的概率和减小损失幅度，以改变组织所承受的风险程度。项目风险控制的主要工作如表6.6 所示。

表 6.6　项目风险控制的主要工作

依　据	工具和方法	结　果
项目风险管理计划	审核检查法	新的项目风险应对措施
项目风险应对计划	监视单	变更申请
项目沟通	项目风险报告	纠偏措施
附加的风险识别和分析	费用偏差分析	修改风险应对计划
项目评审	风险预警系统	风险数据库
风险设想、风险阈值、风险	附加风险应对计划	更新风险判别核查表
指标、风险状态、风险预警	独立风险分析	
信号和风险处置新建议	直方图、因果分析图、帕累托图等	

2. 案例分析

在项目风险规划、识别和估计的基础上，通过建立项目风险的系统评价模型，对项目风险因素影响进行综合分析，并估算出各风险发生的概率及其可能导致的损失大小，从而找到该项目的关键风险，确定项目的整体风险水平，为如何处置这些风险提供科学依据，以保障项目的顺利进行。本案例借助了 AHP，建立风险模型，对风险进行评价与分析，总结风险因素，从对风险评价—影响因素—具体指标对应目标、准则和方案等构建风险分析结构图；然后通过主观评分法构造准则判断矩阵，采用 AHP 惯用的九级标度法。最后通过对风险指标综合权重的评价，可以得出该项目中风险最高的风险因素。

构造准则判断矩阵，采用九级标度法，用 1—9 表示因素重要程度，并且同一层次的因素与因素之间进行两两比较，构建出矩阵（如表 6.7 所示）：

表 6.7　标度的含义

赋值	定　义	说　明
1	同样重要	两因素对某属性影响程度相同
3	B1 与 B2 相比，出问题可能性较小，有风险	一因素对某属性的影响稍大于另一因素
5	B1 与 B2 相比，有可能出问题，风险较大	一因素对某属性的影响明显大于另一因素
7	B1 与 B2 相比，很有可能出问题，风险很大	一因素对某属性的影响绝对大于另一因素
9	B1 与 B2 相比，极有可能出问题，风险极大	一因素对某属性的影响极大，另一因素显得微不足道
2、4 6、8	两相邻判断的值	表示需要在两个程度的判断之间赋值

根据风险评价指标，通过问卷调查的方式将识别出来的二层风险类别进行了等级划分。问卷调研的对象是甲方金功科技经理以上级别 30 名员工，乙方实施方请到的行业内 30 名专家，甲乙双方共计 60 人。其中从业年限 5—10 年的有 38 人，10 年以上的有 21 人；拥有高级职称的人员有 21 人，中级职称的有 20 人；来自计算机软件相关专业的有 31 人，项目管理相关专业的有 18 人。提交的调研问卷为 58 份，其中有效问卷 50

份。经过数据统计，将得到的结果形成了判断矩阵，如表 6.8 所示。

表 6.8 判断矩阵

A 项目风险评价	B1 系统软件风险	B2 人员组织风险	B3 业务变革风险	B4 实施控制风险
B1 系统软件风险	1	1/3	1/4	2
B2 人员组织风险	3	1	1/3	1/3
B3 业务变革风险	4	3	1	2
B4 实施控制风险	1/2	3	1/2	1

通过 AHP 法得出的项目风险的综合权重如表 6.9 所示：

表 6.9 风险指标综合权重表

层次 1		层次 2			
指标	权重	指标	权重	最终指标	综合权重
B1 系统软件风险	0.174 1	C11 软件选型风险	0.611 6	C11 软件选型风险	0.106 5
	0.174 1	C12 软件功能风险	0.254 6	C12 软件功能风险	0.044 3
	0.174 1	C13 二次开发风险	0.133 8	C13 二次开发风险	0.023 3
B2 人员组织风险	0.226 5	C21 项目组织风险	0.184 9	C21 项目组织风险	0.041 9
	0.226 5	C22 高层领导风险	0.535 7	C22 高层领导风险	0.121 3
	0.226 5	C23 员工素质风险	0.075 5	C23 员工素质风险	0.017 1
	0.226 5	C24 部门协作风险	0.203 9	C24 部门协作风险	0.046 2
B3 业务流程风险	0.486 1	C31 管理流程风险	0.595 7	C31 管理流程风险	0.289 6
	0.486 1	C32 组织流程风险	0.191 5	C32 组织流程风险	0.093 0
	0.486 1	C33 权责流程风险	0.212 8	C33 权责流程风险	0.103 4
B4 实施控制风险	0.113 2	C41 质量风险	0.728 6	C41 质量风险	0.082 5
	0.113 2	C42 数据管控风险	0.179 3	C42 数据管控风险	0.020 3
	0.113 2	C43 信息安全风险	0.092 1	C43 信息安全风险	0.010 4

为了更方便地运用风险指标综合权重表对风险因素进行分类管理，项目组将风险综合权重分为高、中、低三个等级，等级量化指标如表 6.10 所示：

表 6.10　风险指标等级量化表

风险等级	高	中	低
量化标准	>0.09	0.06—0.09	<0.06

通过对风险指标综合权重的评价，可以得出该项目中风险最高的是 C31 管理流程风险，其次为 C22 高层领导风险、C11 软件选型风险、C33 权责流程风险。

项目风险控制是对项目风险规划、识别、评价和应对全过程风险进行监视和控制，从而保证风险管理能达到预期的目标。并通过定期召开风险管控会议进行项目风险控制工作。而且还增设风险重新评价会议、风险储备分析会议以及风险审计涉及的相关会议，同时规定在每周项目例会中加入风险讨论议题。

启发思考题 4：从项目治理角度，金功科技 ERP 实施项目风险应对是如何开展的？

1. 理论依据

第一，项目风险应对。

项目风险应对就是提出处置意见和办法以应对项目风险的过程。通过对项目风险进行识别、估计和评价，然后综合考虑项目风险发生的概率、损失造成的严重程度以及其他因素，就可得出项目风险发生的可能性及风险的危害程度。最后再将前期工作得到的结果与公认的安全指标相比较，就可确定项目的风险等级，从而决定采取什么样的措施加以应对并控制应对措施的实施程度。项目风险应对的主要工作如表 6.11 所示。

表 6.11　项目风险应对的主要工作

依　据	工具和方法	结　果
项目风险管理计划 项目风险排序 项目团队抗风险的能力 可供选择的风险应对措施	回避风险 转移风险 减轻风险 接受风险 预防风险 后备风险	项目风险管理计划（更新） 应急计划 应急储备

第二，方法和策略。

一般来讲，项目风险应对的方法主要包括回避风险、转移风险、减轻风险、接受风险、预防风险和后备措施六种，如图 6.5 所示。

在设计和制定风险处置策略时，一定要针对项目中不同风险的特点分别采用这六种风险处置方式，而且尽可能准确而合理地采用。在实施风险策略和计划时，应随时将变化了的情况反馈给风险管理人员，以便能及时地结合新的情况对项目风险处理策略进行调整，使之能适应新的情况，尽量减少风险导致的损失。

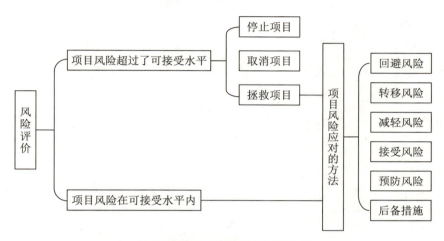

图 6.5　项目风险应对方法和策略

2. 案例分析

项目治理是为了实现业主方合理调节与项目代理方之间权、责、利关系，基础是委托代理关系，因此，治理的对象是组织和人，是以组织和制度的安排来实现的。为此，金功科技 ERP 实施项目严格遵守国家制定的相关法律法规以及政府有关部门的核准制度，符合维护数据安全、合理利用资源、保护营商环境等要求。严格遵守社会治理体系，使社会的公共管理、公共服务、公共安全得到有效保障。

根据表 6.12 得到的金功科技 ERP 项目风险以 "业务流程风险"、"人员组织风险"、系统软件风险和实施控制风险四个方面作为重点，具体的风险应对策略如表 6.12 所示。

（1）业务流程风险。业务流程风险主要来源于管理流程、组织流程、权责流程调整等。

管理流程风险应对：在 ERP 项目实施的过程中，项目的宣传与培训应该持续进行。在项目实施前，公司要对员工进行基础培训，同时宣传建设 ERP 系统的好处与必要性。项目上线前，公司也应该为公司不同工作层人员设置合理的培训。

表6.12 风险综合评价表

风险描述	综合风险评价	风险应对策略					
		回避	转移	减轻	接受	预防	后备
软件选型风险	高度				√		
软件功能风险	轻度	√			√		√
二次开发风险	轻度	√				√	
项目组织风险	轻度			√			
高层领导风险	高度				√		
员工素质风险	轻度	√				√	
部门协作风险	轻度			√			
管理流程风险	高度				√		
组织流程风险	高度	√			√	√	
权责流程风险	高度				√		
质量风险	中度	√				√	
数据管控风险	轻度					√	√
信息安全风险	轻度					√	√

组织流程风险应对：为了使 ERP 系统能够发挥最大的效用，公司业务流程重组与优化十分重要。公司应该对员工岗位职能作出适当调整。做好员工岗位职权的划分；公司高层的支持是 ERP 项目实施成功的关键，因此公司高层应该给予该项目足够的关注，避免出现风险。

权责流程风险应对：在此次的 ERP 项目实施中，业务流程重组是首要任务与亟待解决的问题。对此，金功科技制定相应的"权责流程管理手册"，如表 6.13 所示。

（2）人员组织风险。人员组织风险主要包括项目组织风险、高层领导风险、员工素质风险以及部门协作风险。

● 项目组织风险应对：除了正常的调研，和相互之前的交流之外，设置每周举行项目周会的规则。参加的人员包括甲乙双方所有项目组成员。通过不断的交流和熟悉，并通过会议统一大家的目标就显得至关重要。这样不仅可以减少项目组织风险发生的概率，也可以减小风险发生的影响。

项目组织设计的原则有以下四点：

表 6.13　权责流程管理手册

序号	单位	关键决策点	经办部门/岗位	最终审批人	输出成果	分/子公司											公司总部							总部管理决策层				
						综合前期规划管理	工程规划管理	成本管理	采招管理	计划管理	营销管理	财务管理	招标管理小组	专业评审会	副总经理	总经理	战略发展部	人力资源部	资本运营部	资产管理部	成本合约部	财务部	审计部	直属分部领导	成本分管部领导	领导班子会	总经理	董事长
1	公司总部	成本科目体系及标准成本测算表模板	总部—成本合约部	总部—分管领导	《成本科目模板》			①			★	★	★			△				△	△②		★	★		★	★	★
2		标准合约规划模板	总部—成本合约部	总部—分管领导	《成本科目模板》			②			★	★				△					②△	△		★		★	★	★

注：序号为流程步骤，△为抄送，★为最终审批人。

一是目标性原则。目标性原则是项目组织设计的总指导原则：一方面组织设计是一种手段，其目的是为了更好地实现项目组织的经营任务和目标；另一方面，项目组织经营任务和目标实现的好坏，又是衡量组织设计是否正确有效的最终标准。

二是精干高效原则。正确地进行组织设计，应当在完成项目任务目标的前提下，力求做到精简机构，精干高效。人员配置要从严控制二三线人员，力求一专多能、一人多职。同时还要增加项目管理班子人员的知识含量，着眼于使用和学习锻炼相结合，以提高人员素质。

三是集权与分权相结合的原则。项目组织中各级管理组织机构之间就有集权和分权的关系。集权和分权要适度，适合组织的任务和环境。一般凡是关系到组织全局的问题实行集权，但要通过授权，使中层或基层都有一定的管理职责与权限，这也是分工原则的体现。

四是责权利相结合原则。组织设计应当保证每一次管理层次、部门、岗位的责任和权利要相对应，防止权大责小（有权无责）或权小责大（有责无权）两种偏差；同时，责任制度的贯彻还必须同相应的经济利益结合起来。

金功科技 ERP 实施项目组织结构为 Prince 2[①] 体系，Prince 2 组织结构的特点是要求项目团队角色分离，以职责描述为基础，建立沟通渠道，进行决策讨论。ERP 系统实施具体的组织架构如图 6.6 所示。

在项目实施过程中，各种类型的项目角色的相关职责如表 6.14 所示。

● 高层领导风险应对：应该让高层领导认识与了解 ERP 系统，使高层领导认识到 ERP 系统的优势以及为公司带来的好处，同时应该让咨询顾问机构对企业高层领导进行项目宣传，还可以让公司高层领导参加 ERP 相关的行业协会会议，更清晰地认识到 ERP 项目实施状况以及其他企业更优秀的做法与更丰富的项目实施经验。

● 员工素质风险应对：针对员工素质风险，主要采用的措施就是培训。培训主要分两种：第一是全员培训——全员培训是 ERP 实施项目过程中必经的阶段。全员培训一共进行了三次，蓝图阶段、系统模拟前、系统上线前。第二是焦点培训——在系统模拟阶

---

① Prince 2，即 "Prince 2 项目管理体系"，Projects IN Controlled Environments 的缩写，意思是 "受控环境影响下的项目管理"，它是一项 IT 项目管理标准，广泛运用各个领域；它是给予流程的，为组织提供量体裁衣的现实变革，从而实现有效项目管理。Prince 2 从以下几个方面对流程进行严格定义：关键投入与关键产出、流程目的、具体活动等。

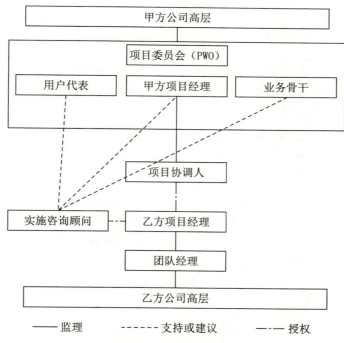

图 6.6　项目组织架构图

表 6.14　角色的相关职责

项目角色	职　　责
项目领导	1. 预测实施效果与监督进度 2. 决策整体层面的重要事项 3. 统筹协调项目所需的资源 4. 听取项目报告 5. 阶段性参加双方高层会议
甲方项目经理	1. 全程参与项目落地工作，进行辅助协调 2. 及时协调解决实施中出现的问题 3. 处理实施过程中的各类分歧 4. 界定原则和规章制度 5. 把握业务的主导方向，不偏离既定轨道 6. 密切关注重大问题，督促解决
项目协调人	1. 组织项目会议、及时发布消息 2. 及时公布相关会议记录 3. 协助项目经理协调部门内部事务 4. 协助项目经理在项目实施等过程中的沟通协调

（续表）

项目角色	职　　责
业务骨干	1. 作为项目小组的成员，代表项目小组了解系统 2. 参与管理讨论 ERP 系统构建、测试、接受培训 3. 培训公司其他主要用户 4. 负责收集业务基础资料搜集并整理 5. 参与业务需求调研、应用模型分析 6. 完成本职工作和分配的任务
乙方项目经理	1. 了解甲方的问题和需求，并持续挖掘需求 2. 制定项目开发和实施计划，负责系统的设计和开发，项目进度跟踪，客户关系和合作单位工作沟通协调 3. 项目质量监督，项目文档整理与审查，项目售后服务协调等工作 4. 带领项目团队，完成项目实施工作，达成项目目标
实施咨询顾问	1. 协助乙方项目经理了解现状和挖掘潜在顾客需求 2. 记录并协助处理项目中遇到的疑难问题 3. 建立、维护客户关系 4. 培训主要客户 5. 完成相关文件的撰写 6. 与开发工程师进行活动对接
用户代表	1. 参与培训 2. 确定并验证业务需求和期待

段，针对每个业务部门，选出焦点用户来进行一对一辅导。给每个部门培养出一位 ERP 系统的精英。

● 部门协作风险应对：公司应该对参与项目的负责人进行一系列的培训，并且设置安抚机制，从而为公司培养出综合素质能力强的业务骨干。在后期的 ERP 系统运行中，项目组成员应该将系统的优化与健全作为工作的重心，为公司数据信息系统建设注入动力，同时，公司也应该设置科学合理的激励体系，激励机制可以是物质奖励也可以是精神奖励。

（3）系统软件风险。软件风险主要包括软件选型、软件功能以及二次系统开发这三类风险。

● 软件选型风险应对：公司项目组在针对金蝶的两款产品进行选择的时候，首先对产品在适用对象、系统架构、数据库支持、组织架构、精细化核算、内部往来方面进行了对比，见表 6.15：

表 6.15　K/3 WISE 和 K/3 CLOUD 对比

对比项目	K/3 WISE	K/3 CLOUD
适用对象	适用中小企业，以单体为主，提供人财物产供销一体化方案	适用集团企业，强化集团一体化管理。移动互联时代下云 ERP 平台
系统架构	C/S 架构，客户端需要独立安装，若不在局域网，则需要第三方软件发布应用，在数据安全性和稳定性方面比较薄弱。比如在外网应用财务和供应链业务则需要通过第三方软件	纯 B/S 架构，客户端免安装，支持广域网、局域网应用。降低企业集团维护难度
数据库支持	只支持 SQL 数据库，如果数据应用多年，会导致数据库比较大，导致软件应用速度较慢，从而需要重新初始化，连续性得不到保障	支持 SQL，ORACLE 等数据库，支持大数据大并发
组织架构	单体企业应用，单一组织架构。每个组织需要建立独立的账套进行财务核算	金蝶 CLOUD 多组织管理体系提供柔性组织架构，提供组织新增、移动、封存功能，并对组织提供多种属性的设置，底层平台搭建组织架构可供所有业务系统共享；全面支持集团企业未来组织架构变动。实现集团"一套账"管理模式
精细化核算	只能根据法人账建立账簿，出具法人账	CLOUD 支持按照法人管理架构、责任中心管理架构、产品线管理架构同时出具不同账簿，及法人账、管理账。支持多组织、多核算体系、多会计准则、多语言的管理模式
内部往来	传统依靠手工方式处理，容易出现单边入	内部机构之间往来业务自动化

从适用对象来看，金功科技还未达到集团化企业的标准。但是金功科技有上海、长春、太仓三个工厂，即三个法人组织。从这一点上来看，K/3 WIES 和 K/3 CLOUD 都能满足要求，K/3 CLOUD 在多组织上更智能，更能体现一体化，但成本也更高。从系统架构和数据库支持角度去分析，如果选择 K/3 WISE，可能需要准备移动的预算来应

付今后的升级和二次开发。业务部门更倾向于使用 K/3 WISE，因为不用使用新的系统，可以减少很多数据准备和录入的工作量，也不需要重新参与更多的培训。

● 软件功能风险应对：首先，提前识别，通过管理手段规避风险——项目实施人员必须非常熟悉要实施的产品，在需求调研和蓝图设计阶段通过充分调研和分析，解析出可能存在的无法满足要求的功能。然后通过流程的改变或调整，既满足用户使用和管理的要求，又规避这个功能盲点。其次，给软件功能风险预留时间储备和资金储备——虽然金蝶 ERP 产品是一个标准的产品，但它提供了灵活配置的平台供实施顾问使用，即在一定程度上可以通过配置实现一些原本没有的功能，但这一部分配置需要人力和时间去完成。针对这种措施，若风险发生，从时间储备中申请资源，用于风险的应对。

● 二次开发风险应对：一是对整个企业的业务进行规划，二次开发要有所取舍；二是利用系统灵活性，尽量避免开发；三是不要随意修改核心代码，新功能最好自成模块；四是建立二次开发的规范；五是细化合同和相关文件。

（4）实施控制风险。实施控制风险主要来源于质量风险、数据掌控风险及信息安全风险等。

● 质量风险应对：ERP 实施项目通常要在固定期限内完成客户指定的功能，且发布时缺陷总数要控制在客户要求的范围内。为保证项目顺利实施，可通过缺陷预测曲线对项目进行全程控制。图 6.7 分别为日缺陷和日累积缺陷曲线设置了控制上下限，取 ±10% 作为控制区域。如果项目实施过程中，缺陷数量始终落在控制区域以内则视为正常；反之，如果大量数据点落在控制区域以外，则需要采取改进措施。

项目进行过程出现的异常有三种情况：项目本身发生了重大变化、实际缺陷数低于控制下限，以及实际缺陷数高于控制上限。

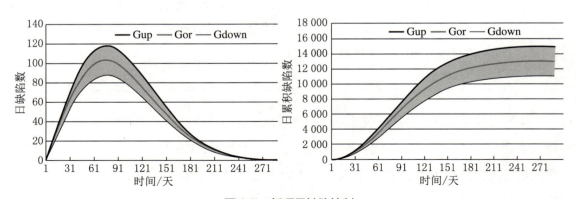

图 6.7　新项目缺陷控制

第一种情况是项目发生重大变更——如果是项目本身发生了重大变化，需要重新设定预测模型和控制区域，然后再对后续项目进行缺陷控制。

第二种情况是实际缺陷数低于控制下限——在项目进行过程中，如果实际缺陷数量远低于控制下限，首先查看项目进度和项目成员实际工时，如果进度延期是由于客户造成，需及时与客户沟通延期风险；如果进度延期是因为项目执行问题造成的，则需在后续阶段提高工作效率，必要时追加项目资源投入，追赶项目进度，直至累积项目缺陷数量到达预期水平。

第三种情况是实际缺陷数高于控制上限——在项目进行过程中，如果实际缺陷数量远高于控制下限，首先查看项目进度和员工工时，若发现项目成员在高压状态下工作，应考虑适当放缓进度；如项目存在质量问题，则需要对项目进行再分析，制定下一步的整改措施。

● 数据管控风险应对：在 ERP 系统实施过程中，只有提高数据的准确性与完整性，才能够将系统实施的风险降到最低。首先，针对 ERP 系统基础数据庞大的实际情况，做好数据信息录入的规划工作，确保数据信息有序完整的录入。其次，避免由于数据格式等相关问题导致后期部分数据不可用的问题。各个部门都要对于其相关的各种数据进行核对。最后，在数据录入过程中，需要多个部门共同协商，采用标准化录入，提高数据的逻辑性以及联通性。

● 信息安全风险应对：首先，在实施过程中采用了虚拟集群部署方式，即使在使用过程中有某一台服务器出现异常情况，也不会影响系统的运转；其次，在限制外部用户使用的同时对内部用户访问外部网络也进行限制，确保系统用户只能够访问在白名单中的一些安全网址，降低系统被"木马"病毒入侵的风险；最后，对系统的数据库进行了备份设置，避免数据的丢失。

关键知识点

（1）关键点：项目风险管理的特点和难点；ERP 实施项目的特殊性；项目风险规划阶段制订的风险管理计划；项目风险识别使用的方法；项目风险估计使用的工具；项目风险评价的计算方法；项目风险应对的对策。

（2）关键知识点：项目风险管理的定义、工具及方法；项目风险的全流程管理。

（3）能力点：实施项目风险管理能力、创新性思维、实际解决问题的能力。

课堂计划建议

本案例既可以作为专门的案例讨论课使用，也可以用于项目管理课程相关理论的讲解。为在有限的课堂内，较为充分系统地实施案例教学与讨论，建议课堂教学时间控制在 80—90 分钟左右。

1. 课前计划

根据课程教学班级学生专业结构和知识背景，对课程教学班级进行分组，案例讨论可以采取分组辩论的形式进行。每组人数控制在 5—7 人。课前一周将案例正文发给学生，提出启发思考题。学生提前预习阅读案例，并查阅相关文献资料，了解金功科技的发展过程及 ERP 项目管理的相关内容，开展小组分析讨论，提出解决思路和方法，形成小组总体看法和相关结论，在此基础上完成案例分析报告初稿。

2. 课中计划

课中计划是教学计划的主体部分，课堂教学中实施，建议安排如表 6.16 所示：

表 6.16 课堂计划

环节	主 要 内 容	时间
案例引入	授课教师介绍案例背景（ERP 实施项目、项目风险管理的重要性、金功科技的企业背景和企业社会责任等）、案例基本内容（主要介绍 ERP 实施项目基本情况及全过程风险管理的特点及要点）	10—15 分钟
组内讨论	授课教师根据案例问题组织学生讨论。教师可以逐条在屏幕上抛出案例问题，听取各小组的代表（小组自荐发言人）对问题的分析及解决方案，其他各个小组学生都可以就该代表的发言提出不同意见	30 分钟
组间辩论	在这个阶段，授课教师的角色只是作为问题讨论的引导者，不对案例问题作出任何评论，引导学生给出他们的观点，并适度让持不同观点的学生进行讨论和交锋	30 分钟
分析总结	授课教师进行归纳总结。（1）对各小组的观点或方案进行点评，提出观点或方案存在的优缺点；（2）提出自身对案例的看法，与学生一起归纳案例讨论的结果；（3）可以引导学生预测金功科技 ERP 实施项目可能遇到的问题，供学生课后继续思考	10—15 分钟

3. 课后计划

综合课堂分析和各组案例报告，深化专题研究；请学生在课堂讨论的基础上，整理课堂讨论内容，梳理小组研究及全班总结的观点，以小组为单位形成书面案例分析报告，包括案例现状、项目全过程分析、决策建议、未来展望等。

（1）课堂提问环节。

教师现场授课提出问题的逻辑顺序如图 6.8 所示。

（2）课堂板书计划。

以"行动学习"方法展开教学，课堂"板书设计"是以"大白纸"的形式展示的。案例的课堂讨论通常分组进行，以 3—4 人、5—7 人或不超过 9 人为一组，每组讨论的内容由专人负责记录在大白纸上，每张纸上写不超过 10 条文字观点内容，并张贴在课堂的墙壁四周，让每个学生都看得见，以增强讨论氛围、反思置疑、补充创新。

行动学习过程与总结

1. 行动学习过程

2019 年 11 月 23 日 19:00—21:00，在商学院大楼 502 讨论室正式召开项目启动会。先由张老师首先进行项目介绍及各小组成员间相互了解，并参照"行动学习的七个角色"理论，明确成员角色。同时，按照行动学习六步法初步制订了行程计划。

2019 年 12 月 1 日 15:00—18:00，小组按计划实地访谈金功科技，开展了行动学习第一步之"明确问题，确定目标"。在场师生就 ERP 实施项目的风险管理策略，与王董事长和储总监进行了深入沟通，并基于公司的愿景和战略规划、客户关系管理以及项目管理情况展开了热烈的讨论。

2020 年 12 月 22 日 16:00—19:00，小组在商学院大楼召开了头脑风暴会议。首先，界定了企业所面临的问题，然后进行 15 分钟的发散思考可能的原因，并利用鱼骨图对原因进行了归类和深挖，最后用重要 / 紧迫性矩阵确认了解决关键要素。

2020 年 5 月 15 日 18:00—21:00，受新冠肺炎疫情影响，小组研讨会采用线上会议模式，并邀请金功科技实施总监储彬。确认了关键影响因素，及初步的解决方案。

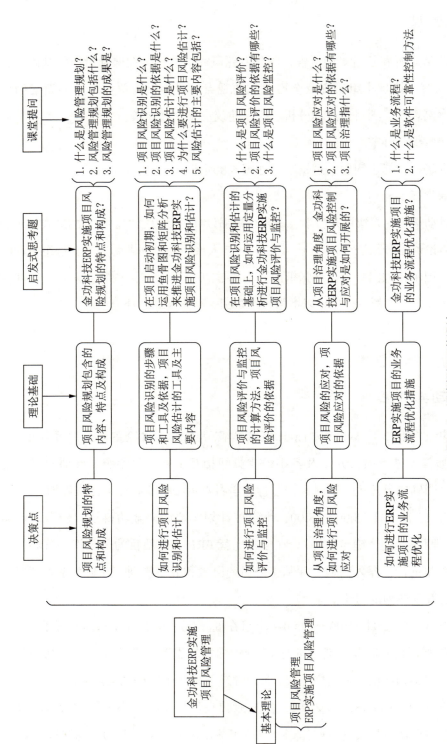

图 6.8　课堂提问环节设计

2. 总结

"行动学习"作为一种理念和方法系统，特别地强调理论探究与解决实际问题的有机结合，它是"做中学习"与"思考中学习"的结合。

通过行动学习六步法的应用，使学生在半年的时间里，逐步掌握和运用这种实用性强、富有针对性的、高效的讨论与决策方法。在以后的工作中，学生有可能通过这次的实践得到的经验，解决企业经营过程中面临的新的问题。

在行动学习过程中，小组成员是平等的，没有资深和初级的需求，除了引导师 / 催化师，大家都是平等的，可以自由地分享自己的观点和进行讨论，可以通过整个过程实现互相学习与共同进步，应该将平等、开放、自由的理念贯穿于学习研究的全过程。

行动学习中，特别需要通过头脑风暴等集体研讨方式，在提出细致问题、分析原因，查找对策、制订方案等一系列程序基础上，探索解决问题的最佳切入点，达到激发每一位成员的创意、创新和创造力。

因为掌握了科学的行动学习与实施方法，就有机会在自己的工作岗位上运用行动学习的形式，与其他同事们一起查找问题，寻求新的解决方案，不断提升团队发现问题和解决问题的能力，不断提高企业的工作效率与决策水平。

通过行动学习，本案例中，针对后期的 ERP 系统运行，公司可以设置科学合理的激励体系，从物质的和精神两方面进行奖励，这有利于提高高层领导对 ERP 项目的支持。激励机制按以下几个方面作为考核标准：工作难易程度（20%）、行为态度（20%）、事项按时达成率及成果质量（20%）、参与度（20%）、优秀建议（20%）。实行月奖励，在月项目工期结束后进行考核评审并颁发奖励。考核得分情况如表 6.17 所示：

表 6.17　ERP 绩效考核得分情况

部门	难易程度	行为态度	事项按时达成率	参与度	优秀建议	综合得分
生产部	18	15	18	18	5	74
财务部	18	20	20	19	5	82
市场部	20	17	18	20	5	80
采购部门	20	18	18	20	5	81
分 / 子公司	15	17	17	18	5	72

参考文献

简兆权、刘念：《动态能力构建机理与服务创新绩效——基于佛朗斯的服务平台转型研究》，《科学学与科学技术管理》2019 年第 12 期。

黎亮：《项目管理——PRINCR 2+PMBOK》，清华大学出版社 2022 年版。

马亮：《政务服务创新何以降低行政负担：西安行政效能革命的案例研究》，《甘肃行政学院学报》2019 年第 2 期。

苏敬勤、高昕：《案例行动学习法—效率与效果的兼顾》，《管理世界》2020 年第 3 期。

苏敬勤、贾依帛：《案例行动学习法：案例教学与行动学习的结合》，《管理案例研究与评论》2020 年第 3 期。

夏杰长、肖宇：《以服务创新推动服务业转型升级》，《北京工业大学学报（社会科学版）》2019 年第 5 期。

阎海峰、侯丽敏、陈万思、郝聚民：《行动学习：激发管理潜能》，高等教育出版社 2021 年版。

张文显：《新时代中国社会治理的理论、制度和实践创新》，《法商研究》2020 年第 2 期。

中共中央宣传部：《习近平新时代中国特色社会主义思想学习问答》，学习出版社、人民出版社 2021 年版。

7. MT美睫连锁机构的渠道设计[*]

案例正文

MT 美睫连锁机构是一家位于山东的地方性公司。目前公司创始人计划在上海开店，未来在上海建立公司总部，成为一家辐射全国的知名美睫连锁机构。创始人对上海的美睫行业进行深入调查，了解竞争格局，并且对 MT 在上海的 STP 与 4P 战略也进行了细致规划。目前，创始人正在思考 MT 在上海的渠道设计方案。

关键词：渠道设计　美睫行业　加盟　直营　连锁

引言

1. 背景

王爽坐在济南开往上海的高铁上，看着窗外飞逝而过的风景，陷入了沉思。五年前，她在山东济南创业，建立了第一家 MT 美睫店，获得了成功。后来她陆续在济南以及济南的周边城市泰安、菏泽开了 11 家连锁店，成为济南、泰安、菏泽最知名的美睫店

---

* 本案例由华东理工大学商学院朱凌、杜伟宇撰写，作者拥有著作权中的署名权、修改权、改编权。本案例来源于华东理工大学商学院 MBA 行动学习项目中的真实企业实践。应企业要求，隐去真实企业名称。本案例只用于教学目的，不对企业的经营管理进行任何评判，并无意暗示或说明某种管理行为是否有效。

之一。但是王爽希望 MT 可以成为全国知名的美睫连锁品牌，所以今年她决定来上海考察美睫行业的情况。她已来过上海多次，发现上海的美睫行业还有很大的发展空间，于是她认为成立一家全国知名的美睫连锁机构是可行的。为了实现这个长远目标，她需要把公司总部建立在上海，以此为起点向其他城市扩张，在品牌扩张中，充分利用来自中国时尚之都上海的光环是必要的，尤其是对外宣传 MT 美睫连锁品牌时，能够提升品牌美誉度。所以，王爽决定在上海开新店。但这些天，她一直在思考新店的渠道设计问题，是采用直营店、加盟店，还是半直营半加盟店？

2. 行业现状

古今中外，美是一个永恒的需求。尤其是当下，人的生活水平越来越高，对美的需求也越来越高，美容消费能力更是随着经济的高速发展而不断提高。中国美容产业经历了长久的发展，从刚开始的胭脂水粉慢慢延伸，发展到现在的以医疗美容、生活美容、培训教育、产品研发及销售等几大板块构成的产业链。专家曾预测，随着人民生活水平的增长，人们的健康美容认识会随着收入的增加而加大，在美容上的消费支出也加大，中国美容市场很可能会呈现同 20 世纪 70 年代在美国一样的极速增长形势。[①]

中国现有大大小小的美容服务机构不计其数，美容行业已经成为一个高速发展的行业，同时也面临着一些问题和挑战。从最初几家的美容店到现在的遍地开花的专营店，中国美容业的发展越来越趋向专门化、正规化、标准化。美容行业的入门门槛相对较低，尤其是互联网发达的今天，一间公寓，一个技师就可以开一家所谓的美容店，投资非常小。这导致整个行业虽然发展迅速，但相应的价格体系高低差距巨大、服务混乱、管理混乱，最终致使投资者和消费者对整个美容行业有一定的偏见。从投资者的角度来看，他们更加注重行业的投资回报率以及风险，同时注重美容店的管理、产品、品牌、服务、培训等方面的规范性和连贯性。而从消费者的角度来看，他们则更关心产品品质、服务质量、售后态度，能否满足他们由外及内、从生理到心理、从心理到精神的美容感受。只有加强对消费者消费心理的了解，提供连锁店高标准高品质服务，采用多元化的营销策略，才能够促进美容连锁机构的发展。随着美容行业竞争的加剧，作为美容行业的管理者，如何在把握自有资源和整合自身优势的前提下，快速扩大市场份额和

---

① Smith，Wendell，2005，"Product Diferentiation and Market Segmentation Alternative Marketing Strategies"，*Journal of Marketing*，（1）：3—5.

品牌影响力，成为困扰美容院发展的一个难题。

随着人民生活水平的增长，中国人对健康美容的认识也不断增加，美容方面的消费支出逐年上涨。[①] 中国的美容行业在近几年发展迅速，莎蔓莉莎、克丽缇娜、永琪、文峰等美容公司，通过加盟连锁方式进行标准化规范管理，在多地取得辉煌业绩。

公司介绍

1. 创始人与公司

王爽本人是一位爱美的年轻女子。她曾经是一名小学教师。多年前，她发现山东济南新兴的美睫行业有很大的增长空间。经过一番深思熟虑，爱闯敢拼的她最终决定放弃安逸的教师工作，毅然决然地辞职创业，成立了 MT 美睫连锁机构。

目前 MT 美睫连锁机构专注于美睫、美甲、半永久产品的原创系列、私人订制系列，并提供技术服务。在行业迅速发展裂变的大环境以及电商线上销售发展迅速的情势下，公司精益求精，跟上发展的步伐：首先，运营 MT 美睫连锁机构直营、加盟店面；其次，开设美睫学院，教授美睫技术系统课程，培养美睫技师，以服务 MT 美睫连锁机构的各个店面和其他美容品牌店的美睫模块，在解决部分就业问题的同时为品牌的发展储备人才。

2. 公司发展历史

MT 美睫连锁机构成立五年来，围绕传统美睫"要么贵、要么不舒适、重推销"的痛点，为目标消费群创建了"专业、透明、舒适"的美业消费新场景。店铺"小而美、小而精、小而专"的定位，全方位满足 85 后、90 后人群的新需求。

MT 美睫连锁机构的品牌发展历程如下：

（1）公司于五年前成立第一家 MT 美睫连锁机构，主营美甲、美睫、半永久皮肤管理。那时候的互联网获客是成本最低且最快速、最便捷、最有效的获客渠道。MT 美睫连锁机构开业之初，王爽牢牢把握互联网营销机会，配合专业的技术建设，一年内发展会员 200 多个，忠实老客户 500 多个。[②]

[①] Smith，Wendell，2005，"Product Diferentiation and Market Segmentation Alternative Marketing Strategies"，*Journal of Marketing*，（1）：3—5.

[②] 老客户包含会员以及非会员，二次到店消费的客户称为老客户，但其不一定充值成为会员。

（2）由于经营状况不断变好，线上推广加线下做口碑的方式，客户增长速度快，公司于第二年成立集美容、美体、养生为一体的综合性服务会所，半年后由于经营项目过多，王爽无法各个项目全部兼顾到位，客户转化率低，未能实现新增板块的良好发展；再加上当时线上销售开始出现大批的竞争者，综合服务会所的营业并没有预测中那么好，于是她当机立断停止综合服务会所，改变商业模式，从几个模块中选择美睫模块，将综合会所发展为三家美睫专门店，经营以美睫为主打，美甲、半永久皮肤管理为辅的小型美睫连锁店，专注于美睫板块。

（3）专注必然精细、精致、完整。从第二年下半年，公司开始拓展美睫产品的研发定制以及美睫从业者的培训。创立了 Panduoluo 美睫培训学院，并且开发了 Panduoluo 美睫系列产品，服务于各个 MT 美睫连锁机构。

（4）为提升品牌扩张速度，同时解决人才管理问题，MT 美睫连锁机构采用半直营的方式，由总部以及合伙人共同打理分店店面，实现了快速扩张。在第三年、第四年，MT 以半直营半加盟或者加盟店的方式又在济南、泰安、菏泽裂变出 11 家店面。

3. 公司长远目标

当前中国美容行业涌现出越来越多的品类与竞争者。王爽经过分析，希望 MT 走精品路线，在原有基础上稳扎稳打，将已有的美睫行业经验与技术转化为生产力，将美睫这一事业做到极致，尽快打响在上海的知名度，将品牌发展壮大。未来王爽希望 MT 在上海建立总部，成为一家辐射全国的知名美睫连锁机构。

上海美睫行业

1. 上海美睫行业竞争者分析

四年前，上海的美甲美睫店开始遍地开花，而且不分地点、不分大小，甚至一家服装店都可以加入美甲美睫行业。很多服装店、美容店、餐饮店把美甲美睫项目变成拓客项目，即将美甲美睫的价格拉到很低，由此美甲美睫行业开始出现价格战。

在上海有不少美睫公司，其中比较有代表性的是走高端路线的安菲和走中高端路线的爱睫物语。王爽对这两家公司的选址、店面装潢、产品、价格等都进行了深入调查，并具体分析了两者的优势与劣势，具体见表 7.1 和表 7.2。

表 7.1　对比爱睫物语、安菲、MT

品牌	选址	装修	产品	获客渠道	营销	价格	市场定位	开店成本
爱睫物语	地铁口，商场负层	简洁大方：中高端水平	美睫美甲半永久皮肤管理	线上：自然流量	线上推广	400—600元	中高端	40.84万元
安菲	大型商场	日式风格：高端水平	美睫美甲半永久皮肤管理	线上：自然流量	线上推广	500—700元	高端	80万元
MT	写字楼公寓	Ins风格：中端水平	美睫美甲半永久皮肤管理	线上	线上推广	300—500元	中端大众化消费（收入约1万元）	20万元

表 7.2　对比爱睫物语、安菲、MT 的优势与劣势

品牌	优　势	劣　势
爱睫物语	• 已经比较发展成熟，品牌知名度高 • 已有成熟的线上评价以及销量 • 客单价较高 • 装修以及房间相对较大 • 有线上以及线下流量 • 更少的人力资源配置	（1）投资成本高，加盟费高 （2）房租成本占比高 （3）店面密集度小 （4）纯利润率相对不高 （5）风险高
安菲	• 发展已经比较成熟，品牌知名度高 • 客单价高 • 装修以及房间相对较大 • 涵盖微整、皮肤管理、美甲美睫服务 • 有线下流量	（1）投资成本高，加盟费高 （2）房租成本占比高 （3）店面密集度小 （4）线上推广地域局限性 （5）回本时间久
MT	• 最标准的嫁接技术 • 最舒适的嫁接手法 • 投资成本低 • 计划密集地铺开店铺以方便客人节省来回时间 • 房租成本占比低，员工公寓可以直接提供住宿 • 轻奢的嫁接技术以及睫毛材质 • 规划将"58到家"做成"58到店" • 解决员工流失痛点以及为想自主创业者提供平台	（1）目前知名度低 （2）没有做加盟推广 （3）半直营人力需求高 （4）自然流量缺失

上海的美睫行业处于发展期，体验过的客户80%会复购，便于客户就近消费的多点小店式店面尚未饱和。但是真正做到私人订制的美睫品牌少之又少。未来女性会在注重内涵的同时，更加注重细节和素颜美，私人订制式美睫将是未来女性客户的必备之品。多点小店式服务将为客户提供更加便利且一对一的服务。"休息一小时、放电一个月"将是女性的标配。

2. 上海美容市场的消费者特点

MT美睫连锁机构的主要经营业务是美甲、美睫、半永久皮肤管理。其目标消费者有以下特点：

（1）人口细分。

美甲美睫能够凸显一个人的精致度，因为美甲美睫需求通常是正常美容消费层面的叠加项，而非必选项。按照收入，美甲美睫消费者可以分为普通收入者（月薪5 000元以下）、中等收入者（月薪5 000—15 000元之间）和高等收入者（月薪15 000元以上）。中等收入者和高等收入者是比较有吸引力的美甲美睫消费人群，因为这部分人群大多有一定消费水平，包括对生活有较高要求的家庭主妇、公司白领以及创业者。另外还有一些特殊工作群体，例如空姐。低收入者同样也有对美睫美甲、半永久皮肤管理的消费需求，但消费水平和频次较低。

（2）心理细分。

有的顾客工作生活比较忙，需要每天用最短的时间来打理自己，半永久眉眼唇相当于每天节省了化妆时间。空姐这一特殊消费群体就有这样的心理以及行为，她们的工作需要化妆，而每日的行程早晚不定，节省化妆时间就成为重中之重。而有的顾客性格内敛含蓄，喜欢低调，美睫相对于假睫毛来说，是自然的无妆胜有妆、精致自然，因此细分市场可以分为刚需市场和精致市场。女性天生有追求美丽的心理，美睫作为提升颜值的途径之一，受到了众多女性的青睐。

在生活中，美睫可以提升女性的生活品质；在工作中，美睫可以提升女性的自信心，使女性在工作沟通中更有魅力和亲和力。在MT美睫连锁机构做的消费者调研中，单纯为了生活颜值而美睫的女性受访者占总数的55%，为了工作而美睫的女性受访者占总数的13%，因生活和工作而美睫的女性受访者占总数的32%。从调研数据看，美睫对于女性来说在生活和工作上都有需求。

（3）地理细分。

美容消费者一般喜欢就近消费。无论是平时工作忙、不愿意花时间的客户，还是休闲时间比较多、性格懒散的客户，都选择离自己近的地方去消费。通过调查发现，美睫店铺大多位于交通便利、人口密集处，并且不同地点有不同的特色。

写字楼：大多位于办公区域，店铺租金比较贵。消费者以职场白领多，购买能力强，对店铺颜值要求高，但是该群体闲余时间少，店铺的人流量少。

商场附属公寓：店铺租金便宜，适合线上引流，线下人流量少。消费者对装修环境要求偏低，消费者的购买能力一般。

商铺：通常为沿街商铺，处于一定规模的商业圈，店铺租金昂贵；但人流量巨大，消费群体差异大，购买随机性大，购买能力一般较强。

公司的 STP 与 4P 战略

在分析了上海美睫行业的发展趋势与竞争格局后，王爽决定把 MT 美睫连锁机构定位为走中端大众路线的美睫连锁机构，其目标客户是月收入 1 万元左右的上海年轻女性。MT 的主营产品是私人订制的美睫、美甲、半永久皮肤管理。

上海的 MT 美睫连锁机构计划在商业中心的写字楼以及公寓开店，这样距离年轻白领的工作地点很近，方便她们消费。MT 上海店铺装修风格计划为 Ins 风格，属于中端水平。而 MT 的房租以及装修成本相对门面房较低，经营成本以及投资成本也会低很多。因此相对于一些商场或者沿街店铺，MT 美睫连锁机构的产品价格相对这部分门店来说可以低一些。由于 MT 美睫连锁机构的技术以及服务与这些豪华店面没有太大的差别，相比一些普通工作室更加专业、更让利于顾客。

MT 美睫连锁机构的服务价格约为单次 150—600 元，属于行业中档价位，具体见表 7.3。

王爽计划通过以下方式来传播 MT 品牌。

1. 口碑营销

MT 美睫连锁机构通常在办卡方面给出一些特殊的卡项福利，例如两人同时办卡即可每人立减 50。通过这样的方式，带动新会员的产生。新客户通常会比较信任身边的亲

表 7.3　单次价格表

服务项目	单次原价（元）
美睫花影	380
美睫赤影	480
美睫潘多之恋	580
纯植物美甲	128
日本进口美甲	168

朋好友。据王爽做的用户调查发现，由亲朋好友介绍的门店，在消费者心里的信任度会达到 70% 以上。口碑营销在山东 MT 美睫连锁机构的营销策略中占据着十分重要的位置。因此，王爽计划在上海的 MT 美睫连锁机构经营中，继续做好口碑营销。

2. 线上营销

中国的移动经济远远领先于其他国家，移动互联网已渗透到日常生活的每一个部分，并且正在重塑中国人的消费习惯以及生活方式。美团、大众点评、糯米等一系列生活服务类线上销售平台正在慢慢深入每个消费者的心中，一步一步影响着 80 后和 90 后的消费习惯。

MT 美睫连锁机构同样在美团以及大众点评上开展线上门店业务，客户通过线上购买、线下门店消费，实现销量以及评价的积累。一般来说，线上店铺的评价积累越多，线上店铺的访客变成购买者的转化率越高。

3. 线下营销

王爽还计划在店铺附近张贴、发放宣传单页来吸引客户。虽然以往经验已经验证，这一营销方式的效果与投入不成正比，线下营销局限性大；但这一方式还是不可放弃，关键是如何拓展思路，增加客户的信任感。

4. 连锁效应营销

连锁店经营能够形成规模效应，相对于单店经营具有较强的市场竞争力，也具有较强的说服力。在同一个城市里有多家门店，顾客可以不再受地点的限制，不论身在何处都可以选择离自己近的门店来消费。另外，由于线上互联网营销可以实现同一个城市的销量与评价共享，因此连锁经营增加了品牌竞争力，同时有助于 MT 美睫连锁机构线上和线下的营销。

MT 美睫连锁机构的促销计划如下：

第一，线上促销，依靠目前比较火的两个线上生活类网购 APP，即美团以及大众点评。通过后台一些促销方式，比如限时立减、拼团等来吸引浏览者。另外也会有美甲款式一口价这样的促销方案来吸引浏览者的眼球，促进浏览转化率，即购买率和到店率，通过线上促销来为门店引流。例如花影美睫原价 380 元，团购价格会设置 298 元，然后再设置新客立减。

第二，张贴店内促销海报，将设计精美的一些海报画面放于店内或者门口，来吸引路过的客人以及陪同到店的客人。将美甲和美睫打包销售给顾客，或者几款美睫混合销售，以此作为绑定客户多次到店消费的方式，尤其是将花影美睫和潘多之恋美睫混合销售，让顾客体验到更高价值的款式以及嫁接手法，提高客户的体验感，提高客户在美睫上的消费水平。

第三，设置具有节日气息的促销方案，如限时打折、限时抢购等。MT 美睫连锁机构通常通过一次性购买多次服务项目的方式来促进营销，例如储值卡、次卡、年卡、私人订制套装，这些会比单次消费价格更低。此方式方法使得客户与店面之间有了黏性，实现其他项目的突进，以此实现最佳的盈利。

渠道设计方案

1. 备选方案

王爽坐在济南开往上海的高铁上，一边看着窗外飞逝而过的风景，一边思考 MT 美睫连锁机构在上海的发展应该采取什么渠道设计方案，一共有三个备选方案：

方案 1——直营店，全部资金都是自己投入，全部自己管理。

方案 2——加盟店，合作方支付加盟费，使用 MT 的品牌和物料，MT 负责提供技师或者培训合作方已有的技师。

方案 3——半直营半加盟，加盟商以资金或资金和店铺（如果已经有店铺）等方式入股 50%，MT 以品牌、技术、管理等方式入股 50%，则加盟商使用 MT 的品牌和物料。MT 掌握管理控制权，并负责提供技师或者培训加盟商已有的技师。

2. 竞争对手的渠道战略

美睫美甲行业中的连锁机构大多采用加盟方式进行发展。爱睫物语是上海美睫美甲行业中的知名企业。该公司已经成立 10 年，采用整店输出的加盟方式，在全国有近 200 家店铺。该公司的总部提供给加盟商从开店选址到稳定运营的一站式服务。公司总部还帮助加盟店培养技师、培训店长，以确保加盟店的服务水平。

3. MT 美睫连锁机构在山东的渠道战略

在山东，MT 美睫店以半直营、半加盟的方式，由总部以及合伙人共同打理分店店面，实现快速发展，陆续在济南以及济南周边的城市泰安、菏泽又开了 11 家连锁店。这种半直营半加盟的方式，一方面解决了资金问题，使 MT 可以借助加盟商的资金快速扩张；另一方面 MT 总部对加盟店具有管理权，可以确保加盟店的管理水平和服务质量。此外，MT 还开设了美睫学院，培养美睫技师，这些技师可以服务于 MT 美睫连锁机构的各个加盟店。

案例使用说明

教学目的与用途

1. 适用课程

本案例适用于"营销管理"课程的渠道章节，也适用于"营销渠道管理"课程设计营销渠道章节中的"渠道设计范式"理论。

2. 适用对象

商学院商科本科生与 MBA 学生都可以使用本案例。

3. 教学目标

本案例的教学目标是让学生了解：

（1）渠道设计范式。

（2）渠道战略与公司整体目标、STP 战略、产品战略、价格战略、传播战略之间的关系。

（3）渠道设计的考虑因素。

启发思考题

（1）MT 美睫连锁机构在上海的分销目标是什么？

（2）如果你是王爽，你会选择哪种渠道设计方案？为什么？

分析思路

对于案例的分析要紧密围绕案例正文情节中包含的各要素展开：首先，引导学生从案例正文中推导 MT 美睫连锁机构的公司整体目标、STP 战略、4P 战略。在进行 STP 战略分析时，分析视角不应该局限于企业自身，而是要对行业环境、目标消费者、竞争者，以及品牌自身进行全面挖掘和分析，从而找到 MT 美睫连锁机构的 STP 战略，进而明确 4P 战略。其次，引导学生思考公司整体目标、STP 战略、4P 战略、分销目标之间的关系，理解分销目标的确定基础。在案例分析时，应注意实现案例情节线、理论知识点、启发思考题、教学目标之间的相互支撑和相互印证。在启发思考题的引导下，通过理论知识与案例实践的反复迭代，实现教学目标。案例分析总体思路如图 7.1 所示。

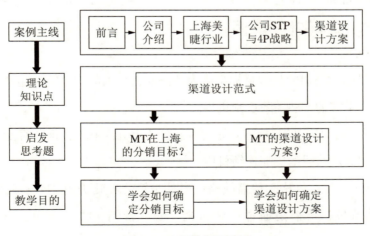

图 7.1 案例分析思路图

理论依据与分析

启发思考题 1：MT 美睫连锁机构在上海的分销目标是什么？

1. 理论依据：渠道设计范式

渠道设计决策可以分为以下 7 个步骤：识别渠道设计决策的需要；建立和协调分销目标；说明具体的分销任务；开发可选择的渠道结构；评价影响渠道结构的各种变量；选择最佳渠道结构；选择渠道成员（见图 7.2）。

图 7.2 渠道设计决策流程

资料来源：根据伯特·罗森布洛姆：《营销渠道：管理的视野》（第 8 版），中国人民大学出版社 2014 年版，第 154 页绘制。

在渠道设计决策流程的第二步骤中，管理者应该建立和协调分销目标：管理者应该熟悉公司整体目标、STP 战略、4P 战略；建立明确的分销目标；保证 4P 战略中的产品、价格、传播、分销战略应该一致。

2. 案例分析

公司整体目标：公司的长远目标是成为一家辐射全国的知名美睫连锁机构。公司的短期目标是成为上海的知名美睫连锁机构。

公司 STP 战略：公司的目标客户是每月薪资 1 万元左右的上海年轻女性。公司的定位是成为走中端大众路线的美睫连锁机构。

4P 战略中的产品、价格、传播战略：产品是轻奢美睫美甲、半永久皮肤管理；价格是行业中档价位；传播是通过口碑营销、线上营销、线下营销、连锁效应营销、促销。

建立明确的分销目标：该公司目前在上海的分销目标是迅速开设上海店铺的同时，保证店铺为顾客提供优质服务，树立 MT 美睫连锁机构优质品牌形象。该分销目标与 4P 战略中的其他 3P，即产品、价格、传播战略保持一致。

启发思考题 2：如果您是王爽，您会选择哪种渠道设计方案？为什么？

1. 理论依据：渠道设计范式（见启发思考题 1 及图 7.3）

根据渠道设计范式，管理者在选择渠道设计方案的时候，应该首先识别渠道设计决策的需要，然后建立和协调分销目标，并说明具体的分销任务。接着管理者需要开发可选择的渠道结构，从渠道层级的数量、各个层级的密度、渠道成员的类型这三个角度来开发可供选择的渠道结构方案。针对可选择的渠道结构方案，管理者评价影响渠道结构的各种变量，从市场变量、产品变量、公司变量、渠道成员变量、环境变量、

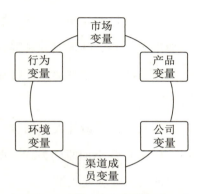

图 7.3　渠道结构方案的考虑因素

行为变量角度综合分析各渠道结构方案的优缺点，最后选择最佳渠道结构。

2. 案例分析

第一，识别渠道设计决策的需要：根据公司的长期、短期目标，MT 美睫连锁机构需要在上海开店，因此该公司就有了在上海设计渠道的需求。

第二，建立和协调分销目标：具体答案见启发思考题 1 的回答。

第三，说明具体的分销任务：当一个美容品牌新进入一个地区，第一家店都是"试水"的。该店的具体分销任务是了解当地竞争行情、当地消费者特点、价位等。公司通过第一家店把当地情况都了解清楚，开第二家店的时候往往就会开品牌旗舰店，该店的具体分销任务是树立自己的品牌，同时通过这个店来培养未来的店长，以便以后扩展的时候可以派店长出去。

第四，开发可选择的渠道结构：如案例正文所说，一共三个方案："直营店，全部资金都是自己投入，全部自己管理；加盟店，合作方支付加盟费，使用 MT 的品牌和物料，MT 负责提供技师或者培训合作方已有的技师；半直营半加盟，加盟商以资金或资金和店铺（如果已经有店铺）等方式入股 50%，MT 以品牌、技术、管理等方式入股 50%，则加盟商使用 MT 的品牌和物料。MT 掌握管理控制权，并负责提供技师或者培

训加盟商已有的技师"。

第五，评价影响渠道结构的各种变量，首先，要进行直营的优缺点分析：直营的优点是管理控制强，可以保证门店的服务质量和品牌形象。直营的缺点是资金压力大，可能无法在短期内迅速开立多家店铺。另外，由于 MT 美睫连锁机构的创始人不是上海本地人，因此直营店的另一个缺点是管理者不熟悉当地情况、没有顾客资源。其次，是对加盟的优缺点分析：加盟的优点是用别人的钱开自己的店，资金压力小，可以在短期内迅速扩大市场覆盖面；另外，加盟的另一个优点在于，加盟商可以帮助创始人快速了解当地情况，并提供现成的顾客资源和其他资源。加盟的缺点是管理难度大，不能保证门店的服务质量和品牌形象，特别在 MT 美睫连锁机构树立品牌的初期，店铺服务质量会直接影响品牌美誉度。

第六，选择最佳渠道结构：综合考虑前述原因，MT 美睫连锁机构的创始人可以考虑采用半直营半加盟的方式，既减轻资金压力、增加自己的顾客资源、保证扩展速度，又保证门店的服务质量。

课堂计划建议

1. 时间计划

本案例可以在学习渠道理论时使用，案例的课堂使用时间为 30 分钟左右。表 7.4 是按照时间进度提供的课堂计划建议。

表 7.4　课堂计划

主　要　内　容	时间分配
教师发放案例，提出启发思考题。学生阅读案例，进行思考	10 分钟
将学生分为 4—5 人的小组，进行组内讨论	5 分钟
请小组代表发言，阐述小组观点	10 分钟
教师点评各小组的发言，对案例进行综合分析，对学生的疑问进行解答	5 分钟

2. 课堂板书设计

教师可以根据授课进程，形成板书 1、板书 2、板书 3（图 7.4）。

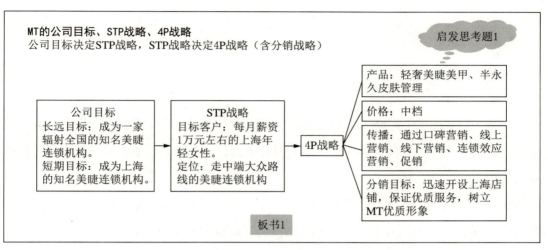

MT的公司目标、STP战略、4P战略
公司目标决定STP战略，STP战略决定4P战略（含分销战略）

启发思考题1

公司目标	→	STP战略	→	4P战略	

公司目标
长远目标：成为一家辐射全国的知名美睫连锁机构。
短期目标：成为上海的知名美睫连锁机构。

STP战略
目标客户：每月薪资1万元左右的上海年轻女性。
定位：走中端大众路线的美睫连锁机构

产品：轻奢美睫美甲、半永久皮肤管理

价格：中档

传播：通过口碑营销、线上营销、线下营销、连锁效应营销、促销

分销目标：迅速开设上海店铺，保证优质服务，树立MT优质形象

板书1

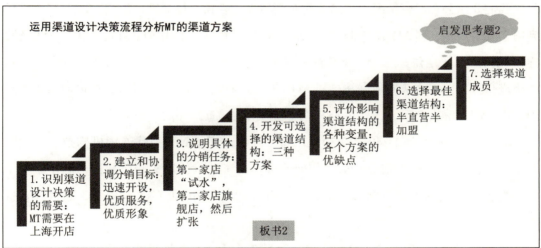

运用渠道设计决策流程分析MT的渠道方案

启发思考题2

1. 识别渠道设计决策的需要：MT需要在上海开店
2. 建立和协调分销目标：迅速开设，优质服务，优质形象
3. 说明具体的分销任务：第一家店"试水"，第二家店旗舰店，然后扩张
4. 开发可选择的渠道结构：三种方案
5. 评价影响渠道结构的各种变量：各个方案的优缺点
6. 选择最佳渠道结构：半直营半加盟
7. 选择渠道成员

板书2

分析MT的三个渠道结构方案

启发思考题3

渠道结构方案	直营店	加盟店	半直营半加盟店
资金压力	大	小	较小
扩张速度	慢	快	较快
当地社会与客户资源	少	多	多
管理控制	强	弱	较强
门店服务质量	易控	难控	较易控
品牌形象	易控	难控	较易控

板书3

图 7.4　课堂板书设计 1、2、3

行动学习过程与总结

1. 行动学习过程

2019 年 3 月 30 日 9:00—11:30，在商学院 205 室召开开题会议，由组长介绍项目背景及目标。下午小组成员进行相互介绍，明确项目目标，按照行动学习六步法共同制定项目进程。

2019 年 4 月 14 日 14:30，分别到位于上海市徐汇区华山路汇银大厦和上海市闵行区新龙路国际智慧园的两家 MT 美睫连锁机构店铺进行实地调研，MT 创始人以及分店店长向我们介绍公司经营情况，小组成员对创始人、店长、技师进行访谈。14 日晚上，回到商学院研讨室，对 MT 实地调研结果进行梳理、总结。运用 STP 理论分析了 MT 美睫连锁机构的市场定位，对 MT 及其竞争对手进行分析比较。运用 4P 理论对 MT 的营销战略进行分析。采用头脑风暴法，对 MT 的未来发展目标、渠道设计、产品研发进行热烈讨论，制定解决方案。计划对 MT 顾客进行问卷调查，并设计了问卷。

2019 年 4 月 19 日 11:40—13:30，在商学院研讨室请 MT 美睫连锁机构技师做美睫演示，了解美睫的技术细节，探讨如何改进美睫工艺。使用头脑风暴法，制定了若干个提高美睫工艺的可能方向。小组成员进行分工，利用各自的人脉资源，跟进各备选方案。

2019 年 5 月 14 日 19:00—22:00，在商学院研讨室讨论各改进工艺方案的结果。对问卷调查结果进行总结，在此基础上讨论 MT 美睫连锁机构未来的营销战略。

2. 总结

行动学习是一种"干中学，学中干"的学习方法。通过本次行动学习项目，小组成员对于营销 STP 战略、4P 战略、渠道战略有了更深入的学习，特别对于直营店、加盟商、半直营半加盟这些渠道设计方案的优缺点有了直观的感受。小组成员通过案例讨论，了解了美容行业的发展趋势、竞争格局、消费者特点，增加了行业知识。各成员在讨论中，就 MT 美睫连锁机构遇到的挑战，结合自己所处行业的知识和技术提出建议，彼此可以相互学习其他行业知识和背景、取长补短。总体而言，这次行动学习项目使学生能够理论联系实际，活学活用。

8. 伟殳家居营销困局：线下批发还是线上零售*

案例正文

上海伟殳家居有限公司主要生产和经营家用地毯、地垫、软玻璃、台布等各式家居用品，是国内沃尔玛、大润发、欧尚等大型商超最大的家居用品供应商。近来，面临线下销售额严重下滑、线上销售运营不畅、客户投诉居高不下的发展困境，伟殳家居希望能够通过行动学习实践活动，制订有效的行动方案，以此实现从传统线下批发到线上零售的顺利转型。并通过打造强有力的电商运营团队，提升运营效率。通过行动学习实践活动，伟殳家居不仅通过新媒体营销将线上销量提升了30%，实现了线上日均销售量5 000单/天的目标（之前日均销量3 000单左右）。同时，发货及时率提升了25%，客户投诉率降低了30%。行动学习实践活动极大地推动了伟殳家居的成功转型。该案例通过伟殳家居的一次发货事件，引出伟殳家居的销售和运营问题，以此作为行动学习实践活动开展的基础。

关键词：渠道转型　线上零售　运营效率　客户满意度

---

* 本案例由华东理工大学商学院杨桂菊、侯丽敏、张艳辉撰写。作者拥有著作权中的署名权、修改权、改编权。本案例授权华东理工大学商学院使用，并享有复制权、修改权、发表权、发行权、信息网络传播权、改编权、汇编权和翻译权。由于企业保密的要求，在本案例中对有关名称、数据等进行了必要的掩饰性处理。本案例只供课堂讨论之用，并无意暗示或说明某种管理行为是否有效。

引 言

2019 年 12 月 2 日，伟殳家居商超部的丁总一个人在自己的办公室里坐着。中午饭后屋里静悄悄的，马上要到下午的工作时间了，丁总调整坐姿，使自己坐得更舒服点，眼睛得意地盯着桌子上那套年度销售计划执行进度报表，心里笃定地想着，到这个月底今年的目标就基本完成了。

销售助理小汪从沃尔玛的供应商后台系统导出了 12 月 9 日需要出货到沃尔玛嘉兴大仓的供货数量清单，这是一份交货数量为平时五倍的清单，小汪拿着这份表单，眉毛紧紧地锁在了一起，心里想着，这么大的订单量是很难按时交货的，但是如果这时向沃尔玛的采购经理申请延期交货，采购经理肯定不会答应，因为这批货是春节档的海报商品，必须按时交货且不得延期。如果出现延期交货的情况，将会按照供应商供货协议中未按期交货的处罚条例，产生 50% 的未按期交货额罚款。

小汪拿着这份表单，心情沉重地敲开总经理办公室的门，进去请丁总签字。丁总看到这份表单后表情凝重，知道难题又来了，锁紧眉头想着如何解决交货的问题，跟小汪进行简单的交流后，将签好字的表单交给了小汪。小汪飞速下楼拿给了仓库主管王国祥，当王国祥看到这个供货清单后，瞬间爆发，直接拒绝小王说："这份清单上的货量，我是无论如何也不能够按时交货的，还请向沃尔玛提交延期交货的申请，如果不能申请，就请丁总来协调安排出货吧！我的能力有限，实在不能完成这项工作。"

伟殳家居背景介绍

伟殳家居前身为成立于 1998 年的上海伟殳地毯商行，至今已经在家居行业深耕 20 余年。伟殳家居创办之初非常艰难，缺少资金，创始人寿总就向亲属借了 20 万元；没有场地，就从别的公司的营业场所中租了一个铺面，作为自己的营业场所；没有现成的客户，就从他们原先认识的朋友中开始介绍。全公司就三个人，推销、搬运、验货、送货等全部工作，都是三人亲自干，辛苦自不必说。公司刚开始主要经营桌布，当时卖一批桌布的利润还算可观，一年下来，经营业绩也还不错。

2006 年是公司的一个转折点，伟殳家居在江苏昆山购买了土地，并建造了 12 000 平方米的厂房，同时又吸收了一名合作者加盟，成立了伟殳家居商超部，成为国内大型连锁超市及商场的供应商。这样，整个公司的经营一分为二，由上海和昆山两个相对独立的部分组成，各由一名合伙人负责，权责分明。

昆山工厂位于江苏省昆山市巴城镇京阪工业园，上海工厂位于宝山区。2006 年，伟殳家居将公司总部设于江苏省昆山市，注册资金 1 000 万元。昆山伟殳家居日用品厂（简称伟殳家居）主要经营的商品有各种地毯、地垫、软玻璃、台布、桌布等家庭装饰用品。伟殳家居凭借团队力量，历经十几年的不懈努力，商品远销国内外各大城市。伟殳家居确立了"让人类居住更舒适"的企业使命，严格把控产品质量，丰富了产品种类，调整了产品结构，以满足日益变化的市场需求，因此得到了各大国际、国内商超系统的青睐，并与各大商超建立了密切的合作关系。

2009 年 7 月，伟殳家居产品成功入驻沃尔玛、好又多量贩；2010 年 3 月，产品入驻麦德龙；2010 年 5 月，产品入驻华润万家；2012 年 3 月，产品入驻世纪联华；2012 年 8 月，产品入驻乐购 TESCO。截至 2020 年 12 月，伟殳家居产品共入驻 313 家沃尔玛，184 家大润发，76 家欧尚，104 家华润万家，82 家麦德龙，41 家百安居。截至目前伟殳家居国内代理商数量有 2 000 多家，已经是国内沃尔玛、大润发、欧尚等大型商超最大的家居用品供应商。

丁总来到伟殳家居以前，在九阳豆业任职。由于他对销售策略有独到见解和方案，仅用了短短一年的时间，就从销售业务员做到了销售经理。2015 年 4 月，丁总来伟殳家居应聘销售经理职务，任职后工作认真，碰上困难问题，他会自主加班到深夜，查样品，翻资料，总要尽快搞个水落石出。因为他坚韧不拔的品格，做事认真负责的态度，仅用了两年时间，就升任伟殳家居商超部总经理。

发货事件冲突

2019 年 12 月 2 日下午，丁总召开了临时会议。丁总发言道："在座的都是公司的骨干，公司现在来了大订单，但也遇到了短时间内发不出货的困难，请大家群策群力，一起来想想办法，怎么才能把这批订单搞定，我们在座的每个人都说说自己的想法和方案。"

王经理（华东区销售经理）先站了起来，说："像我们这些从学校毕业以后到公司基层工作岗位一步步被提拔上来的人，更应该为公司作些贡献，我愿意回到公司基层去为公司加班加点，贡献自己的一份力量，可是我一个人的力量还是有限的，希望各位同仁们能一起下基层。"

王经理的话音还未落，陆经理（导购员督导）就站了起来，说："我们也要为公司干出点成绩，现在也是需要大家为公司作出贡献的时候了。可是我实在是家庭负担太重，每天放学要去接孩子，还要辅导孩子功课，实在是抽不出身。我建议还是跟往年一样，多请一些临时工，先把货发掉。"

仓库主管马上说："请的临时工实在是没有用，还要帮倒忙，不是贴错标签，就是打错吊卡，还有装错箱的情况，我还是同意王经理的意见，全公司上下齐心，一起加班加点出货。"

胡经理（华南区经理）接着说："没有企业领导的支持，没有周围人创造的环境条件，要干成点事确实很难。今天这种情况，是不是可以考虑给去仓库帮忙加班的同事，多发一个月的奖金，这样也可以调动大家的积极性。"

金主管马上说："同样都是加班，为什么只给办公室的人加奖金？如果加班给奖金，那么我们仓库的人也要加上相同金额的奖金，这样仓库里的人才能心理平衡，请丁总也考虑一下我们。"

王经理说："对我自身而言，我觉得这本身也是做了一件有意义的事情。虽然不是什么大事，但也算是为企业作一点贡献。今后的路还很长，我想今后我们在丁总的带领下一定会做得更好，公司发展好了也必然会回馈于我们的。"

韩经理（华中区经理）脸上挂着为难的表情，慢慢地站起身来说："王经理说的话我也很认同，我虽然已经是区域经理了，可我本身还是一个孩子的妈妈，家务事多，早上要送孩子上学，很早出门，如果再要很晚回家，一方面是不安全，另一方面家里也实在交待不过去，请丁总也考虑一下我们的难处。除非是公司董事长亲自来，要求每个人必须参加，否则我也实难从命。"

尾　声

下班的音乐铃声轻脆地回荡在办公室里的每个角落，听着大家的言论，丁总一直没有说话。今天下午开会的同事都是在公司工作多年的老员工了，大部分人比丁总来公司的时间还要早，所以公司的情况他们也都是很有发言权的。到底应该怎么办？丁总陷入了沉思。

万般无奈之下，丁总将电话打给了董事长寿总，向他讲述了目前阶段遇到的困难和临时会议上几位经理和主管的发言，请寿总来帮忙解决难题。寿总第二天号召办公室所有员工一起加入到仓库的紧急出货任务中，并承诺所有人如果能够按期完成工作任务，每个人增加一个月的奖金。但是，由于在月底财务核算后发现本月要增加二十几万的薪酬支出，故对比 11 月份，利润反而有所下降。

行动学习问题提出

随着公司业务的不断发展，公司经营中存在的问题开始不断涌现：公司各个部门之间各行其是，除加盟者以外，其他员工士气和热情都不高。公司除了物质上的刺激外，缺少其他能够调动员工积极性的办法。像伟殳家居这样规模和利润的公司，在物质刺激方面的余地并不大，因为利润率已经非常微薄了。利润微薄也是家居用品销售业的总体态势。

第一，公司的不断发展壮大，公司的营销模式亟待转型。尤其是近年来互联网电商的迅速崛起，侵蚀了很多线下业务，公司亟待从"线下批发"为主，转向以"线上销售"为主。

第二，近几年，无论是线上还是线下，销售额都出现严重下滑。伟殳家居昆山公司的销售渠道定位是商超渠道，分设后勤部、销售部、采购部、财务部、仓储物流部。从公司以往的销售数据看，平均每年保持 15% 的增长幅度。但公司 2018 年销售额与 2017 年销售额相比下滑了 23%，并且 2019 年第一季度同比 2018 年下降了 15%。

伟殳家居上海公司销售渠道定位是全国各地分销商渠道和电商渠道，分设电商销售部、批发商销售部、采购部、财务部、仓储物流部。上海公司的电商业务，以往的销售数据是平均每年保持 30% 的增长幅度。但 2018 年与 2017 年的销售额相比，却有所下滑。上海公司批发部以往的销售数据，是平均每年保持 20% 的增长幅度。但 2018 年销售额与 2017 年销售额相比下滑了 30%，并且 2019 年第一季度同比 2018 年下降了 20%。公司整体业绩堪忧。

第三，上海、昆山两地的库存信息不能共享，导致难以制订销售计划，客户流失严重。库存信息不能共享，一方面，导致大量之前采购的产品库存积压；另一方面，销售出去的产品又不能及时发货，由此导致客户投诉率居高不下，客户流失严重。

第四，线上销售的定制化需求较大，与传统的规模化生产之间出现巨大冲突。由于线上销售发展过快，产能不足和生产效率低下导致订单难以按时完成。订单不能按时完成，会频繁受到线上平台的制裁，由此带来了公司人力成本、电商平台排名下滑以及销量下滑的巨大压力。长此以往，不利于企业的发展壮大，甚至无法在电商行业站稳脚跟。线上销售过程中，任意一环节的冲击，都可能导致整个链条的连锁反应。

伟殳家居面临的重重困难，希望通过此次行动学习实践，改善企业的薄弱环节，提升生产效率，进而促进企业的良性发展。

案例教学说明

教学目的与用途

1. 适用课程

本案例主要适用于"营销管理"课程中的营销策略、网络营销、新媒体营销等有关章节。

2. 适用对象

本案例适用于 MBA 和 EMBA 学生，也适合有一定工作经验的学生或管理者学习。此外，本案例还可用于高年级的工商管理类全日制本科生、研究生的教学工作。

3. 教学目的

通过伟殳家居的行动学习实践案例，探讨企业在面临渠道转型以及营销困境时，应如何通过有效管理，解决转型过程中的矛盾和冲突，提升管理和运营效率。主要包括三个目的：（1）对行动学习问题的识别和诊断；（2）基于相关理论和行动学习分析工具，分析问题的根本原因；（3）基于相关理论和工具，找到解决问题的方案。

启发思考题

（1）伟殳家居的发展困境及核心竞争力是什么？

（2）伟殳家居的目标市场定位和目标客户有哪些？

（3）伟殳家居如何设计营销方案？

分析思路

教师可以根据课程的教学目标灵活使用本案例。以下分析思路，仅供参考：

第一步，认真对伟殳家居的情况进行调研，深入了解发展困境，识别和诊断公司发展过程中的主要矛盾和问题，同时对公司的核心竞争力进行提炼。

第二步，基于市场营销相关理论和行动学习分析工具，借鉴奥斯特瓦德（Osterwalder）的价值主张画布（Osterwalder，2015）和行动学习的基本工具和方法，分析问题的根本原因，定位伟殳家居的目标市场和目标客户群。

第三步，基于市场营销的 STP 和 4P 理论，分析伟殳家居如何设计营销方案，实现营销渠道的顺利转型。

案例分析思路如图 8.1 所示。

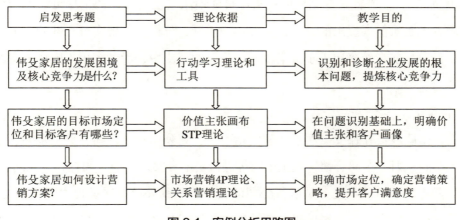

图 8.1 案例分析思路图

理论依据与分析

启发思考题 1：伟殳家居的发展困境及核心竞争力是什么？

1. 理论依据

第一，价值主张画布。

价值主张是整个商业模式的核心，它描述了如何建立产品提供的价值和顾客需求之间的联系以及为什么顾客要去买产品。价值主张画布是用于了解客户真正需求的工具，同时为企业设计相对应的解决方案。价值主张画布设计的目标是让创业者或企业提供的产品与市场相匹配，符合市场需求。

价值主张画布的设计也用于创新和改进价值主张，将价值主张用于在组织内创建一种创造价值的共同语言。好的价值主张设计，强调客户最重要的工作、痛点、收益，但不需要解决客户所有的痛点和收益。

价值主张画布由两部分组成：一部分是客户概况图，用来阐明企业对客户的理解；另一部分为价值图，用来描述企业打算如何为客户创造价值。当客户概况图和价值图吻合时，企业能在两者之间实现契合。

第二，头脑风暴法。

头脑风暴法一般分为直接头脑风暴法（通常称头脑风暴法）和质疑头脑风暴法（也称反头脑风暴法）。前者是专家群体决策尽可能地激发创造性，产生尽可能多的设想的方法；后者则是对前者提出的设想、方案逐一质疑，分析具有现实可行性的方法。在行动学习项目中，前者较多运用于方案设计与障碍的解决中，后者多用于围绕方案的质询和挑战的会议中。

2. 案例分析

首先，团队成员在伟殳家居总经理的指引下，到公司仓储车间、美工车间、加工车间、物流车间、财务车间、销售客服车间等进行实地考察，走访、调查和记录问题。

通过调查，团队成员充分了解了公司的发展历程和公司发展过程中遇到各类问题，如：伟殳家居曾经在线下市场取得了辉煌的成就，但为什么在线上发展过程中处于弱势地位？伟殳家居目前未能满足的客户需求是什么？客户的投诉和抱怨主要有哪些？通过价值主张画布，团队成员梳理了家居产品的客户痛点、客户需求及客户收益（图 8.2）。

图 8.2　家居产品的价值主张画布

最终团队成员提炼出了伟殳家居的核心竞争力：对于追求品质生活的爱家女性而言，伟殳家居是居家软装饰里最具时尚和环保特色的方案提供商。

同时基于价值主张画布，行动学习团队还确定了本次行动学习目标，即提高伟殳家居线上销售量和日销售收入、提升客户满意度。具体目标是：行动学习研讨方案提出的 1 年内，伟殳家居日销售量从 3 000 单提升到 5 000 单，日销售收入从 20 万元提升到 30 万元，客户投诉率下降 30%。

启发思考题 2：伟殳家居的目标市场定位和目标客户有哪些？

1. 理论依据：市场营销 STP 理论

STP 理论的核心是定位目标市场和明确目标客户群。其中，S（segmenting）代表市场细分，T（targeting）代表目标市场，P（positioning）代表产品定位。STP 理论最早源于温德尔·史密斯（Wendall Smith）的市场细分理论，他指出多数市场由多个有类似需求的子市场组成，后来菲利普·科特勒（Philip Kotler）又在这一市场细分理论的基础上提炼出了 STP 分析理论，并明确了细分市场、目标市场和定位的步骤。

市场细分是指企业按照某种标准，将市场上的顾客划分成若干个顾客群，每一个顾客群构成一个子市场，不同子市场之间，存在着明显的需求差别。市场细分的目的是帮助企业发现细分市场上顾客的需求，并为该市场上的顾客提供相应的产品和服务。

目标市场是指企业根据自身的优劣势及产品属性，来选择的市场对象。目标市场的选择和确定，很大程度上决定了企业提供的产品和服务，能否有效满足对应所选择的目标市场中的顾客需求。

市场定位是指企业在选择的市场对象中，提炼出企业产品或自身的某一项或几项特点，以达到让顾客印象深刻的目的，甚至占领顾客心智，进而让顾客更容易、更倾向地选择企业所提供的产品或者服务。

2. 案例分析

第一，伟殳家居的价值主张。

行动学习团队通过调研发现，伟殳家居具有四大核心优势：一是历史悠久：软玻璃桌布行业的奠基人；二是技术实力雄厚：具有专家设计团队，能提供个性化设计；三是环保无异味：伟殳家居产品的原材料优质、制作工艺独特；四是方便打理：伟殳的家居产品，表面处理工艺特殊，方便打理，伟殳还可以提供专业的打理指导。

基于上述优势以及家居产品的价值主张画布，行动学习团队通过调查分析以及头脑风暴法，梳理出了伟殳家居产品的价值主张（图 8.3）。

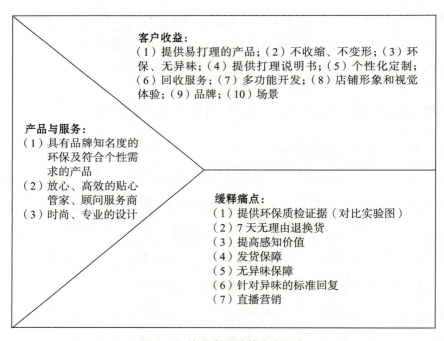

图 8.3　伟殳家居价值主张画布

第二，伟殳家居的目标客户群。

基于伟殳家居的价值主张画布，行动学习团队对伟殳家居的客户进行了明确定位，并对目标客户群进行了画像。

目标客户画像：

目标人群：女性 25—40 岁、都市、有家、有一定品质要求、网购认知程度高；

认知方式：微信、微博、小红书、网红、口碑、户外广告、当红电视剧、名人；

价值认可要素：服务、品质、环保、效率、反馈、个性化定制、品牌知名度、品牌故事分享、VI、工艺（数据对比）、包装；

购买决策：成交量排名、评论、价格、可信赖、网店设计、品类全、促销活动。

启发思考题 3：伟殳家居如何设计营销方案？

1. 理论依据

第一，4P 营销组合理论。

4P 营销组合，即产品（product）、价格（price）、渠道（place）和促销（promotion）。成功的市场营销活动过程中，企业会以合适的产品、适当的价格、合适的渠道和恰当的促销模式来满足客户的需求，最终成功完成产品的营销活动。

产品：凸显产品的独特性，注重产品的应用价值。

价格：根据企业自身不同的营销模式和产品市场策略来制定的价格策略。

渠道：企业将自己所生产的产品通过经销商或者代理商卖给最终用户，从而实现最终销售。

促销：企业通过投放广告增加曝光度和让利降价的方式，来促成销售额的快速增长。

第二，关系营销理论。

贝瑞（Berry，1983）对关系营销做出如下定义："关系营销是企业为了满足利益相关者的目标，而进行的识别、建立、维持和促进与消费者的关系，并在必要时终止关系的过程，这只有通过交换和承诺才能实现。"杰克逊（Jackson，1985）认为"关系营销关注于吸引、发展和保留客户关系"。摩根和亨特（Morgan and Hunt，1994）认为关系营销"旨在建立、发展和维持关系交换的营销活动"。总之，关系营销的目的是全方位满足客户需要，从而能够进一步维护、保留和拓展客户，最终提升企业经营绩效。

第三，盈利矩阵分析工具。

按照策略的盈利和易实施性两个维度，建立策略评估的盈利矩阵，如表 8.1 所示。

表 8.1　盈利矩阵分析法

	容易实施	不易实施
小盈利	快速获胜（QW）	浪费时间（TW）
大盈利	获利机会（BO）	专项投入（SE）

在这四个象限中，其中容易实施、能产生大盈利的策略是企业的获利机会，应当立刻实施；容易实施、能产生小盈利的策略能够帮助企业快速获胜，应当立即实施；不易实施、会产生小盈利的策略浪费企业的资源，应当放弃；不易实施、但会产生大盈利的策略可以专门成立项目组进行专项投入。

2. 案例分析

针对上述目标客户定位，团队成员对伟殳家居产品开发、美观设计、品牌设计、客户满意度、产品质量表达、包装设计的解决方案进行了全方位梳理，并对解决方案进行了评估。最终确定了 10 条收益大、易实施的方案，提供给伟殳家居进行跟进实施，具体见图 8.4。

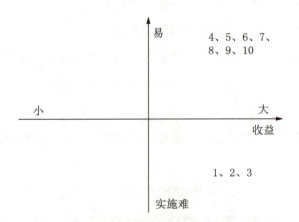

图 8.4　伟殳家居收益实施矩阵

图中的数字代表的含义解释如下，在新产品开发方面：①涂鸦板；②多层复合；③爬行垫；④汽车后备厢垫；⑤个性化餐垫；⑥地板垫。在产品个性化定制方面：⑦产品个性化小程序设计；⑧多图案选择（图片库）。在渠道设计方面：⑨微信、微博、抖音、小红书等渠道推广。在服务管理方面：⑩差评管理。针对网络客户满意度的中差评管理问题，进行专业的培训和指导，提升公司的整体服务水平和差评问题的解决能力，进一步维护公司品牌形象。

　　基于伟殳家居营销方案的收益实施矩阵，行动学习团队进行了分工，并制订具体的行动学习实施计划（表8.2）。

表8.2　行动计划安排表

序号	行　动	责　任　人	日期 （开始—结束）	进度跟踪检查 负责人／时间
1	网店设计优化	李＊、刘＊＊、郭＊	9.1—10.15	周＊＊
2	新品市场调研	李＊、徐＊＊、汤＊	9.1—10.15	李＊＊
3	新品功能开发	李＊	9.1—10.30	徐＊＊
4	图片库、个性化照片、微信小程序	汪＊＊、李＊＊	9.1—9.30	李＊
5	数码印刷设备购进	寿＊	9.1—9.30	李＊
6	纸质随货说明书	周＊＊、汪＊＊	9.1—9.30	李＊
7	对比视频与照片	李＊、刘＊＊	9.1—10.15	周＊＊
8	产品包装	胡＊、程＊	9.1—9.15	寿＊
9	交货周期改进生产周期改进	余＊、余＊、寿＊	9.1—10.30	程＊
10	差评管理	王＊＊	9.1—10.30	程＊
11	寻找黄金关键词	刘＊＊	9.1—9.15	李＊
12	抖音鲁班商城	李＊	9.1—9.30	寿＊

关键要点

　　（1）理清行动学习案例研究的思路，识别伟殳家居的发展困境以及伟殳的核心竞争力，以便确定伟殳家居的价值主张。

　　（2）伟殳家居结合自身优势以及该类产品的价值主张，确定目标客户群，并提出具体营销方案。

　　（3）通过行动学习相关分析工具，确定收益大、易实施的具体方案，并跟进实施，保证行动学习方案的顺利实施以及行动学习的效果。

建议的课堂计划

本案例可以作为专门的案例讨论课程，采用小组讨论并汇报的方式进行。课堂教学时间控制在 90 分钟以内。以下是按照时间进度提供的课堂计划建议。

表 8.3　课堂计划

序号	内容	教 学 活 动		时间
1	课前：教学准备阶段	（1）授课教师制定详细的教学计划		提前一周
		（2）发放案例正文及启发思考题		
		（3）将学生分组，每组 4—6 人为宜，请学生以小组为单位在课前完成案例阅读和初步思考，同时查阅相关资料，了解家居产品、市场营销、价值主张等相关知识点		
2	课中：小组讨论阶段	（1）课堂前言	授课教师简要介绍案例主题以及本次案例授课的教学目的、教学要求和具体安排	5 分钟
		（2）案例回顾	采用随机提问小组的方式，对案例进行简要回顾，使同学进一步明确案例中的重要节点，为案例的分析与讨论做准备	5 分钟
		（3）小组讨论	由各组长带领小组成员对启发思考题进行细致分析，对每一题形成较为一致的作答大纲	20 分钟
		（4）小组汇报	各小组分别指定一名代表上台汇报，届时，其他小组可以对其提问。每组汇报完毕后，教师以问题为线索，通过与小组同学互动的方式穿插理论知识讲解，进而完成教学目的中对相关要点的讨论和理解	45 分钟
		（5）案例总结	教师对各小组进行针对性的点评及整体归纳总结，再次简明阐述整个案例的知识要点，进一步启发同学们从价值主张以及 STP、4P 等理论角度理解营销方案的制定，从而加深学生对案例学习的思考和理解	15 分钟
3	课后：形成案例报告	请同学们结合课上教师讲解和各小组的多样化分析角度，在把握总体脉络的同时，结合相关理论知识，对启发思考题作出进一步完善，并形成案例报告		一周内

行动学习过程与效果

1. 行动学习过程

2019 年 3 月 30 日 13:30—17:00，行动学习项目提出者学生李（伟殳家居总经理），在商学院大楼 409 完成了项目展示，并实现了团队的顺利组建。确定了行动学习团队成员构成，以及后续展开的具体时间。同时该项目指导老师为小组成员布置了任务，即针对本次行动学习项目的相关知识进行提前学习和调查。

2019 年 8 月 31 日 8:30—16:30，团队成员在伟殳家居宝山厂区进行了调研和访谈。首先，团队成员在伟殳家居总经理的指引下，到公司仓储车间、美工车间、加工车间、物流车间、财务车间、销售客服车间等进行实地考察，对伟殳公司管理现状及重要问题进行调研。

2019 年 9 月 1 日 8:30—16:30，团队成员通过价值主张画布、用户画像体系等方法，梳理了客户痛点、客户需求、市场现状、竞争生态、公司优势、客户细分等，并最终对公司的核心竞争力进行了提炼。

2019 年 9 月 2 日 8:30—16:30，团队成员对伟殳家居的价值主张进行了明确，并就产品开发、美观设计、品牌设计、客户满意度、产品质量表达、包装设计等方面的解决方案，进行了全方位梳理，并对解决方案进行了评估，制订了行动计划。

2019 年 12 月 30 日 18:00—21:00，行动学习小组成员在研究生楼 407 室，根据行动计划实施的效果进行分析，找出存在的问题，并进行质疑和反思，对方案中存在的不足进行了修正完善。

2. 企业效果反馈

伟殳家居通过本次行动学习，线上营销取得了良好成效，具体包括：第一，改进了交货周期，完善了交货流程，日均线上销量提高到 5 000 单 / 天，效率提升 25%；第二，为了解决产能不足在南通开设了分工厂；第三，创新了产品设计，新设计了 5 种新产品，同时开发了产品的新功能，满足了线上消费者个性化的产品需求；第四，注册了"福贝佳家居生活馆"的公众号。

参考文献

丁玉艳:《企业产品市场定位研究》,《新商务周刊》2020 年第 6 期。

亚历山大·奥斯特瓦德、伊夫·皮尼厄、格雷格·贝尔纳达等:《价值主张设计》,余锋译,机械工业出版社 2015 年版。

Berry, L. L., et al., 1983, "Service Firms Need Marketing Skills", *Business Horizons*, 26 (6): 28—31.

Jackson, B. B., 1985, "Build Customer Relationships That Last", *Harvard Business Review*, 63 (6): 120—128.

Morgan, R. M., and S. D. Hunt, 1994, "The Commitment-Trust Theory of Relationship Marketing", *Journal of Marketing*, 58 (3): 20—38.

Philip Kotler, 2005, "The Role Played by the Broadening of Marketing Movement in the History of Marketing Thought", *Journal of Public Policy & Marketing*, 24 (1): 114—116.

Philip Kotler, Gary Armstrong, 2010, *An Introduction (ninth edition) of Marketing*, London: Pearson Education Inc.

Shipley, D. D., 1978, "Problems Confronting British Industrial Distributors", *European Journal of Marketing*, (2): 77—88.

Smith Wendell, 1956, "Product Differentiation and Market Segmentation as Alternative Marketing Stratege", *Journal of Marketing*, (7): 67—68.

Williamd Perreault E., Jerome Mccarthy, 2000, *Basic Marketing*, McGraw-Hill, (5): 50—51.

9. 慰家政的效率革命[*]

案例正文

慰家政多年来力求储备和打造"上海服务"的企业势能和企业标杆，率先摒弃家政服务行业长期以来存在低端的自我认知和理念，提升企业管理及服务水平，制定行业标准。该公司创立于 2012 年，主要围绕都市人两点一线的日常生活，提供家庭和企业的管家式服务；为了与信息化浪潮同频共振，2015 年慰家政 APP 上线，正式开启"互联网 +"的服务预定业务，成立"服务 + 互联网"的生活服务平台；致力于打造"2 公里 15 分钟幸福生活圈"。慰家政公司秉承"科技提升服务体验"的核心理念，坚持自主研发，应用大数据、人工智能、云计算、区块链、物联网等最新创新技术，提供线上线下综合性智慧化服务供应链。面对 2020 年初新冠肺炎疫情的艰难时刻，在"互联网 +"、平台经济等政策背景的大力支持下，慰家政突破行业瓶颈，破题创新，承担起服务行业的社会责任，催生新岗位、新职业；聚焦养老、托育、家政等就业潜力极大的领域，发展线上线下融合共生的生活服务；用爱心和科技"双驱动"，为家庭和企业提供管家式"双服务"，以独特的视角和立场为家政服务行业开垦出一片新天地。

关键词：家政服务 + 互联网　数字服务供应链　效率革命　破题创新

---

* 本案例由华东理工大学商学院阎海峰、严国珍、陈万思、陈正一撰写。本案例授权华东理工大学商学院使用，并享有复制权、修改权、发表权、发行权、信息网络传播权、改编权、汇编权和翻译权。由于企业保密的要求，在本案例中对有关名称、数据等进行了必要的掩饰性处理。本案例只供课堂讨论之用，并无意暗示或说明某种管理行为是否有效。

引言：曾是三俊杰

2012 年，赵慰、王楠和曹瑞瑞作为慰家政的联合创始人，各有所长；赵慰和王楠具备营销、策划经验和运营才能，负责提出创业构想及事业方向；曹瑞瑞作为三人中"冷静的大脑"，拥有丰富的培训、招聘、顾问及风险投资经验，还负责评价创业的可行性。

面对家政服务业的艰难路途，三位创业人凭借着丰富的阅历经验，走向前端，希望开垦现代服务业行业这块肥沃荒土。通过对商业机会的识别、论证，并分析市场形势，他们就家政行业创业达成以下共识：第一，进行服务行业的创业，市场够大，发展的空间广阔；第二，家政行业仍不够规范、成熟，当下的各类家政公司大都以小作坊形式发展，没有形成现代企业；第三，服务者竞争力弱，市场上家政人员素质及服务能力呈现双低的情况；第四，可以将赵慰已有的家政生意场所作为基点／试点，然后全面铺开。所以，他们希望在万亿级的家庭服务市场上有所建树，并改变国内家政服务市场现状。

时势造化慰家政

怀抱改变中国服务业的梦想，三人组成团队创立了慰家政互联网生活服务平台（简称尉家政），专注于提供清洁与烹饪等生活及后勤服务。从 2012—2015 年，经过三年的发展，慰家政建立了一个钟点制共享服务的数据供应链平台，为家庭和企业提供卓越的管家式服务。慰家政的整个服务设计两条线：一线 2C 涉及家庭管家，包括家庭保洁、护理、育婴、月嫂等；另一条线 2B 涉及企业管家，包括企业园区的保洁、食堂、绿植、空气治理、空调清洗消毒等。2015 年 6 月，慰家政 APP 上线，正式开启互联网＋的服务预定业务，经过几年的完善，业务从精致化单品到数字化平台再到智能化管家，目前其服务面已覆盖上海、北京、天津、苏州等多个城市。

慰家政秉承"科技提升服务，管家优化生活"的核心理念，坚持自主研发，应用大数据、人工智能、云计算、区块链、物联网等技术，结合首创"云店"模式，提供智慧化服务供应链解决方案，实现数据驱动的开放式城市服务资源共享平台；坚持通过标准化服务项目、细节化服务过程、智能化服务交互、品质化服务体验，打造效率平台，实现科技赋能的管家式服务。具体来讲：（1）每个客户可利用互联网方式预约各种生活服务；（2）每个公司服务者可利用互联网方式获取各种客户需求；（3）为提升人效，慰家政培训考核每一个服务者的服务技能，智能优化每一个服务者与客户的匹配，从而提升社会效能，降低客户为每一次优质服务所需支付的费用。

"提升客户的生活质量，改变蓝领服务者的生活方式"是慰家政的初心：为客户打造健康宜居环境，释放更多可支配闲暇时间，享受品质生活；为企业提供专业、高效的一站式后勤服务方案，营造一流办公环境，解除企业后顾之忧，共创共赢；为公司服务者构建可持续的发展平台，不断强化技能培训，提升服务效率，共同创造服务价值；为社会转移就业问题提供方案，促进家庭与社会和谐。

慰家政拥有一套完善的征信体系和培训考核机制，这是慰家政服务品质的保障：每一位注册服务者（包含慰姐、慰哥、慰嫂、育儿嫂等）都拥有独立的信用档案，记录了其身份信息、健康状态、技能和上岗资质证明、信贷和违法记录（公安联网）、培训情况、雇主评价等；每一位都在其专项领域中接受了 1 000 多小时的培训，由国家认可的机构考核合格后领证上岗，并通过社群化的管理方式，持续强化服务技能，提升专业服务水平。

2016 年慰家政参与起草行业标准（NB）和地方标准（DB），2017 年通过上海市地方标准；慰家政还参与了《关于促进家政服务业提质扩容的意见》（国办 2019 第 30 号文件）等全国性家政服务业行业政策的制定。

慰家政从成立伊始就是一家"互联网 +"企业，是一家高科技含量的企业，2015 年成为上海市的高新技术企业，2018 年被评为"专精特新"企业，2019 年被评为 179 家上海市小巨人科技企业之一。经过五年的发展，慰家政已经打造出足够成熟的商业模式，在 2020 年的洗牌之年有足够的实力一争高下。

为服务性行业人正名

慰家政的慰姐在公司初创期，经常会碰到一些刁蛮的客户，往往把服务者当作自家可以呼来唤去的佣人或保姆，不尊重他人的劳动。

下面是慰姐遇到的情况：

慰姐焦彩霞（简称小焦）做这行快五年了，碰到一家非常离谱的客户，擦这个不行，抹那个也不行，简直无法正常干活。一进该户主家，小焦从女主人的脸上读出心情不爽这四个字。按照服务程序她开始"入门三问"，女主人却不理人，虎着脸不耐烦地扔下三个字："你做吧！"

小焦打扫完卧室，开始打扫客厅，在擦抹电视机时，女主人说："你不要擦我的电视机。"但电视机上有灰尘，小焦想拿干抹布弹去电视机上的灰尘。女主人又说"不许动我的（电视机上玩具）娃娃！"过会儿，女主人又走过来问："这里怎么不擦？"

小焦只好说："你不让我动，我就没敢擦啊！"

女主人却说："不行，要擦干净！"

小焦无奈地说："你不让我动，怎么擦？"

女主人说："我不管，反正你要给我擦干净！"

小焦没有办法，只能默默地配合女主人的要求，用手扣着擦拭娃娃之间缝里的灰。

擦完后女主人咧嘴嚷嚷道："去别的地方干活，别碍我的事！"

小焦打扫卧室、厨房，女主人却在厅里一直数落她。那天女主人的蛮横态度真把小焦气得不得了，而且又是40度高温天气，厅里的一个小冷风机有气无力地对着女主人，让小焦度时如日，2小时的订单，小焦在这位客户家汗流浃背地打扫了2.5个小时，而这位女主人以吵架的口吻训了她2.5个小时，小焦还不敢啃声。走时让女主人签单，她签完单，没有好脸色地说"你走吧！"

这单服务完成后，小焦委屈地坐在马路边哭了一场。

这类情景似曾相识。慰家政开创家政行业的初心，是要改变家政服务行业低人一等的基本认知，并树立行业标准。从2016年开始，董事长赵慰就决心改变家政行业里长期以来"东家、雇主、保姆、阿姨"的称呼。要改变人们对服务行业的观念，就要从这些称呼入手。为了改变长期以来对"保姆"这一职业低人一等的污名化，以改变服务性行业地位不高的现状，赵慰花费了不少精力和时间，他坚持不懈地在制定国家和地方法律法规的大会小会上呼吁，从最浅的一个称呼开始，据理力争。功夫不负有心人，在2019年12月公布、2020年5月实施的《上海市家政服务条例》中，规范用语，统一称呼"客户或消费者"和"家政服务员或服务者"。赵慰认为一部地方法规不能存在很大的地域特点，因为这些词语的背后带有歧视性。例如人们认为"保姆"不专业、不职业、低人一等。而"阿姨"这个词通常是对 50 多岁女性的标志性称呼，如今慰家政的服务者都是 00 后、90 后的，称呼这些年轻的服务者为"阿姨"，显然与现代社会年轻人的心态不符。

凡此种种，每个词语背后都有它的指称逻辑，代表着对这个行业的社会认知度。所以赵慰要激浊扬清，把对行业服务者的称呼放在社会文化中考虑，通过为家政行业服务者的不断呼吁来不断提升家政行业的地位、标准和规范。

现在，统一用"服务者""消费者或客户""家政服务人员或家政服务师"这些很中性的称呼。慰家政依据公司需要，女性服务者统称为"慰姐"，男性服务者为"慰哥"，这符合企业精神，比原来的"保姆、阿姨、佣人"等称呼更文明、更进步了。称呼的改变彰显了慰家政创始人的人文胸怀和变革创新的初心。这正所谓"见微知著，守正待时"，正是从改变行业对服务者的称呼认知度来提升行业地位，彰显了慰家政创业之初的守正之心，也为员工"以自己的职业为荣，以自己的企业为荣"打下了坚实的信心基础。

建立家政行业标准

采访者：在规范行业标准时，慰家政遇到的最大难题是什么？

慰家政客服：是非理性客户，不接受慰家政的服务范围标准的解释。

采访者：有无投诉升级情况？

慰家政客服：会有的。曾有一个典型的例子，一位客户网上订购了我们 2 小时的清洁服务，但他的要求是："我买你们 2 小时的服务，服务人员过来，我让他干什么，他就干什么！就是帮我的父亲安装一下新的钢琴，搭把手。"该客户是在订购保洁服务项目以后，才提出这样要求的，我们拒绝了他的要求，也告诉了拒绝的理由，即公司每一项服务都是有范围标准的，而该客户提出的要求，第一，超出了服务的内容范围；第二，服务人员都是经过专业培训的，客户提出订购服务标准以外的服务要求，会有一定的潜在风险。万一出现损坏或客户对这样的服务不满意，我们也没有这方面的经验和标准可循，后期公司也很难维护和管理，出于这样的考虑，拒绝提供服务范畴外的服务。但该客户连续投诉了 3 天。

采访者：最后呢？

慰家政客服：最后我们还是拒绝了。我们首先考虑贵重物品的问题，其次考虑到我们服务人员服务标准规范问题。

随着中国经济的飞速发展，社会家政服务，即家庭和企业的后勤服务，有着大量的需求。2018 年发改委公布的中国后勤服务市场数据为 5 762 亿，而 2018 年增长率是 27.9%，这个行业已超过 5 年保持 25% 的占比。一般来说，产值达万亿的都是大行业，但在家政这个大行业里却没有大企业，连产值超过 10 亿的企业都没有，这表明，该行业还存在诸多发展中的问题。

慰家政创业之初就发现被扼住了脖子：这个行业没有规范、没有标准，游走在边缘地带，这其实潜在巨大风险。所以，这几年来，建立和规范行业标准一直是慰家政持之以恒、不懈努力的头等大事。

慰家政所做的事情都与生活息息相关，做的是民生中最基础的事情。慰家政的目标定位：在价格方面，力争让所有的客户买得起自己的服务；在质量上，慰家政力争提供高水准的服务。

基于这个定位，在 2015 年有了"慰家政"这个名字，家庭因为管家式的服务而欣慰。那么，家庭如何因为管家式的服务而欣慰？有两个关键词：爱心和服务。第一，服务是人与人的交互，需要人的温度，没有温度的服务一定不是好服务；第二，服务要有效率，没有效率，企业和服务不可能存在，通过爱心和科技驱动，家庭为能享有优质管家式服务而喜悦。

因此，制定服务品质标准成为慰家政的第一要务。打造好的服务产品缺少的就是统一的服务品质的衡量标准，如果没有一个统一的清洁标准，何谈服务品质的把控！经年累月的家政服务经验使得慰家政当家人深知，每个人所受的教育、家庭成长背景的不同，对"干净"这个词的解读是不同的，因此，不可能要求服务者和被服务者能够对专业术语的认知、对这个行业标准达成一致。于是，慰家政创始人深入基层，考察、调研慰姐慰哥们的日常工作程序，即详细记录家政清洁服务的每一个流程顺序、规范动作，进行比较、总结和提炼，通过与慰姐慰哥、客户的磋商沟通，摸索出适用于客户认可的"清洁"的统一标准，并随着社会城市化发展的需要，在实践中不断改进和提升清洁标准，慰家政针对家庭生活区域的清洁标准见表 9.1。

表 9.1 家庭生活区清洁标准

验证方法：
手摸、眼观（斜视 45° 逆光眼观）、鼻嗅

验证顺序：
从上到下、从里到外

验证标准：
地面——正、侧面逆光眼观：无污迹、无水印、无脚印、光亮、无死角
墙面（瓷砖）——正、侧面逆光眼观：无污迹、无脚印、光亮；手摸：无灰尘
墙面（涂料）——手摸：无灰尘
木品质（衣柜、窗套、暖气罩、门等）——外部手摸：无灰尘、无胶迹；正、侧面逆光眼观：无污迹、无脚印、光亮、无胶迹
五金（不锈钢）——正、侧面侧光眼观：无污迹、无水印、光亮
厨卫器具——正、侧面逆光眼观：无尘土、无污迹、无水迹、无手印、光亮、无死角
家电表面——正、侧面逆光眼观：无污迹、光亮、无胶迹
空间——无刺鼻酸臭味

资料来源：慰家政内部资料。

慰姐慰哥们因为有了详细服务标准，大大地提升了对服务品质的认知，提升了效率，降低了因认知差异与客户沟通的次数。随着服务品质标准的出台，服务提供者的品质难以控制这个问题也被解决了大半。慰家政还针对四大家庭生活区域设立了详细且标准化的保洁服务流程（表 9.2）。慰家政为了达到高水准的品质标准，使慰姐慰哥们的服务流程及动作规范化、标准化，其流程还规定：从上到下、从里到外、从左到右、地面清洗第一遍必须穿鞋套。

慰家政从细节出发，将对服务品质的把控展现得淋漓尽致。慰家政控制源头的清洁标准和技术，其最大的特点是服务好，服务好的前提是"人好"，即素质高、年轻化。慰家政服务的一线团队平均年龄 35.3 岁，在一线城市这是属于低龄化的服务行业，大多数是 80 后、90 后的家政服务师，他们来自江西、河南、安徽的基地，经过筛选，把需要的从业人员选择出来，进入平台的信用体系，其中包括他们的工作信息、体检信息、保险信息等；然后开展客户带教、师傅带教、上岗、星级体系评价，形成一个有标准的、合格的"服务者商品"。

慰家政还鼓励员工参与职业教育，在上海开放大学，通过完成国家学历教育认可的

表 9.2　家庭生活四大区域标准化的保洁流程

区域	流　　程
服务	开窗→检查→收垃圾→接水→玻璃→吊顶→灯→墙面→橱柜内外→油烟机→灶台→微波炉→五金（厨房台面、水龙头等）→冰箱（先下地面，后箱）→开关面板→门→清工具→地面→关门 **步骤：除油→过清→消毒→收干**
卫生间	开窗→检查→收垃圾→放小框→接水→玻璃→吊顶→灯→墙面→热水器→淋浴房→洗衣机及下地面→暖气片→开关面板→镜子→卫厨→五金→洁具→门→清工具→地垫→地面→自检→关门 **步骤：除油→过清→消毒→收干**
玻璃	开窗→检查→窗帘吸尘→挽窗帘→工具药液准备后固定安全带撕模→吸尘→窗框→窗缝→玻璃→窗槽→窗台内外面→窗套框→窗帘杆→窗帘挂环→清工具→自检 **步骤：除油→过清→消毒→收干**
居室	开窗→检查→收垃圾→（玻璃已擦）→墙面掸灰→地面吸尘→阳台整体→吸顶灯→空调→挂画→暖气片→衣橱→晾衣架→沙发→书架→台灯→床（头、面、柜）→开关面板→踢脚线→门→地垫→清工具→地面→穿鞋套放窗帘→关窗→自检→关门 **步骤：除油→过清→消毒→收干**

资料来源：慰家政内部资料。

学历教育，把员工培养成合格的"服务者"，迎合社会大众的需求。

　　慰家政的服务对象 C 端是家庭客户群，通俗地讲就是家庭的扫地、做饭、带孩子；慰家政的 B 端是企业后勤的大市场：有保洁、保安、保育，随着企业越来越现代化，对工作环境要求越来越高，需求也变得越来越多。企业食堂、家庭食堂市场规模正以每年 10% 以上的速度增长，成为创业的好项目。为了让行业可持续发展，董事长赵慰等高层经过多年的呼吁和探索，参与国家和地区行业标准的建设，践行和完善行业标准。2019 年 6 月，国家终于出台了"家政 36 条"，这是行业的利好政策，解决了家政行业的痛点问题。

打散服务者一天的工作时间

　　慰姐罗燕燕对记着说："现在，我每月能寄回家 3 000 元，可以轻松解决两个弟弟的学费。真没想到，如今我四个月就能赚够原本全家一年的收入！"

2018 年 8 月，罗燕燕作为沪滇商务劳务协作项目的参与者，从慰家政将云南纳入互联网平台后，就成为了"一人就业、全家脱贫"的践行者之一。12 月，正好是香格里拉姑娘罗燕燕在上海经过培训正式参加工作的第四个月。

慰家政的核心竞争力在于打散服务者的服务时间。慰家政"互联网 +"的核心逻辑是：以提升效率为本，构建数据驱动的灵活服务网络。所有服务都是由人来提供服务的，不是靠纯互联网化驱动的，核心是为了人服务，网络辅助于人。所以，人是慰家政的内核，是它的"员工制"效率革命与创新的基础，即打散每个服务者每天的时间和工作性质。慰家政不是传统意义上的一人一岗的员工制，而是一个人一天完成五六份不同的工作，譬如：

（1）早晨可以进行家庭保洁；

（2）接着去企业食堂做 3 小时中午饭；

（3）接着去进行爱彼迎公寓清洁（16:00 之前截止）；

（4）接着在企业下班之前（18:00 之前），进行办公室的收尾工作；

（5）最后回到 C 端客户家做晚饭。

（6）之后去航空公司，进行晚上 20:00 以后的飞机旅客下机后的舱内清洁卫生。

这是一个慰姐 / 慰哥一天大致完成的五六份工作，借助数据化平台调控路上的时间，在活动范围不超出 2 公里，即电瓶车程 15 分钟以内的各处完成这些工作。网络平台为慰姐慰哥们计算出最佳工作效率，将从一家到另一家路上的时间限制在 15 分钟内，将路上时间缩短至最经济，为服务者腾出了服务时间，极大地提高了他们的收入，相比于单做物业的保洁人员的收入（一般每月 3 200 元），在慰家政一天完成五六份工作，一月收入可以达七八千元，还有不少人一月收入近万元，甚至超过万元。

通过慰家政的数据化供应链平台，满足"2 公里 15 分钟范围的家庭生活刚需服务"，让周一至周五也成为慰姐慰哥的繁忙时日。在认识到工作日和休息日家庭服务需求量失衡，慰姐在工作日周一至周五会出现大量闲时的情况后，慰家政开拓了 B 端业务（企业服务）市场，主要包括民宿保洁、酒店保洁、公寓保洁，以及办公物业保洁。B 端业务所需要的专业服务能力比 C 端（家庭服务）更加丰富，例如，办公物业保洁的面积大、服务过程不能影响职员的正常工作、服务过程中还会经常伴有绿植养护等清洁以外的增值服务。B 端业务因为其服务时间正好与 C 端业务的高峰期互补，所以慰家政平台的服务人员大概率能在接单状态下被分配到适合的订单。

打散服务者一天的时间，其特点在于时间效率，从经济学角度看，这是一个产品的组合，组合了家庭与企业的服务，周一至周五，忙于学业、工作，家庭保洁服务的订单特别少，而到周末则会出现井喷现象，有一个峰值，其订单数量是平时的几倍；但是在企业保洁服务中，周一至周五则特别忙，到了周末就空闲下来了。所以，家庭保洁服务周一至周五的低峰和企业保洁服务周一至周五的高峰组合起来（图9.1），就变成更经济的、更高效率的、对服务者来说更高收入的模型。将所有服务根据时间组合在一起，慰家政的人均效率高于整个家政行业40%，平均收入超过5 600元，而行业的平均收入为4 200元。服务组合的目的是为了解决峰值问题。

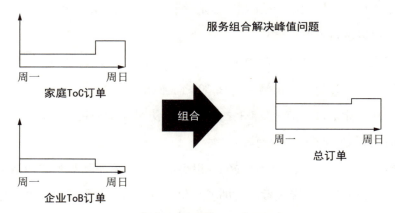

图9.1 峰值组合示意图

慰哥慰姐们的一周工作经常被安排得满满当当（表9.3），工作日负责企业客户的保洁及后勤服务，中午时段（12:00—14:00）则负责民宿或酒店的保洁服务，周末的上下午主要负责家庭客户的保洁及维修服务（表9.3）。

表9.3 慰家政服务人员一周工作安排

	平日：周一至周五	周末：周六和周日	任意时间
上午	企业清洁即后勤	家庭清洁	深度清洁 家电清洁
中午	园区食堂	社区食堂	
	公寓/民宿清洁	公寓/民宿清洁	
下午	企业清洁即后勤	家庭清洁	专项清洁 ……
	上门做饭		

慰家政这种根据 C 端和 B 端不同服务时间段的要求对服务者的服务时间进行组合的管理模式，开创了中国家政服务行业的效率革命：首先，每个客户可利用互联网方式预约各种生活服务；其次，每个服务者可利用互联网方式获取各种客户需求；最后，为提升人均效率，慰家政培训考核每一个服务者的服务技能，智能优化每一个服务者与客户的匹配，从而提升社会效能，即降低客户为每一次优质服务所需支付的金钱，又大大增加了服务者的收入，这就是慰家政一直坚信并致力于通过打造效率平台去实现的企业愿景。

迎接服务行业的洗牌

怎么也没想到，我这个钟点工，也会来到抗击新冠肺炎疫情的第一线。

过年之前那几天，我回四川老家办婚宴。每天打开电视就看到那些医务人员身穿防护服，与病毒作斗争的情景，真是替他们担心。我作为上海慰家政员工，恰逢公司和社会都有这方面的需求，所以我婚假没休，没度蜜月，立刻赶了回来。

不曾想到几天后的我，也全副武装地身穿防护服，头戴防护镜，还背上了 20 公斤重的消毒药水。我成了"抗疫"一线的一名消毒员。当我把工作时全副武装的视频发给偏远地区的老妈时，她一下子吓蒙了。

因为新冠肺炎疫情，原本比较小众的消杀业务，如今的需求量有了十倍以上的增长。我的工作内容有了进一步拓展。以前只接触到一两种固定的消毒剂，现在则需要懂得更多。分区毛巾清洁去污、高温蒸汽机高温消毒、含氯消毒喷雾剂喷洒消毒、紫外线光照消毒……隔离期的我也没闲着，公司准备了一些远程在线课程，"学习"成为我的头等大事。

疫情的非常时期，小区实行封闭式管理，需要跑好几个地方"打卡"，这让我裤兜里多了一沓各式各样的通行证。保安小哥看到我在翻找证件，问了句："你咋那么多通行证？"说得我自己也笑了。

在父母、妻子眼中，背上数十斤重的消毒液上一线到处奔波的我属于高危人群，而我却觉得自己是最安全的。长时间"沐浴"在消毒水气味中，我的鼻子有些"失灵"，几乎闻不到消毒水的气味了。

就保洁这份工作而言，它给了我照顾老人、照顾家庭、照顾企业的机会，靠劳动赚钱最光荣，我有了一份获得感、满足感。我希望等春暖花开，疫情结束后再去度蜜月。①

2020 年年初，也是中国农历春节来临之际，新冠肺炎疫情肆虐全国，慰家政的订单直线下降，公司能穿越生死线度过难关吗？然而，慰家政的自救能力超乎人们的想象，被疫情逼停后，会不会有新的增长机遇？农历腊月二十九，很多人在想着如何度过除夕和春节，赵慰与公司的高管们却在分析当下的严峻形势，研究对策。疫情来袭，不仅客户担心家政服务人员所处环境可能给自己带来感染风险，家政服务人员同样有这层担心。尤其是在有确诊病例的地区，对出工的服务人员来说，上门就是上"一线"，何况他们还只能简单防护。由此，主动为客户免费退订预订业务成为常态，还有大量客户直接退订了 3 月前的订单，其家庭订单损失率超过八成。"受疫情影响，从春节到现在，我们的订单量减少了 81%"，赵慰把严峻的形势摆上了桌面。

针对疫情时期订单急剧下滑的难题，慰家政高层迅速破题做出"微创新"的决定：为了企业的生存，以慰家政空间消毒方案为基础，结合疫情防控需求推出了新业务，在原有的清洁服务外，所有上门服务，不管是家庭服务还是企业服务都增加消毒环节。慰姐慰哥们打扫好卫生之后，还要用专用的医用级消毒剂对家具、地板、开关、门把手、台面进行消毒，通过这样的一个消毒程序，恢复客户对慰家政的信任。同时让服务者有事可做、有钱可赚。慰家政的这个微转型项目，从家庭清洁的单个小单，延伸至社区、企业的大单，为楼道、电梯、门厅等人流量大的公共空间消毒，为受众提供家庭和企业消毒服务。

从 2020 年 1 月底面向企业客户推出了"空间消毒"服务后，在不少企业正式复工前，慰家政的工作人员已经开始忙碌了。而从 3 月起，更是为政府、社区服务中心、银行、企业等提供了不少空间的消毒杀菌服务，慰家政成为上海第一批复工的 60 家家政企业之一。

慰家政的产业新路在于消毒类家庭服务商机。家政行业复苏后，未来的发展走势如何，也都在探索中。董事长赵慰认为，家政行业在疫情中有重新洗牌的可能。一方面，社区生活方式会改变，消费者需求也会改变；另一方面，疫情促使更多消费者改变交易习惯、沟通习惯和消费习惯。当消费者的卫生习惯、生活习惯因防疫而发生改变，家政

---

① 参考杨洁的《"蜜月期"拜拜 "通行证"多多》，《新民晚报》，2020 年 2 月 21 日素材改编。

行业的新商机也出现了。以前家庭服务的保洁分为四层，从基础到高阶分为抹灰、保洁、清洁、消毒四个阶段，未来消毒类的服务需求或会直线上扬。从偏日化的保洁过渡到偏专业的保洁，慰家政已做好了准备，这将是疫情后家政行业的最大机遇点。慰家政在落实"企业空间消毒""家庭消毒保洁"和"无接触就餐"后，其业务量逐步回暖，疫情使得居家养老、物业管理、消毒杀菌、快递跑腿等需求量增大，推动了家政行业与相关产业融合发展。

有人会问：大疫情后哪个行业最赚钱？

有人预测有六大领域：大健康、人工智能、超维度科技、太空材料、地下科技城、农产牧业。

慰家政"从偏日化的保洁过渡到偏专业的保洁"，疫情后的消毒业务快速提升，还首创"吃独食"服务，这些都属于"大健康"服务领域；融合慰家政在服务行业里"互联网＋"抢占先机的领域，也即六大领域中的"大健康"，将给慰家政带来今后几年内家政行业的最大机遇点和爆发力。

尾　声

对慰家政几位慰嫂／慰哥的采访：

慰嫂1（原餐厅服务员）：疫情过后，餐厅的生意不好做，倒闭的多，所以来到慰家政工作。

慰哥2（原快递员）：做家政没有快递那么累，钱也不少挣。

慰嫂3（原超市员工）：每天做三单共6小时，因为有孩子要照顾，在超市工作时间太长，所以我来到慰家政，相对比较自由，既可赚些钱补贴家用，又有时间看顾到孩子。

这些被采访者普遍反映：做社区家政服务，每小时45元，2小时一单，慰家政平台收13元，其余归慰姐慰哥，只要勤快，多数员工每月报酬拿到七八千元以上。但慰家政在2C的家政服务这一块业务几乎是赚不了钱的，因为公司利润率在这一块很低。

又如，按照公司规定，员工都是由平台派单的，不允许外接私活，接私活意味着公司跳单。但为了多赚钱，有些员工冒着被开除的风险，会偷偷地接点私活，因为他们都在一线工作，直接与客户接触，如果做得好，客户会额外派活。所以，跳单现象是任何家政公司都会遇到的头疼问题。每月收入好的时候接私活可赚 2 000 元左右，很有诱惑力。私活报酬主要是通过清洗空调、空间消毒而得的，比如清洗客户的一台空调费用是 120 元。如果是公司派单的话，与公司平分，各得 60 元；如果私下接活的话，给客户开价 90—100 元，那么客户就非常乐意私下成交这笔生意。慰家政面对这类公司员工干私活的跳单现象，如何管理？如何奖罚？

类似问题还存在不少，如何让公司更好地赢利？如何更好地增强员工的凝聚力？可否采用员工参股制？期权制？这些都是值得进一步去探讨的！九曲黄河万里沙，浪淘风簸自无涯；衷心企盼慰家政继续守正创新，日益精进！

案例教学说明

教学目的与用途

1. 适用课程

本案例可用于 MBA 必修的"战略管理"、选修的"创业管理"等相关课程中的教学。

2. 适用对象

研究生、MBA、EMBA 以及企业经营管理人员。对于那些缺乏实际经验的研究生，可以引导其将企业战略中的社会责任感、企业的新技术创新和商业模式与案例相结合，充分理解互联网、平台经济对企业的创新和发展的重要作用；对于拥有实践经验的 MBA 学生以及企业经营管理人员，可重点让其了解公司和案例的相关资料，深入剖析慰家政在管理政策中遇到的问题，分析这类企业如何抓住时代机遇创新，以及如何实现赢利。

3. 教学目的

加强学生综合运用理论知识分析和解决实际问题的能力。通过案例的分析讨论使学生能够深刻理解"服务结合科技"之后产生的叠加效应——家政行业的数字化创新所产生的效率革命。

启发思考题

（1）慰家政是如何树立行业标准、成为行业标杆的？

（2）阐述慰家政利用互联网平台的创新举措及产生的效率革命。

（3）探索慰家政的商业模式，它靠什么来盈利？

分析思路

通过对一家"互联网＋平台经济"的高科技企业的调研，展开对该企业的社会责任、创新商业模式的研究学习和访谈咨询，最终形成文稿，供学生和教师课堂教学之用。在分析此案例时可参照如下分析思路展开学习和讨论（图9.2）。

根据目前世界科技创业的发展变化，商业模式的创新和产品进入市场的时机性在科技型创业成功中起到很重要的作用。本案例重点对产品进入市场的时机性和商业模式创新因素进行阐述。

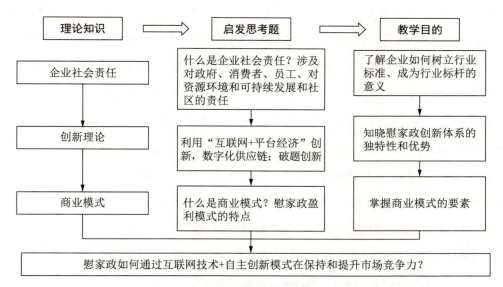

图9.2 案例分析基本思路图

理论依据与分析

启发思考题 1：慰家政是如何树立行业标准、成为行业标杆的?

1. 企业社会责任理论

企业社会责任是指，企业在创造利润、对股东和员工承担法律责任的同时，还要承担对消费者、社区和环境的责任，企业的社会责任要求企业必须超越把利润作为唯一目标的传统理念，强调要在生产过程中关注人的价值，强调对环境、消费者、社会的贡献。

企业的社会责任范围具体有这么几个方面：企业对政府的责任、对股东的责任、对消费者的责任、对员工的责任、对社区的责任、对资源环境和可持续发展的责任。

2. 案例分析

2012 年公司创业之初，瞄准了中国家政服务市场，面对无行业标准和规则，怀揣着改变中国服务行业使命感和社会责任感，希望在这个领域闯出一片天地，树起一杆行业旗帜。

第一，企业对政府的责任。要求企业扮演好社会公民的角色，自觉按照有关法律、法规的规定，合法经营、照章纳税，承担政府规定的其他责任和义务，并接受政府的监督和依法干预。中国家政业是近几十年才在大城市蓬勃发展起来的行业，该行业的规范、标准处于一片蛮荒，慰家政初创的第一件事情是协同和帮助政府一起制定该行业的标准，这项工作细到改变多年来对服务行业者的称谓。最典型的是利用企业优势呼吁政府制定和修改家政行业的法律法规，从正规文件中移去"保姆""佣人""阿姨"等有歧视色彩的称呼，统一称呼"客户或消费者""家政服务员或服务者"，为服务行业人正名。其次，制定和规范家政行业的服务品质标准，如"32 项清洁标准""家庭生活四大区域标准化的保洁流程"，以协助和提升政府出台的行业法律法规的公正性、正义性和可执行性。此外，慰家政对接政府"百城万村"家政就业扶贫项目，"云嫂、黔女入沪"劳务就业，以及"云品、黔货出山"的产业脱贫项目进入上海菜篮子服务。从这几个方面可以了解慰家政所扮演的企业社会公民的角色。

第二，企业对消费者的责任。企业与消费者是一对矛盾统一体，企业利润的最大化最终要借助于消费者的购买行为来实现。作为通过为消费者提供产品和服务来获取利润的组织，提供物美价廉、安全、舒适、耐用的商品和服务，满足消费者的物质和精神需求，是企业的职责，也是企业对消费者的社会责任。慰家政对消费者的社会责任是提供服务产品的质量——以平价亲民的价格提供高水准的服务，并承担责任履行对消费者在产品质量和服务质量方面的承诺：如"每个客户可利用互联网方式预约各种生活服务"，"慰家政考核每一个服务者的服务技能，每一个服务者与客户的智能化匹配，从而提升社会效能，降低客户为每一位优质服务所需支付的金钱"。在产品质量和服务质量方面自觉接受政府和公众的监督，其平台设置投诉窗口客户对每一单服务都要进行反馈。慰家政通过研究设计了服务模型（图9.3），为消费者提供三"心"服务产品，即"放心：服务人员背景调查、历史服务评分积累、服务人员专属保险、服务过程监控等；省心：自选服务内容系统下单、智能派单、配置齐全的服务工具包等；舒心：统一的服务标准、高水平的服务体验、高性价比的价格、服务品质热力图"。

图9.3 三"心"要素

第三，企业对员工的责任。企业对员工的责任属于内部利益相关者问题，有以下三个方面。

首先，慰家政为了提高员工收入，利用网络的优势，提升人力效率，"打散服务者每天的时间和工作性质"，改变传统意义上一人一岗的员工制，"一人一天可以干五六份不同的工作"，从而极大地提升了员工的月收入，"在慰家政一天干五六份活，一月收入可以达七八千元，还有不少人一月收入近万元，甚至超过万元"。

其次，慰家政"鼓励员工参与职业教育，在上海开放大学，通过完成国家认可的学历教育"，提升员工的教育层次和素质尤为重要。

最后，凡从业人员都"进入平台的信用管理体系，有他们的工作信息、体检信息、保险信息等"，对每一员工负责；然后"开展客户带教、师傅带教、上岗、星级体系评价，形成一个合适的'服务者商品'"。通过慰家政的星级管理体系，让服务者不断进行升级与成长。每位慰哥和慰姐都得经过 1 000 多小时的培训，在技能考核合格后方可领证上岗，以星级管理体系为基础，让服务者在职业发展路径上的角色不断发生变化，逐步成为管理者或合伙人，获得更多的尊重。

提高员工收入、进行行业培训、建立平台信息体系、设置星级评选等，慰家政的这些举措从各方面考虑了雇员的地位、待遇和满足感。通过从这几个维度真正理解服务者，培养服务者，才能够保证团队的稳定及不断成长，这是企业对员工的责任。

第四，企业对资源环境和可持续发展的责任。慰家政通过与边远地区结对子，以服务者为桥梁，把深山农副产品卖到沿海城市，为边远地区的脱贫问题尽了一份力，给予那里的年轻人走出大山的机会；同时，也为解决大城市的菜篮子工程尽自己所能，这最恰当地诠释了慰家政充分利用资源和人力，以维系社会与公司的可持续发展。

第五，企业对社区的责任。企业是社会的组成部分，更是慰家政各云店所在社区的组成部分，与社区建立和谐融洽的关系是企业的一项重要社会责任。服务性行业的企业对社区的责任就是为社区提供服务。由慰家政成立的专门团队——"社区物业中心"参与社区服务业的变革：提出"平安和健康"与"爱和喜乐"分别代表了物质文明和精神文明，延伸到整个社区生活服务。慰家政依据社区—客户需求，用矩阵图展示出社区的"刚需"到"非刚需"，"高频"到"低频"的居民所需的服务（图9.4）。

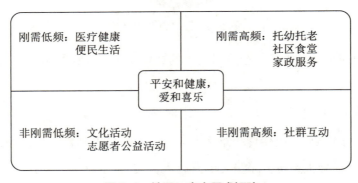

图9.4　社区—客户需求矩阵

最典型的是上海某老城区"某睦邻中心"，覆盖三个居委会，3 000 户常驻户，老年人占 65%，年轻人占 23%，小孩占 12%。慰家政在此进行了创新，把清洁、做饭、带孩子服务和社的洗衣、厨房、工艺、党政、文化结合在一起，在小空间里把慰家政的物质文明服务和精神文明服务结合在一起，形成社区综合体。具体来说，永福里睦邻中心包括：科技赋能——活动服务分时预约、空间综合运用，"互联网＋照护"解决老人所需服务；管理创新——互联网社区服务企业场地托管运营，创新政府社区场地自运转新模式。有育婴服务、保洁服务、自助洗衣、共享厨房、社区健康、文化活动、多媒体培训教室、最新政策宣传等。

慰家政所参与社区服务业的变革，倾向于形成"社区生活综合体"，囊括社区居民所需要的各类服务，这也是慰家政的企业社会责任，把"爱和服务"和"科技赋能和管理创新"融进社区生活。

启发思考题 2：阐述慰家政利用互联网平台的创新举措及产生的效率革命。

1. 创新理论

管理学大师彼得·德鲁克曾说过，当今企业间的竞争，是商业模式之间的竞争，当市场出现新的技术，往往意味财富与机遇，而每个企业对于不断创新与转型存在迫切的需求，这就需要进行商业模式的创新。

创新是一种"革命性"变化，约瑟夫·熊彼特曾作过这样一个形象比喻：你不管把多大数量的驿路马车或邮车连续相加，也决不能得到一条铁路。而只有发生革命性变化，即具有创新的突发性和间断性特点，创新就是新工具新方法的运用，对经济发展进行"动态"性分析研究。

创新是企业家实行对生产要素的新组合，重要的新组合具体包括五个方面：①生产一种新东西，②采用一种新的生产方法，③开辟一个新市场，④获得一种新原料或半成品的新的供应市场，⑤实现一种新的企业组织形式。前两个属于技术创新，后三个属于管理创新和组织创新。创新包含三层含义即更新、创造新的东西和改变。

2. 案例分析

从创新的角度来说，慰家政利用"互联网＋"新技术，建立了自己的数据化服务供应链平台的商业模式，其核心逻辑以提升效率为本，构建数据驱动的灵活服务网络，重点服务供应链。从服务来讲，把服务做成一个个商品，也即"生产一种新东西"。

2015 年，慰家政最早开始提出做平台技术——数据驱动的"服务供应链体系"，慰家政将自己定位为是做服务商品化的企业，打造平台服务空间。慰家政的模式是垂直的，可以管控服务品质，这个服务供应链是条线，由前台、中台、后台组成，从客户角度是前台，后台即服务能力。与大多数电商关注网上的交互，如支付与产品发货不同；对慰家政来说，交易了并不意味着就开始服务了，例如周四交款，要周日服务，服务如何还不知道，这个过程就与电商的交易有着完全不一样结构，这个服务如何预约？如何标准化？如何完成支付、评价的？这中间有一系列环节，慰家政的服务供应链有一个强大的中台。显然，慰家政的服务是一个新产品，采用了一种新的生产方法——服务供应链，开辟一个新市场——家政服务性行业，慰家政的数字化服务供应链的平台经济创新举措，最终使它实现了一种新的效率组织形式或商业模式。

慰家政的创新模式，得益于 2014 年、2017 年的两波信息技术的发展浪潮：第一波发生在 2014 年，受移动互联网技术影响，本地生活服务产品开始陆续尝试 O2O 模式，即线下服务信息线上化，通过互联网完成服务之前的展示、沟通及预订环节，将线上流量引入线下，使信息更加透明，为上游服务提供者与下游客户创造了效能提升。第二波发生在 2017 年，当时，人工智能、物联网等智能信息技术逐渐进入大众视野，慰家政开始考虑自身作为门内服务平台的效率边界问题，认识到人工智能对于生活方式的影响与改变，由智能家居、物联网等构建的更加现代化、具有科技感的生活方式逐渐被越来越多人接受，人工智能推动个性化服务，而门内服务由于其存在私密性、服务种类多样性、服务实施过程对服务体验影响比重大等特征，平台对服务过程中安全性、服务品质的把控要求，人工智能、物联网技术的出现正好可以通过智能派单、路径规划等方式帮助突破服务效率的瓶颈，并对客户的个性化需求做到实时响应，在与客户的不断交流中了解客户的消费习惯和偏好，并适时主动推送符合客户需求的服务，成为一名看不见但无处不在的智能管家。

通过数据化供应链平台，慰家政的创新举措和产生的效率革命有以下四个方面。

第一，满足 2 公里 15 分钟范围的家庭生活刚需服务；打散服务者每天的时间和工作性质，让慰姐慰哥们一天可以完成五六份不同性质的工作；通过峰值组合的创新模式，使得员工最佳地利用每天的时间，多干活、就近干活。以服务组合为例，它解决了家庭 2 C 订单和企业 2 B 订单的不同步峰值问题，即周一至周五家庭保洁服务的订单处于低峰时期，而恰恰这段时间是企业的工作日，处于订单的峰值期，二者的组合完满地解决了高低峰的矛盾问题，家庭与企业的错位订单，得到无缝对接。这些创新举措让员工的月薪收入是同行的翻倍。

第二，慰家政创建"云店"合伙人发展模式（图 9.5）。通过合伙人制将其转化为云店负责人，成为事业共同体，让每个员工成为公司的主人。面对分散的客户市场建立了分散的服务网络，结合云计算、大数据、物联网等技术搭建"云店"数据中枢，在核心区域开设实体门店，覆盖街道附近的客户。在分散城区设立虚拟门店，人员无需建设门店，通过互联网信息工具，将该区域的服务人员做线上聚合、线上派单。

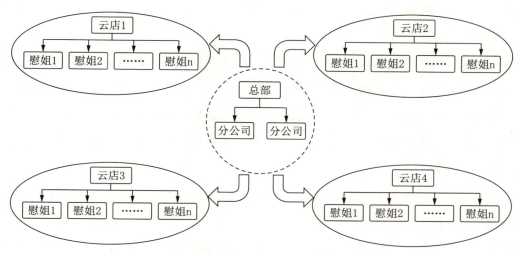

图9.5 "云店"合伙人发展模式

第三，新冠肺炎疫情暴发后，慰家政主动进行产品服务创新升级，即"微创新"，推出了针对2C（家庭）的家庭消毒保洁服务、2B（企事业单位）的公共空间消毒服务和复工后无接触供餐的防疫预防性服务。

第四，高科技+"微厨"服务创新模式，让慰家政在B端市场打出了一片天地。慰家政率先进行设备升级，从德国采购了先进的微厨设备，通过大数据管理，慰家政的企业食堂"微厨"如今拥有1 000道菜品的数据库，每道菜的主料、辅料、调料都精确地以食品成分表的形式存在于数据库中，凭借着不断更新的数据库和标准化的切配、烹饪，慰家政可以为不同规模的企业提供供餐服务，不仅菜品可口，并且能天天翻新不重样。慰家政的优势是拥有国家级的团队研发，不断翻新菜谱，菜品三个月不重复。而规模在几十和百人以下的企业食堂则是一片较大的蓝海市场，为小规模的企业提供食堂服务，成为许多银行、金融机构、4S店等人数不多和餐标适中的单位的不二选择。

启发思考题3：探索慰家政的商业模式，它靠什么来盈利？

1. 商业模式

所谓商业模式，就是公司通过什么途径或方式来赚钱，凡有赚钱的地方，就有商业模式的存在。商业模式是把实现客户价值最大化，把能使企业运行的内外各要素整合起来，形成一个完整的、高效率的、具有独特核心竞争力的运行系统，并通过最优实现形式满足客户需求、实现客户价值，同时使系统达成持续盈利目标的整体解决方案。商业模式是一个宽泛的概念，通常与商业模式有关的说法，如运营模式、盈利模式、B2B 模式，B2C 模式等不一而足。

美国著名的创业管理教育专家杰弗里·蒂蒙斯（Jeffry A. Timmons）把商业模式定义为：一个完整的产品、服务和信息流体系，包括每一个参与者和其在其中起到的作用，以及每一个参与者的潜在利益和相应的收益来源和方式。而任何一个商业模式都是一个由"企业资源和能力""企业盈利方式"和"客户价值主张"这三要素[①] 构成。

2. 案例分析

新商业时代已经到来，各个行业的规则被不断改写，新的经营形态不断涌现。商业模式创新已成为决定企业生存和发展最为迫切和最为关键的能力，商业模式创新就是为实现最优客户价值而构建的商业经营逻辑。慰家政 2015 年以构建开放的企业平台为载体，以整合企业内外资源为基础，以打造独特的核心能力为核心，形成持续运营的生态系统为导向，以实现客户价值为目的，以实现持续盈利为结果的创新商业模式。

第一，企业资源和能力。慰家政在这方面体现为两手抓——B 端现金流，C 端爆发点。在整个家政 O2O 中，慰家政既抓住 C 端的客户群资源，又重视 B 端收入的企业资源。

在 B 端业务上，慰家政主要将其分为办公楼、大型企业以及公寓三种业务：办公楼即各种集聚众多企业的写字楼的清洁；大型企业的整栋、整层办公区域整体清洁；公寓则包括各分散、集中、短租、长租公寓的定期保洁；此外，还为这几年风靡的民宿业主提供房间清洁、布草清洗更换等服务。慰家政拥有合伙制经营下稳定的整合性、高质量服务，在与各大物业公司的合作中尤其具有竞争力。与业内企业不同，慰家政在 B 端市场的营收占比非常高，已经超过了 50%，这就是慰家政商业模式的创新点，这种具有独特的商业盈利模式，有别于其他家政企业，能持续发展和盈利。

在 C 端客户群上，慰家政将其分为五类：第一类是一人家庭，主体是未婚独居人士；第二类是核心家庭，主体是夫妻二人；第三类是标准家庭，主体是夫妻及孩子两代人；第四类是复合家庭，主体包括三代人以上；第五类是其他类型。其中前三类为慰家政最核心的 C 端客户，他们是消费能力和需求最高的。同时也可以看出，前三类家庭不

---

① 三要素根据哈佛大学教授约翰逊（Mark Johnson）、克里斯滕森（Clayton Christensen）和 SAP 公司的 CEO 孔翰宁（Henning Kagermann）共同撰写的《商业模式创新白皮书》概括。

仅有最为广泛的家庭清洁服务需求，还延伸出了育儿、月嫂等产品的需求，使得慰家政得以拓展和深耕产品资源。

B端、C端两类客群对慰家政的意义如下：C端对于慰家政来说，更看重的是它在未来的爆发，C端客户的复购率相对比较高，但相对零散，需求也不够稳定，因而收入数据波动大；而B端则能为企业提供十分稳定的现金流和不错的利润。保持二者之间的平衡，还能产生一定的互相转化，在流量越来越贵的今天，这也十分重要。B端保证了企业稳定的收入和发展，而慰家政要想在一个时间点达到20倍的增长，则必须要靠C端的复购率流量的未来爆发，以此作为导引，让客户深入慰家政的其他延伸或扩展产品。

第二，企业盈利方式。盈利是商业的本质，所谓盈利方式指企业的成本及利润来源。通常企业在实际经营中非常注重对于成本、收益的测算，追求盈利和利润是企业持续经营的基础。

以慰家政的"微厨"业务为例，该项目的成本主要包括服务人员按小时计算的劳务费和原材料成本，这项业务的财务模型可以表述为，以每天200份用餐需求、每餐单价15元计算，每日的营业收入约为3 000元，同时需要承担2名服务员与一名厨师共计4小时的劳务支出，人力成本预计为600元，每日的食物原材料费用约为1 200元，可得毛利润为1 200元/天，毛利率为40%。

慰家政是三好管家、综合管家、智能管家，其中高频垂直服务即三好管家；低频服务即多品类服务；生态服务即管家服务。从其赢利面看其毛利率，慰家政的服务是对整合性的服务或供应链的复用，毛利率远高于只做单一服务的传统模式，所以是复合毛利（见表9.4）。

表9.4　高频垂直服务＋低频服务＋生态服务

传统模式	慰家政		慰家政		慰家政	
单一服务	垂直服务		多品类服务		管家服务	
家政服务	三好管家	清洁好	综合管家	维修	智能管家	医疗
保洁服务		吃饭好		康体		时尚
食堂服务		照护好		洗衣		旅游
母婴服务				搬家		金融
				……		……
8%—12%（M）	12%—35%（M）		30%—40%（M）		40%—50%（M）	

最为典型的是慰家政通过做好社区高频、刚需的服务，即多品类服务以此带动一些低频的服务，以维修为例，虽然一般的客户一年只用一次，很难产生客户黏性，但维修一次二三百元，利润为 60%；又比如搬家，搬家一次的费用很可能就是上千元，而实际成本不到 500 元，利润超过 500 元，利润较高。所以，慰家政把服务产品延伸至低频高利润产品，毛利率在 30%—40%，甚至更高。再延伸到"智能管家"服务，回到慰家政的管家式的服务，即延伸至对客户有价值的服务，如家庭中有人生病了，慰家政给予建议，去哪里看病更好，就会与一些医疗机构合作；如要旅游，与旅游公司合作，向客户推荐旅游产品，因为服务者了解自己的客户、消费群体，了解客户的消费能力和诉求，精准对接客户的诉求，使之与合适的、有价值的产品相匹配，最终实现双赢（见表 9.5）。

表 9.5 客户价值，品质服务叠加，提升客户 LTV 价值

服务产品		单客户终生价值（5 年，LTV，元）	单品毛利率（%）	加权毛利率（%）	获客成本（元）
垂直服务	2 C 清洁	3 880	8	8	36
	+2 B 清洁	1 287	18	10.5	0
	+ 吃饭	2 505	25	15.2	0
	+ 照护	2 760	35	20.5	0
慰家政服务平台（当前）		10 432	20.5		36
平台服务 + 社区、园区服务		10 000	30—40	27.6	0
管家服务 + 本地和虚拟服务		20 000	40—50	36.2	0
慰家政服务平台（未来）		40 432	36.3		36

注：LTV，即 Life Time Value 的缩写，生命周期总价值，也称客户终身价值。

基于这些数据可知：慰家政服务产品的品质，相对高于行业平均值，所以，其客户的下单率、复购率远高于同行业；同时其"单客户的客单价"也高，一个客户一年可以下单近 3 000 元，而且慰家政的产品还是复购产品，按照单客户终生价值 5 年为单位，一个客户可以使得慰家政服务平台可收入 1 万多元，加上慰家政的其他服务，一个客户

在未来可使公司收入 4 万多元。

第三，客户价值主张。客户价值主张等于产品或服务特征（价格、质量、时间、功能）＋客户关系＋形象声誉。这里包括一切客户能够得到的有形和无形的一切。例如，慰家政通过完善线上平台的建设，让消费者在下单前，可以自主选择地填写自身需求及偏好，通过系统匹配消费者与慰姐的契合度，确保消费者的需求能够得到最大化的满足，并通过页面展示让消费者能够在下单时就知道服务的标准，减少了双方在服务过程中由于沟通可能浪费的时间。同时，慰家政不断深挖保洁服务产业链更深层次的需求，并开发出了如家用电器清洁、玻璃清洁、飞机舱内保洁、民宿保洁等多项专项的保洁服务，通过更加精细化、标准化的服务将保洁这一普通的服务单品做到了极致，实现了以保洁服务这一单品的纵向多元化的客户价值主张。

如何满足客户的价值主张，持续改善客户的服务体验、服务效能、服务专业度、信任关系是现行服务行业的痛点，而这几个痛点也正是慰家政在实施解决的。

慰家政这家初创企业经过几年的努力，拥有一个完备的商业模式，成功有了一半保证，但在"产品或服务特征（价格、质量、时间、功能）＋客户关系＋形象声誉"的客户价值主张方面还有需要进一步深耕之处。在 C 端业务上，慰家政在客户价值的挖掘、满足和实现方面还有待提升。

例如，本案例中涉及客户提出超出家政保洁范围的服务要求，让"慰哥协助其父亲安装一下新买的钢琴"，客户急需这一服务，几次三番诉求，希望予以解决，但慰家政的客服人员仍予以回绝。从客户的角度来说，他有内在的需求，希望通过慰家政平台得到帮助，但慰家政拒绝了该客户；从企业角度来说，它失去了一次深挖客户市场、拓展服务功能的机会。在客户关系和公司的形象声誉上大打了折扣。管理学上有"250 定律，不怠慢任何一个顾客"，美国著名推销员拉德（Joseph Samuel Gerard）提出："每一个顾客身后，大体有 250 个亲朋好友。如果你赢得了一个顾客的好感，就意味着赢得了 250 个人的好感；反之，如果你得罪了一个顾客，也就意味着得罪了 250 个顾客。"任何成功的产品从长远看是提高上游的整体服务水平和下游流量的黏性，也即客户的价值主张能否得以实现。真正从消费者角度去考虑，面向个性化服务产品的需求，慰家政该怎么做？慰家政如何成为真正的赢家？

关键要点

1. 分析关键点

首先，通过分析慰家政的企业社会责任，了解该企业开拓家政行业、树立行业标杆的初心；其次，基于创新的基本知识点，让学生了解慰家政数字化服务供应链平台的效率革命的优势所在；最后，了解慰家政商业模式的创新点以及如何盈利的。

2. 覆盖知识点

- 企业社会责任
- 行业标准
- 平台经济创新
- 数字化服务供应链
- 商业模式

课堂计划建议

本案例作为"企业管理""平台战略""商业模式"教学案例课程，以下课堂计划建议教师可依据授课是情况自行调整。

整个案例课程的课时控制在 90 分钟左右，分两个课时进行，一堂课 45 分钟。建议两节课合并一起上。

1. 课前计划

（1）教师制定详细的教学与讨论计划包括案例讨论的形式、步骤每个讨论问题的时间划分。

（2）教师制作 PPT 依据案例讨论的问题及教学大纲。

（3）给学生发放相关资料——案例正文和启发思考题，对案例涉及的理论知识点进行适当的"掩埋"让学生独立思考；还可依据需要另行添加一些小问题让学生带着问题去阅读案例；并让学生上网查找相关主题资料。

2. 课中教学（建议时间表）

序号	目录	教学安排	时间	备　注
1	开场发言 分组安排	教师对案例进行简要介绍和主题的概括说明 进行分组：安排每个小组的成员（4—6人）	10分钟	各个小组选出负责人、记录员
2	分组讨论	（1）各小组成员分别简述慰家政的初创历史、产品特征以及家政服务业的发展趋势等以熟悉案例背景和内容 （2）结合启发思考题1、2、3进行小组讨论	（1）15分钟 （2）25分钟	● 准备便签条或白纸书写建议或想法借用 ● 每个人提出建议和想法
3	小组发言	每组派一两位代表一位主发言另一位补充；各小组可相互提问	25分钟	每个组讨论思考题中一个问题；教师依据情况进行指导和安排
4	教师总结	依据学生的建议和分析教师详述案例事件与各个理论之间结合点	15分钟	教师列出知识点；呈现本案例的相关的理论

3. 课后安排

课后要求学生以分析报告的形式对课堂内容提出自己的建议，写成一两千字的分析小论文作为课后作业。教师对学生的小论文给出有效的考核分数。

行动学习过程

学生"行动学习实践"课程主要分为三个阶段：前期，成立行动学习小组，开启行动学习的启动会，进行调研，确定问题；中期，再次现场调研，以及企业不同层级人员的讨论、问卷等方式不断收集和完善资料，采用催化、澄清问题等方法；后期，提出解决问题案或方案反馈企业。

整个行动学习实践过程：以线上、线下的形式，采用实地调研、线上讨论、问卷调查、走进门店等方式，展开了一系列的行动。

第一次慰家政总部 / 团膳食堂实地调研

会议时间：2019 年 11 月 1 日

会议地点：线上

与会人员：企业——董事长、总经理、市场部负责人、行政部人员

学校——老师、同学黄、同学姚、同学奚、同学张、同学任、同学李、同学陈、同学金

会议主题：针对即将实地调研的慰家政的事前讨论与准备

会议纪要：行动学习项目组成员事前调研造访企业，家政服务的背景、市场等情况，组内讨论列出以下最为关心的问题，以问卷调查的方式交给慰家政提前准备：

（1）慰家政目前获取客户的途径有哪些？

（2）目前 2 B 和 2 C 客户的销售额占比分别是多少？

（3）目前的市场推广情况如何？

- 每年预算投入有多少？

- 预算的使用方式是什么？

- 目前线上推广的方式有哪些？

- 假设每年增加 50% 的预算投入，业务会有什么样的变化？

- 市场推广的人员架构是什么样的？

（4）针对"双十一""春节"等节庆活动，目前的销售策略有哪些？

（5）针对慰姐服务好而得到的转介绍客户，公司有哪些激励措施？

（6）慰姐与客户的私下交流，比如更改服务时间，公司是否知晓这类现象？又是如何看待的？

（7）目前 2 B 客户的获取方式有哪些？与 2 C 客户的获取成本分别占多少比例？

（8）慰家政目前的市场品牌定位是什么？

（9）为什么不同星级慰姐对客户的报价是一样的？为什么没有按照慰姐星级来给客户报价？（这样不是可以让客户有选择性地选取慰姐服务吗？）

（10）通过慰姐口碑相传新客户的情况如何呢？新客户成单率有多少？

第二次慰家政总部 / 企业实地调研情况

会议时间：2020 年 12 月 26 日

会议地点：慰家政总部

与会人员：企业——董事长、人力资源部经理、客服部经理、市场部经理

　　　　　学校——老师、同学黄、同学姚、同学奚、同学张、同学任、同学李、同学陈、同学赵

会议主题：实地了解慰家政，问卷调查内容回访

调研纪要：

本次会议的主要流程和议题如下：

（1）慰家政企业背景介绍

（2）慰家政品牌理念和发展战略

（3）慰家政的运用模式，目前正在积极筹备的项目

（4）慰家政目前遇到的主要问题

（5）问卷调查回访

● 通过本次调研，本团队了解到慰家政的"三双"使命：追求服务者物质和精神的双幸福；用爱和科技双驱动；为家庭和企业提供管家式双服务。

● 慰家政坚持自主研发，采用大数据、人工智能、云计算等使用数字化服务，形成了一套有效的服务平台。

● 慰家政对自己的供应链体系进行整合，提高效率。

第三次小组讨论情况

会议时间：2020 年 1 月 10 日

会议地点：华东理工大学商学院教室

与会人员：老师、同学黄、同学姚、同学奚、同学张、同学任

会议主题：确认研究方向

会议纪要：

小组成团运用头脑风暴的方法展开讨论，列出各成员提出的研究方向：

（1）目前慰姐在开发新客户方面没有很大的积极性，且每天的工作时间基本饱和，如何通过调整企业的管理机制，带动慰姐的积极性并提高可操作性，为企业开发新客户。

（2）慰姐之间存在星级的评分，从客户的角度却没有星级的概念，同时，在标价上也没有区分。如何从星级的角度，更加充分开拓慰姐资源。

（3）大数据分析：与第三方机构合作，开发潜在客户，并进行合适的配对，提高初次的服务满意度。

（4）下单前填写一份简单的意向选择，开发真正的潜在客户，同时用以匹配相对合适的慰姐上门，但又不会拉长前道手续的时间，而导致一部分潜在客户的损失。

（5）老客户和"老"慰姐之间的牵绊比较深，有利的方面值得肯定，但同时也带来了流动性降低、企业被一定程度牵制等其他不利因素，如何能够调整制度，更有利地运用两者之间的关系。

（6）目前的服务内容中不包含烹饪服务，研究企业取消的原因，以及用什么样的方式能够重新开展该服务并带来收益。

（7）可行的、周期性的促销方法，吸引并开发新客户。

进一步在上述 7 个研究方向中采用行动学习"深度汇谈"的方法，确定研究方向；同时针对确认再次实地调研的时间、部门和人物。

第四次门店调研情况

会议时间：2020 年 6 月 3 日

会议地点：慰家政门店

与会人员：姚学生、慰家政店长、慰家政一线慰姐

调研主题：门店调研，采访店长以及一线慰姐

调研纪要：

● 本次调研活动主要采访了慰家政门店的店长和两位一线慰姐以及一位慰哥。

● 慰家政有非常完整的征信体系，每一位慰姐都有独立的信用档案，记录其身份信息、健康状态、技能等各方面的综合信息。

● 慰家政有相当成熟的培训和考核机制，每一位慰姐、慰哥进行层层考核，针对不同的服务范围和等级都有不同的评级和绩效，也非常注重服务理念的宣导和培训，调整他们的心态，慰家政的慰姐、慰哥的总体精神面貌表现为：不怕困难，积极向上。

第五次小组讨论情况

会议时间：2020 年 7 月 2 日

会议地点：线上

与会人员：同学黄、同学姚、同学奚、同学张、同学任、同学李

会议主题：以行动学习的方法催化过程，澄清问题并制定方案

会议纪要：

本次会议的流程如下：

（1）目标设定：基于之前的数据和信息的收集，制定近期目标和长期目标。

（2）现状分析：在对慰家政当前的现状进行全面的分析的基础上，归类了有利因素和不利因素；通过行动学习的"鱼骨图分析法"探讨根本原因。

（3）发展途径：提出方案，并进行维度评估，分析方案中可能存在的潜在风险。

（4）制订行动计划：基于上述的讨论过程最终制定行动解决方案。

最终，该"行动学习实践"课程项目结题，形成报告，反馈企业。

参考文献

陈威如、余卓轩：《平台战略：正在席卷全球的商业模式革命》，中信出版社 2017 年版。

葛宝山、高洋、蒋大可：《Timmons 的思想演变及其贡献：对创业学的再思考》，《科学学研究》2013 年第 8 期。

杰克·韦尔奇、苏茜·韦尔奇：《赢》，中信出版社 2005 年版。

李平、曹仰锋：《案例研究方法：理论与范例——凯瑟琳·艾森哈特论文集》，北京大学出版社 2017 年第 3 期。

魏炜、朱武祥：《发现商业模式》，机械工业出版社 2009 年版。

亚历山大·奥斯特瓦、伊夫·皮尼尔：《商业模式新生代》，机械工业出版社 2018 年版。

罗伯特·A.伯格曼、韦伯·麦金尼、飞利浦·E.梅扎：《七次转型：硅谷巨人惠普的战略领导力》，机械工业出版社 2018 年版。

10. 逐鹿上海：国井好酒"扳倒井"品牌推广之路*

案例正文

　　随着宏观市场环境、消费渠道变化以及消费能力升级，白酒行业市场竞争愈发激烈，为获取更多利润，研究企业品牌营销模式至关重要。上海作为国际大都市，区域化的白酒品牌如何在行业中破局，本案例以国井集团的"扳倒井酒"① 为例进行分析研究。作为山东省本土品牌，扳倒井酒堪称区域之花，以醇和、顺口、不上头的特色广受黄河流域人民的喜爱。但扳倒井品牌想要从区域化市场走向国际化的大市场，还面临众多的挑战，例如，从山东到上海，消费者的口味和习惯不可避免会产生变化。可挑战与机遇并存，黄河流域的文化与长江流域的文化在扳倒井酒中进行交汇，也会擦出不一样的火花，而上海市场的包容性、易变性也是扳倒井酒进入上海市场的机遇。若扳倒井酒的品

---

　*　本案例由华东理工大学商学院陈洪安、康心怡、吴冬梅、崔光永、李孟杰、丁胗瑶撰写，作者拥有著作权中的署名权、修改权、改编权。本案例授权华东理工大学商学院使用，并享有复制权、修改权、发表权、发行权、信息网络传播权、改编权、汇编权和翻译权。由于企业保密的要求，在本案例中对有关名称、数据等进行了必要的掩饰性处理。本案例只供课堂讨论之用，并无意暗示或说明某种管理行为是否有效。

① 扳倒井酒：山东省高青县特产，中国国家地理标志保护产品。扳倒井酒采用当地生产的高粱、小麦（麸皮）、玉米、大米、糯米和小米等粮食为原料，与中高温大曲与麸曲相结合，经高温堆积、使用陈年老窖窖池发酵，长期储存，分型勾调，酿出酒香味丰蕴、醇洌圆润、茵舌平喉、韵味怡畅，形成了个性鲜明的独特风格。

牌宣传推广能够在上海地区有所成效，将来也会走出中国市场，走进国际市场舞台。

关键词：扳倒井酒　上海市场　品牌推广

引言

国井集团是山东省白酒行业的领头羊，亚洲品牌 500 强之一。扳倒井是该集团旗下三大白酒（国井、扳倒井、好客）品牌之一，经过多年筹备，该品牌于 2016 年强势挺进国际大都市上海。为了在上海有更好的发展前景，国井集团的张总和王总两人进行了深入的探讨。张总，籍贯山东，深受黄河流域文化的影响，性格直爽，毕业于同济大学管理学院，硕士学位，目前负责销售部门的业务，领导销售团队开辟上海市场；王总是土生土长的上海人，视野开阔，易接受新鲜事物，毕业于上海大学，工商管理硕士，主要负责市场开拓的业务。以下是两人的对话：

王总：扳倒井酒来到上海也有一些的时间了，怎么在"茅五剑"（茅台、五粮液、剑南春）牢固驻守，"洋古汾"（洋河大曲、古井贡酒、汾酒）强者林立的市场上打开一个缺口，有没有什么计划？张总！

张总：那当然有的！山东是白酒大省，扳倒井酒作为鲁酒代表，我们首先以山东老乡为突破口，品家乡酒，谈家乡情，让它成为更好的纽带和润滑剂，丰富老乡生活的同时推广"扳倒井"品牌。至于更进一步的计划，希望大家集思广益，一起想想办法！

王总：刚开始从哪儿入手呢？以什么方式为主导呢？

张总：要想有好的市场开拓，首先进行品牌宣传，其次进行重点客户精准营销，最后分区分类做好市场渗透。

王总：那茅台、五粮液、古井贡酒等产品的知名度和品牌宣传已经很好了，我们再以类似的品牌宣传突破很难。咱们要从已有的资源入手，再向外延展。

张总：是的，传统宣传方式需要创新，我们将借助于新媒体做品牌推广。

王总：你看，咱们山东酒"走出去"，需要将山东伙伴的余热发挥出来。

张总：嗯，那是肯定的；从最早解放上海的解放军队伍，到后来重点支持的南下选拔干部，这些很多都是由山东人组成的，我们在上海有雄厚的老乡资源支持。

王总：咱们的主要消费团体还是山东人呀！将来推广起来，花费的时间成本、资金成本会相对减少，这叫以局破局。

张总：是的，这是基础，以此突破相对比较容易，然后稳扎稳打，逐渐占领市场。

扳倒井品牌背景

1. 白酒行业的现状

自 2011 年国家颁布限制"三公"消费到"限酒令"再到"禁酒令"，以及 2012 年底"白酒塑化剂事件"[①] 的冲击后，现阶段白酒行业盈利状况进入行业调整期及产品结构优化期。2016 年以来，我国白酒行业的企业销售收入总体呈下降趋势，2018 年、2019 年全国规模以上企业增长率由负转正，销售收入达到 5 618 亿元。但由于 2020 年 1 月底以来受新冠肺炎疫情的影响，错过春节销售旺季，销售收入大幅下降，为 2 737 亿元，仅是 2020 年收入的 51%。2020 年第二季度扣除茅台、五粮液高端白酒品牌，行业销售收入和利润增速均为负增长，分别为 –5.2% 和 –0.6%。[②] 白酒行业需求渠道变窄、重大公共卫生事件的突发，这些不可抗力都是造成该行业盈利持续下降的因素。

2. 扳倒井酒的发展现状

若提及扳倒井酒，山东人的第一反应是好酒，无人不晓。国井集团拥有国井、扳倒井、好客三大品牌，主要生产国香型、酱香型、复粮芝麻香型、浓香型白酒。集团所在的淄博市是中国酿酒要术发源地和中国酿酒香型品类发源地，高青县是中国酿酒文化起源地、酒祖仪狄故里，是世界美酒特色产区。万里黄河与博大精深的齐鲁文化共同孕育了国井好酒的高端基因，叫响了"万里黄河成就一瓶国井好酒"的名号。集团综合效益、品牌影响力等多项指标连续多年位居白酒行业山东第一、全国前列，为"全国工业品牌培育示范企业""全国质量标杆企业""全国产业集群区域品牌建设试点地区""国家绿色工厂"，是山东省委、省政府重点培育的百亿级白酒领军企业。2010 年，原国家质

---

① 白酒塑化剂事件：2012 年 11 月 19 日，"酒鬼酒塑化剂含量超标 260%"消息正式传出仅仅一天时间，不仅酒鬼酒股票临时停牌，白酒板块也遭受重挫。截至收盘，白酒板块跌幅居首，据相关估算，两市白酒股总市值共蒸发近 330 亿元，跌幅前 15 的个股中，酒类占据 10 席。

② 王馨、古力哪尔·麦买提：《白酒行业盈利模式分析》，《合作经济与科技》2021 年第 1 期。

检总局将扳倒井酒还被列为地理标注的产品。

然而在上海，扳倒井酒却表现出了较为严重的水土不服。2017 年，上海的超市商场中基本没有扳倒井酒的身影，当提及扳倒井酒的时候，当地消费者的认知度也不是很高，尤其对于上海部分年轻的消费者，他们甚至会问：扳倒井酒是什么酒，国井有这个牌子吗？面对这一现象，2019 年上海扳倒井酒成立了一个独立的品牌展示店，以拓展上海市场的业务。

扳倒井酒在上海市场的定位是：主打八款系列酒，面向中高端市场。根据代理商的叙述，销售额产生来源有 70% 是团购的渠道，而这团购的渠道，却还是主要以山东人为主；20% 的销售来源于酒店的销售；剩下的是通过扫街的方式销售的。面对日益多变的销售方式，扳倒井酒在上海的销售方式比较传统，还有待拓展创新。

扳倒井酒在积极拓展市场的同时也面临着一些管理经营难题。首先是团队人员不稳定，人员流动率比较高造成管理的不便，尤其是会带来很多机遇和客户的流失。其次是上海白酒行业的壁垒，年轻消费者不爱喝白酒，更偏好啤酒和红酒。同时，消费者对于重要的宴席招待酒的选择还是倾向于贵州茅台、五粮液等知名高端品牌。最后是资金的投入，营销需要很多资金的投入，而资金的投入还需要多方共同发力支持，才能更好走品牌之路。

综上所述，扳倒井酒在上海白酒行业的发展仍面对着众多的难题。相对于扳倒井酒在山东的家喻户晓，其在上海白酒行业的市场拓展仍任重道远，挑战巨大。

扳倒井品牌的发展新路

1. 区域之花开遍中华大地

白酒企业是地方政府财政税收的重要来源，因此一些地方政府都会干预白酒企业的发展，实行地方保护主义，阻挡外来白酒流入本地市场。有些地方政府为了帮助本地酒业发展，动用行政手段，出台相关政策限制外地优质白酒流入本地市场，积极采取一切可以利用的手段帮助本地酒业发展。[①] 山东省人民政府为培育白酒骨干企业与知名品牌，给予当地知名白酒品牌丰厚的财税政策优惠、有力的专业技术人才队伍支撑、完善的白酒创新平台基础。扳倒井酒由此能在齐鲁大地上绚丽绽放。

---

① 杨霖：《SDBDJ 酒业集团品牌建设研究》，山东理工大学，2017 年。

扳倒井品牌期望达到更快、更高、更强的目标，以使得"区域之花"能够走出山东，在中华大地上绽放。原有的品牌建设策略基于区域性积累效应，但这种效应只是在山东省省内较为明显，对于更开放、更广阔的国内和国际市场来说，几乎没有太大成效。面对竞争越来越激烈的白酒市场，扳倒井品牌产生了深深的危机感，怎样选择合适的品牌建设策略？怎样紧跟时代和市场的变化？怎样在操作性上提升优化？怎样打造品牌使之具有更有强大的市场号召力？这既是对扳倒井发展提出的挑战，又是时代给予公司的机遇。

2. 消费群体进一步扩大

从消费群体的年龄层次来看，中国当前购买白酒的主力军是70、80后，90后及00后对白酒的兴趣没有那么浓烈。在白酒的消费者市场中，70、80后的消费者仿佛筑起了一堵围墙，将新生代消费群体拒之"墙"外，年轻的消费群体只有在遇到交际需求时才会进行购买；而70、80后人群好酒，并且懂得酒文化，对于白酒的忠诚度较高。同时，消费者选择购买的白酒类型也是酒精度数比较低的。消费者的白酒购买目的往往不是自己喝，而是用于人际交往中的应酬和送礼。

长期来看，白酒消费总量将进入下行趋势，但短期内消费群体稳定。中国白酒重度消费群体中，消费主力年龄分布在25—54岁，占比合计为88.1%，中国25—54岁人口在未来3年依然将保持在占比45%以上的水平，但随着人口老龄化，这部分人群在

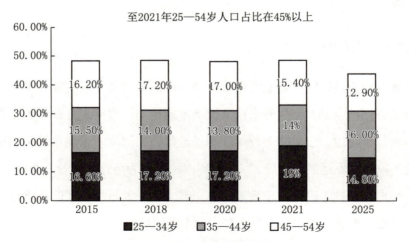

图 10.1　2019 年白酒行业发展趋势预测

资料来源：前瞻产业研究院，《中国白酒行业市场需求与投资战略规划分析报告》。

2025 年的占比将下滑至 43.7%，对白酒行业的发展带来一定的影响。

扳倒井品牌的上海市场分析

一天，张总与王总又一次地进行了座谈对话。张总和王总对扳倒井在上海的局势再一次进行了分析。当谈到扳倒井酒在上海与山东的发展差异时，王总理性思考局势，忧心道："扳倒井酒到上海之后一直都存在着严重的水土不服，面向的消费者群体依然是在沪山东人，要想把扳倒井酒的品牌在上海做大做强，我认为首要解决的一大问题就是上海和山东的消费者市场差异。在上海，多是中老年人购买白酒，但是年轻人对于白酒却不是那么热衷，只有社交场合才能较多地看到白酒作为象征性功能的身影。同时，作为鲁酒的代表，扳倒井酒有着北方高粱白酒的典型特征，味道醇正，是北方人民日常饮酒、暖身的必备酒类。但是你看，在上海，大家都更加偏爱味道清新，爽口的黄酒、洋酒，白酒不会被作为日常用酒饮用。正是这种地域上的差异，导致扳倒井酒在上海步履维艰啊，你说我们该怎么办呢？"

面对王总的担忧，张总想到扳倒井酒拥有的优势，自豪地说："不用担心，公司具备的创新精神与创新能力，相信一定能够使扳倒井酒做到本土化，迎合上海消费者的喜爱打开局面。公司管理层和技术团队均拥有丰富的经验及良好的创新精神。公司现有包括中国酿酒大师、中国首届品酒技能大赛冠军、中国白酒大师、中国白酒工艺大师、中国首席品酒师、国家级白酒评委在内的全国一流专业人才。建立了中国白酒行业首家院士工作站、白酒行业首家国家级技能大师工作室、国家级博士后科研工作站等国家级科研平台。国井集团高质量完成了国家"十三五"食品酿造研发项目和两个泰山产业领军人才项目。国井集团坚持健康风味双导向，重点推进白酒健康因子、白酒风味因子、酿造功能微生物挖掘与应用等基础理论的深入研究。国井集团推出的国香国井·国 20 等系列高端产品受到业界的高度称颂。国香国井·国 20 的面市，一举结束了长期以来鲁酒有高原无高峰的历史，使鲁酒有了一款可与贵州、四川等高端白酒一决高下的拳头产品，对鲁酒产业发展产生了巨大的引领和带动作用。这种扎实的技术支持以及集团推崇的创新精神一定能够帮助扳倒井酒在上海落地生根，符合上海消费者的口味、喜好。"

听了张总列出的扳倒井酒优势，王总进一步提醒道："口味上的地域差异解决后，下一步就是品牌推广了。上海作为国际化的大都市，海纳百川，包容并蓄。信息技术高速发展，从物联网、5G 技术到人工智能，互联网技术日新月异，快速迭代。快节奏的生活使得上海的消费者拥有拥抱创新、接受新鲜事物的消费习惯。如果要抓住年轻人的眼球，就必须把握年轻消费者群体的消费习惯，这一部分'新新人类'紧跟时代的流行趋势，追求高品质的生活，他们思想开放，容易通过社交平台接触到各种国内外的新鲜资讯。也容易受到这些信息的影响。因此，针对这一部分人群的特点，我们可以利用年轻消费者的互联网思维，结合新媒体技术，一定能够快速扩大消费者群体范围。"

听了王总的话，张总说："您说得没错，未来道路艰辛，但是你我合作，上下一心，方法总比问题多，我们能够一起实现我们的目标，将扳倒井在上海做大做强。"

扳倒井品牌发展战略：如何在上海落地扎根

受到儒家思想以及血脉亲缘关系的影响，中国人格外"讲人情""爱面子"，构成了中国特有的诸如"送人情""送礼"之类的社会交换方式。人情作为社会规范对中国人的日常行为产生影响的同时，也对企业的价值观与经营理念、企业边界管理人员之间的交往，以及企业的组织间交往发挥着重要的作用。人情中的互惠原则作为关系营销的核心组成部分，往往是双方关系能够长期合作发展的基础，一定程度上也体现了企业的价值观和文化理念。酒文化特有的文化现象，使酒成为人际交往中不可或缺的东西，成为高端宴请席上当仁不让的主角，与其说白酒是满足人们的饮用需求，不如说白酒更多地起到了社交媒介的作用。

所以，扳倒井酒以把酒卖给在上海的山东人为市场定位，利用关系导向营销，向山东企业推广，借助山东老乡间的朋友圈进行推广。找到鲁菜馆利用相应的促销激励政策代销。同时借助互联网传递性、共享性、自由性、开放性的特征，在抖音中用美食节目推广国井、扳倒井酒，或者将国井、扳倒井酒的历史拍成文化宣传片以扩大品牌知名度。

1. 情感营销

扳倒井酒以山东人为主要的消费对象。在山东人和扳倒井酒之间直接建立联系，让扳倒井酒成为山东人在上海的一个文化符号。在项目初期，可以先从淄博甚至高青县的同乡着手，这部分人对于扳倒井酒本身就非常认同，在看到扳倒井酒时也会不由自主地想起自己的家乡，这部分人群具备清晰的切入点——老乡[①]。

另外一方面，主打品牌的酒还是应该从上到下，例如茅台，从国酒到家宴，在潜移默化间给消费者留下高端酒的品牌印象、注入品牌内涵。在上海大约有 3 000 多家山东老乡开办的企业，这部分从山东走出来的企业家是扳倒井品牌可以开发的重点客户群之一，对任何一家企业来说，商务宴请、同乡聚餐或者业务招待都是必须的，因此对白酒是刚需，扳倒井酒或许可以在其中占领一席之地。

同时，企业间的商业交易关系存在一定的规律，是具有生命周期的，根据商业交易关系维系时间大致可划分为关系开始阶段、关系维持阶段和关系结束阶段，在不同阶段人情的作用机制有所差异，相应的实施和运用法则也有一定程度变化。厘清不同阶段人情的作用机制，有助于扳倒井品牌在开展关系营销时制定更有针对性的策略。[②]

最后受限于资源投入，扳倒井品牌应把有限的资源投入到一个比较小的范围中，在上海临港片区山东人较多，因此可以考虑将临港片区作为主要的发力地点，下气力开发经销商和鲁菜馆，配合地推、文化推广等形式，打造一个扳倒井酒在上海的根据地。

2. 新媒体营销

在互联网高速发展、带来巨大变革的时代，企业的市场营销也进入了新的时代。差异性、创造性、自由性、开放性裹挟着企业步入新媒体营销新纪元，在过去短短几年，微博、微信、抖音等新媒体如雨后春笋一般不断涌现。区别于传统营销的单向输出，新媒体营销方式将消费者卷入营销活动中，使企业更容易观察消费者的反应，从而达成双向互动的模式。尤其在上海这个海纳百川、兼容并蓄的城市中，上海的消费者也格外积极地拥抱、迎接、适应新媒体营销的诞生。

设立扳倒井酒抖音账号、微信视频账号，从介绍扳倒井酒历史、文化等方面入手，每天或者每周更新一些内容，间或穿插着介绍扳倒井企业在上海的一些活动实况、现场直播，普及白酒基本知识、鲁酒文化。结合打卡网红餐饮小店，以及店里的消费者互动

① 李婷婷：《中国本土化人情在管理学中的研究现状及展望》，《财会月刊》2021 年第 17 期。

② 董维维、庄贵军：《营销渠道中人际关系到跨组织合作关系：人情的调节作用》，《预测》2013 年第 1 期。

品尝扳倒井等活动内容，让消费者在品味美食的同时可以品尝一下扳倒井小瓶装白酒。最后也可以在上海各个以山东城市命名的道路附近拍摄一些抖音小视频，介绍历史文化的同时宣传扳倒井酒。

3. 多媒体可视化技术

当前主流可视化技术的研究主要集中在数字文本数据可视化层面，中国白酒文化数据的多媒体属性，意味着可视化技术需要展示的不仅仅是数字文本数据，还包含更多元的信息，如以图片方式展示的考古发掘的酒具酒器、以音频为载体展示的民风民俗中存在的祝酒歌、以视频为载体展示的与白酒文化相关的戏曲、以嗅觉形式感知白酒香型等。因此，扳倒井品牌可以通过深耕多媒体信息的可视化技术来创新性地向消费者推广鲁酒，提高扳倒井品牌的知名度。研究白酒文化，有助于中国白酒的传播，助力扳倒井酒走向国际化市场。[①]

结　语

白酒在上海国际化的市场竞争特别激烈，新品牌白酒要进入相对比较艰难。以国井、扳倒井酒为例，首先从上海的人口年龄结构来看，年轻化占主流市场。这类人群的特点是喜欢新事物，有好奇心。另外，上海各行各业主流市场的不断更换，这要求企业更富有洞察市场的敏锐力、响应消费者变化需求的创造力和品牌自身具有的吸引力。最后，国井、扳倒井酒的主要销售对象仍是山东人的局面需要突破，这是市场发展的一个难点。

国井、扳倒井酒走入上海市场，是其走上未来之路的重要环节。如何开拓？如何迎接挑战？国井、扳倒井酒从黄河走向长江，从外在指标到内在本质，有四个前进路径：内在产品品质与产品线的拓展之路；上海市场占有率提高之路；扳倒井酒品牌美誉度的传播之路；黄河流域的文化与长江流域的文化在扳倒井酒文化中进行的融合之路。

[①] 陈超、吴亚东、付朝帅、童兴、李攀、褚琦凯、王雪楠：《中国白酒文化可视化研究》，《大数据》2021年第 2 期。

案例教学说明

教学目的与用途

1. 适用课程

"市场营销学""电子商务"等课程。

2. 适用对象

本科生、MBA/EMBA、学术型硕士生。

3. 教学目标

本案例通过介绍扳倒井酒在上海的经营情况以及针对这一情况如何组合营销手段进行品牌推广的过程，组织学生共同分析与讨论扳倒井酒在上海的消费者市场状况，并运用市场营销知识分析扳倒井酒如何突破重围，在上海创造新的辉煌，以提高学生发现、分析、解决实际问题的能力，并能够结合互联网等，运用多样化的营销方式，全面理解实际情境中市场营销方法与策略。

启发思考题

（1）扳倒井酒在上海面临的消费者群体有哪些特征？该群体与扳倒井酒在山东面临的消费者群体有何异同？

（2）扳倒井酒在上海的目标市场是什么？它是如何选择目标市场的？

（3）扳倒井酒在上海的品牌推广之路采取了哪些营销方式？未来还有哪些可行性策略？

（4）请结合案例，谈谈传统黄河流域的典型企业如何跨地域文化，在长江流域做好品牌推广？

分析思路

对于案例的分析要紧密围绕案例正文情节中包含的各要素展开：首先，引导学生从案例正文中总结扳倒井酒现阶段的发展目标与面临的困境——山东品牌在上海地区的品牌推广。围绕 STP 理论对扳倒井案例进行分析，首先在进行市场细分时要注意白酒市场的消费群体特点；其次在进行目标市场选择时，分析视角不应该局限于企业自身优势方面，而是要对宏观和行业环境、目标消费者、竞争者，以及品牌自身潜质进行全面挖掘和分析，结合 SWOT 分析，寻找突破口。最后，在市场定位时，引导学生结合情感营销、新媒体营销等手段，探讨扳倒井酒如何采取具体的营销手段，结合多样化的营销组合策略来加强进行品牌推广，提升国井、扳倒井品牌的知名度。在案例分析时，应注意实现案例情节线、理论知识点、启发思考题、教学目标之间的相互支撑和相互印证。在启发思考题的引导下，通过理论知识与案例实践的反复迭代，实现教学目标。案例分析总体思路如图 10.2 所示。

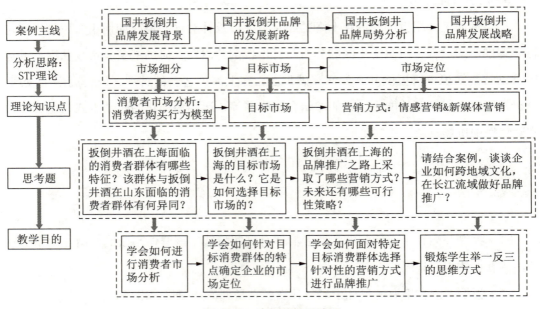

图 10.2　案例分析思路图

理论依据与分析

启发思考题 1：扳倒井酒在上海面临的消费者群体有哪些特征？该群体与扳倒井酒在山东面临的消费者群体有何异同？

1. 理论依据：消费者购买行为模型

消费者购买行为模型对于认识消费者市场是一个强有力的分析工具，消费者购买行为模型也是营销实战过程中的一个重要工具，可以帮助使用者清楚认识消费者购买前以及购买过程中的各种因素，该模型如图10.3所示。

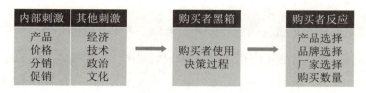

图10.3　消费者购买行为模型

消费者购买行为模型认为消费者的购买行为分为三个基本的阶段，从消费者购买行为模型中，我们可以看到，消费者除了受到产品、价格、分销、促销因素的影响，还会受到经济、技术、政治、文化等因素的刺激。其中文化因素的内涵最为丰富，可以分为以下六个方面：一是社会文化总和：是指根植于一定物质、社会历史传统基础上所形成的特定价值观念、信仰、思维方式、宗教和习俗等的综合体；二是社会阶层因素：是指根据社会经济地位、利益、价值观等因素，将社会总人群划分为若干阶层；三是相关群体因素：通俗地理解为社交圈；四是家庭因素：家庭成员的影响；五是个人因素：消费者自身的因素，包括年龄层次、性别、职业等；六是心理因素：动机、需求层次、感觉、态度等。

2. 案例分析

扳倒井酒在上海面临的消费者群体的特征有以下三点：

第一，消费者年龄结构出现偏移。在上海市场中，白酒消费的主力军是中老年人，年轻消费者群体则对白酒热衷程度较低。70后、80后的消费者群体出于年龄以及身体状况的考虑会倾向于选择酒精度数较低的白酒。老年人的饮酒习惯具有一定的连续性，其消费行为特征是长期饮用少量白酒。而对于年轻的消费者群体，尤其是90后以及00后的消费者群体来说，白酒对于他们的吸引力远不及啤酒、红酒的吸引力大。一项针对25岁到30岁之间的年轻人对白酒的态度调研结果显示，仅5%的年轻消费者会选择白酒，其余年轻消费者不将白酒作为他们的首选的原因主要是：白酒不适合自己，喝白酒太正式而且不够时髦。综上，扳倒井酒在上海面临的消费者群体年龄结构存在严重的偏移，白酒在年轻消费者市场中存在较大的空缺，因此把年轻消费者作为重点培养的新生代消费群体是扳倒井酒未来的发展趋势。

第二，白酒消费动机向社交功能集中。消费者试图通过白酒消费显示自身良好的人际关系和较强的社交能力。郎酒集团 2008 年的调查显示 64% 的消费者会在朋友聚会时消费白酒，可见白酒消费多发生于聚会的场合，这也正体现了白酒消费动机向社交功能集中的特点。

第三，消费者群体在地域方面存在较大的差异。若提及扳倒井酒，山东人的第一反应是好酒，无人不晓。扳倒井酒被山东 70 后和 80 后的山东人所熟知。在 2010 年，扳倒井酒被列为地理标注的产品，在往后的十年内，扳倒井酒在国内乃至国际上获得多次大奖。但当扳倒井酒"走出"山东，来到上海这个国际大都市，结果却不如人意。在上海，当提及扳倒井酒的时候，上海居民都一脸迷茫。环视上海的超市、商场，都没有发现扳倒井酒，上海只有扳倒井酒的独家代理商，进行开发上海市场的业务。根据代理商的叙述，扳倒井酒在上海销售额产生来源有 70% 是团购的渠道，而这团购的渠道，还是主要以山东人为主。可见在上海扳倒井酒面临的消费者群体存在着较大地域差异，山东籍的消费者对扳倒井酒的品牌忠诚度较高，而对于上海本地的消费者而言，扳倒井酒的品牌知名度较低。

启发思考题 2：扳倒井酒在上海的目标市场是什么？它是如何选择目标市场的？

1. 理论依据：目标市场

目标市场即把消费者看作一个特定的群体，换句话说，目标市场就是通过市场细分后，企业准备以响应的产品和服务满足其需要的一个或几个子市场。选择目标市场，明确企业应为哪一类用户服务，满足他们的哪一种需求，是企业在营销活动中的一项重要策略。有如下三种选择目标市场的策略：

第一，无差别性市场策略：企业把整个市场作为自己的目标市场，运用一种产品、一个价格来喜迎尽可能多的消费者。这一种方法要求企业的产品有其独特的风格，得到多数消费者的认可，并能够保持一定的稳定性。

第二，差别性市场策略：企业把整个市场分为若干子市场，针对不同的子市场，设计不同的产品，制定不同的营销策略，满足不同的消费需求。这一种方法要求企业具备一定的实力能够满足产品差异化和促销方式差异化。

第三，集中性市场策略：企业在细分后的市场上，选择一个或少数几个细分市场作为目标市场，实行专业化生产与针对性销售，提升企业在少数市场上的占有率。这种方法要求企业承担较大的经营风险，因为其目标市场范围往往较小，一旦目标市场内的消费者需求和爱好发生变化，企业很可能因为无法及时调整而陷入困境。

2. 案例分析

扳倒井酒在上海的品牌推广过程中前期采用的是集中性市场策略，首先将目标市场集中于在沪山东人，通过情感营销的营销方式打开上海市场。随着扳倒井酒在上海品牌知名度的提升，扳倒井酒采用的是差别性市场策略，目标市场由原本的在沪山东人拓展到整个上海市场，通过新媒体营销快速扩大消费者范围，实现上海市场的品牌推广。

首先，扳倒井酒采用集中性市场策略，将在沪山东消费者群体，尤其是在沪高青县的同乡作为主要的目标市场，这是扳倒井品牌切入上海市场的一大突破口。由于山东与上海所代表的黄河文化与长江文化的差异，上海消费者可能在初期无法适应扳倒井酒，因此通过调动在沪山东消费者的思乡之情，扳倒井品牌可以利用情感营销收割在沪山东消费者的忠诚度，打开上海市场。从淄博甚至高青县的同乡切入，是因为这部分人对于扳倒井酒本身就非常认同，在看到扳倒井酒时会不由自主地想起自己的家乡，具备清晰的切入点——老乡。

其次，在后期，目标市场为上海市场（尤其年轻消费者）。扳倒井品牌若想在上海市场实现品牌推广，最终的目标市场必须是上海消费者。随着扳倒井酒在上海的品牌推广之路不断深入，为扩大扳倒井酒的市场占有率，需要采取差别性市场策略，关注富有潜力的上海新生代消费者群体。受到长江流域水文化以及海派文化的开放包容特点的影响，这一目标市场以开放性、创造性、扬弃性、多元性为基本特征，格外积极地拥抱、迎接、适应新媒体营销的诞生。扳倒井酒可以针对该目标市场的这一些特点，利用新媒体营销，把握白酒在年轻消费者市场中的空缺，更好地实现品牌推广。

启发思考题 3：扳倒井酒在上海的品牌推广之路采取了哪些营销方式？未来还有哪些可行性策略？

1. 理论依据：情感营销、新媒体营销

所谓情感营销就是把消费者个人情感差异和需求作为企业品牌营销战略的核心，通过借助情感包装、情感促销、情感广告、情感口碑、情感设计等策略来实现企业的经营目标。情感营销认为消费者购买商品所看重的已经不是商品数量、质量和价格，而是为了一种内心情感上的满足，一种内在心理上的认同。情感营销从消费者的情感需要出发，唤起消费者的情感需求，诱导消费者心灵上的共鸣，寓情感与营销之中，让有情的营销赢过无情的竞争。

新媒体营销就是利用社会化网络、在线社区、博客、百科或者其他互联网协作平台和媒体来传播和发布资讯，从而形成的营销、销售、公共关系处理和客户关系服务维护及开拓的一种方式。这种营销方式有利于扩大消费者范围，提升营销互动性；有利于降低传播成本，提升营销效率；有利于精准营销，提升营销针对性。

2. 案例分析

扳倒井酒在上海的品牌推广主要采取的是情感营销以及新媒体营销的方式。前期，扳倒井酒通过情感营销，以山东人为主要的消费对象。下气力开发经销商和鲁菜馆，配合地推、文化推广等形式，在山东人和扳倒井酒之间直接建立联系，让扳倒井酒成为山东人在上海的一个文化符号。后期则通过新媒体营销，设立扳倒井酒抖音账号、微信视频账号，从介绍扳倒井酒历史、文化等方面入手，定期更新一些内容，间或穿插着介绍扳倒井企业在上海的一些活动实况、现场直播，普及白酒基本知识、鲁酒文化。结合打卡网红餐饮小店，以及店里的消费者互动品尝扳倒井等活动内容，让消费者在品味美食的同时可以品尝一下扳倒井小瓶装白酒。最后也可以在上海各个以山东城市命名的道路附近拍摄一些小视频，介绍历史文化的同时宣传扳倒井酒。

但是面对日益变化的市场形式，扳倒井酒在上海的品牌推广之路仍任重而道远，唯有不断创新才能保持持续的竞争优势，具体可以从以下几方面进行：

第一，加强情感连接，巩固现有消费者。作为山东本地品牌，扳倒井酒靠着打动山东消费者的内心，以及加强与该消费群体的互动，来打开上海市场，这对于在上海居住的山东籍消费者有着得天独厚的情感优势。未来，扳倒井酒需要在此基础上更加强化与巩固原有风格，让鲁酒文化深深烙印在该消费群体心中，使他们形成情感依赖与消费习惯，留住现有的消费者。通过在包装上加强与鲁酒文化属性相关的元素、在口号与标语上唤醒在沪山东消费者的家乡之情，巩固扳倒井酒在上海的"山东"文化符号。

第二，把握热点，持续推陈出新，抓住年轻消费者群体。随着整个市场上年轻消费者的比重越来越大，扳倒井酒需要积极拥抱这一大波的主流消费群体，保持品牌年轻化形象，这是未来扳倒井酒面临的一大机遇与挑战。在市场环境快速变化、传播渠道不断更新、经营理念持续升级的时代，扳倒井酒需要做到年轻化营销，通过持续抓住或创造热点，主动与年轻消费者进行沟通，营销方式推陈出新，加强不同营销活动之间的联系，建立完整的营销体系，构建长远的营销策略。

第三，深入挖掘消费者行为，贯彻品牌本土化。扳倒井酒要想真正在上海实现品牌推广，做好产品的本土化迫在眉睫。虽然扳倒井酒前期以在沪山东人为主要的目标市场，但是扳倒井酒需要明白自己的最终目标群体——上海消费者，受到地域的影响，上海人民与山东人民在白酒消费的口味、包装、用途、档次方面都有很大的不同，因此未来扳倒井酒需要通过以往积累的大数据画出精准的用户画像，并在此基础上不断改进，实现产品的快速迭代，使扳倒井酒更贴合上海消费者的口味。

启发思考题4：请结合案例，谈谈传统黄河流域的典型企业如何跨地域文化，在长江流域做好品牌推广？

第一，建立用户思维，从消费者角度出发。跨文化营销要求企业建立用户思维，不同的地区，不同的消费群体，不同的消费者需求，企业需要因地制宜，从当地消费者需求、消费习惯出发，实现产品的快速迭代，响应消费者快速变化的需求，贯彻品牌的本土化。扳倒井酒进入上海，把握住长江流域的海纳百川、兼容并蓄、拥抱创新，将黄河流域的鲁酒文化与互联网技术融会贯通，不仅有利于鲁酒的宣传，同时也能迎合长江流域年轻消费者的白酒消费需求。同时扳倒井酒利用情感营销，通过带有文化属性的包装、广告、标语来唤起消费者的情感共鸣，满足消费者更高的消费体验，这正是用户体验至上的原则。

第二，培养流量思维，形成粉丝—互动—口碑的良性循环。对于黄河流域的典型企业来说，进入一个经济发展水平、文化习俗、风土人情截然不同的区域发展是一个巨大的挑战。对于这一类企业来说，首先要挖掘和培养自己品牌的粉丝。比如扳倒井酒从老乡情结出发，利用情感营销拉近与在沪山东人之间的距离，快速建立专属品牌的庞大粉丝群。其次，通过新媒体营销，利用微博、微信、抖音等社交平台加强与粉丝群体的互动。扳倒井酒通过与网红餐饮店合作、在包含山东地区名字的街道打卡等活动实现线上与线下的联动宣传，保证了与粉丝之间的互动。最后，通过现有粉丝的分享、互动，使更多人知道本品牌，扩大品牌知名度。扳倒井酒从在沪山东人这一目标消费群体出发，借由口碑实现品牌知名度的提升，利用电子信息技术，逐步扩大自己的目标消费群体。

第三，树立社会化思维，利用新媒体快速实现品牌推广。扳倒井酒借由微博、微信、抖音等社交媒体可以实现品牌的低成本、高效率推广，搭建品牌与消费者平等双向沟通的桥梁，建立与用户的情感共鸣。传统产业结合互联网信息技术能够有效实现品牌的快速推广，快速建立基于品牌与消费者关系的链式传播，有利于实现基于社群的品牌推广。

开放式问题

（1）如果让您推荐三款扳倒井的酒，在不考虑终端用户的情况下，你会推荐哪三款，为什么？如果考虑低中高端消费者，你的答案会有变化吗，为什么？

（2）扳倒井在山东最经典的包装和品牌标语是什么？

（3）扳倒井在山东卖得最好的酒是什么，在上海呢？

（4）目前在上海的鲁菜馆中销售的山东酒都有什么？卖得最好的是什么？与其相比扳倒井的同等级竞品优势和劣势在哪里？

（5）目前，山东（上海）商会的赞助酒厂家有哪几个，其在上海的发展情况如何？

课堂计划建议

1. 课堂板书

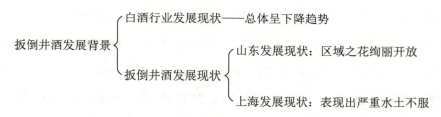

图 10.4　课堂板书

2. 学生讨论

同学丁：

目标人群可以从上海的山东人扩大到上海爱喝白酒的人群。首先对上海爱喝白酒的人群进行画像，通过山东酒文化进行故事营销。然后通过抖音、微信等平台的大数据对目标客户进行精准推广。

学生王 A：

开扳倒井抖音账号、微信视频账号，可以从介绍扳倒井历史、文化等方面入手，每天或者每周更新一些内容，中间可以穿插扳倒井企业在上海的一些活动介绍、现场直播。还可以介绍山东文化、普及白酒基本知识。

结合打卡网红餐饮小店，和店里的消费者互动品尝扳倒井等活动内容，更新抖音视频号内容，让消费者在品味美食的同时可以品尝一下扳倒井小瓶装白酒。在上海各个山东路名的道路附近也可以拍一些抖音小视频，介绍历史文化的同时出现扳倒井酒。

学生吴：

挖掘有关山东人在上海发生的一些故事；上海的道路一般以南北命名的为省份，看看有没有南北命名的山东的省内市的名称，有没有相关的故事。

关于品牌营销方面，视频、抖音的内容方面的环节，可以从山东文化主要是山东酒桌文化的讲解，代入扳倒井相关的内容。

学生张 A：

市场定位：把酒卖给在上海的山东人，了解目标消费群体。利用关系导向营销，向山东企业宴请推广，借助山东老乡间的朋友圈推广。找到鲁菜馆利用相应的促销激励政策代销。

品牌推广：比如抖音中用美食节目推广扳倒井，或者将扳倒井的历史拍成文化宣传片。

学生陆：

关于广告：目前发现在小区的电梯里都存在着广告投放，是否可以考虑结合山东人聚集的地方在小区内的电梯投放广告。关键在于找到山东人聚集的地方＋考虑广告投放预算是否可行，可以选择一两个点试行一段时间，然后在对应的小区进行问卷调查。

关于抖音：首先，寻找上海地区的抖音博主打卡小酒馆，结合扳倒井的历史渊源讲述一个故事；其次，需要打一个持久战，考虑老师说的将水浒 108 将结合（关键在于故事脚本的撰写）。

关于鲁菜馆：考虑寻找比较知名的鲁菜馆（尤其是大众点评上高分店）；小酒馆可以重新塑造一下，举办一点品酒活动，让熟悉的老乡带不了解扳倒井的朋友、家人参加，品酒，聊历史文化，畅谈人生。

学生刘：

主要思路还是在山东人和扳倒井直接建立联系，让扳倒井成为山东人在上海的一个文化符号，在项目初期，可以先从淄博甚至高青县的同乡着手，这部分人对于扳倒井的酒本身就有高度的认同，在看到扳倒井的时候也会不由自主地想起自己的家乡，这部分人群具备清晰的切入点——老乡。

另外，扳倒井酒应该学习茅台等高端酒，主打品牌，从上到下地打通白酒市场。上海山东商会集合了 3 000 多家山东老乡在沪创办的企业，所谓，无巧不成书，无酒不成席。对于这些企业，白酒是商务宴请的必需品，扳倒井酒可以从商务宴请用酒入手，占据鲁商酒桌上的一席之地。

受限于资源投入的有限，最好把有限的资源投入到一个比较小的范围中，同学查询到临港是山东人比较多的聚集区，可以考虑将临港片区作为主要的发力地点，下气力开发经销商，山东菜的饭店，配合地推、文化推广等形式，打造一个扳倒井酒在上海的根据地。

学生孙：

第一，团购渠道——目标：在沪山东企业，企业法人、高管为山东籍的企业；信息获取方式：（a）企查查（需要费用支持）：优点是比较全面，但是可能并不是很有效，需要额外考虑地推的细节。（b）山东（上海）商会：优点是精准客户群体，但是数量有限，为当前已拓展渠道，需要考虑如何深挖；（c）其他是否有其他信息渠道可以参考其他同学意见，或者利用微信的精准营销广告推送？待讨论产品：原有产品系列。

第二，上海的白酒消费渠道：渠道 1——酒吧：主要吸引年轻人，喜欢尝试新鲜事物；产品：需要新包装，新命名，新产品形象及品牌导入。渠道 2——（参见同学张所述内容）。

学生张 B：

第一，以关系为导向的大客户销售：

目标客户——在沪山东企业；

重点公关目标——山东省驻沪办、上海市山东商会、山东省各县市商会；

关键数据——在沪山东企业年招待用酒数量 / 金额；对标其他白酒品牌：贵州茅台、泸州老窖、五粮液、洋河。

第二，以需求为导向的饭店销售：

目标客户——沪郊区口碑饭店（关键意见消费者）到白酒爱好者；

关键数据——口碑饭店分布，单店日平均酒水消费量；

对标其他白酒品牌——古井贡、西凤、老白干、老村长。

学生王 B：

通过第二次讨论我们明确了如下事宜：

上海的马路命名和所居住人群的籍贯无必然联系；

渠道（团购）突破点以在上海的山东企业为主；

建议以"家乡味道配家乡酒"作为主题切入鲁菜馆；

通过大数据可得，山东籍的新上海人中在上海浦东临港及宝山罗泾镇附近比较多。

会后想法：

第一，通过文化传统，例如将白酒文化通过"孔孟文化"以及《水浒传》等相关短视频的方式演绎，从而加大白酒的文化宣传；

第二，将分公司小酒馆作为文化打卡点，可进行一定的激励机制。

3. 时间安排建议

课程阶段	课 程 内 容	时间
课前	课前一周将扳倒井酒的宣传片以及案例正文发给学生，学生需要提前阅读相关文献资料，通过观看宣传片，了解扳倒井酒销售情况	5分钟

（续表）

课程阶段	课　程　内　容	时间
课中	故事的引入	5 分钟
	● STP 营销理论、情感营销、新媒体营销等概念的阐述 ● 引入关于扳倒井酒销售问题的探讨 ● 将学生进行分组讨论，每组讨论不同的问题，然后分享，每个学生给予反馈 ● 背景问题的研究，针对扳倒井进入上海的市场情况进行分析研究 ● 针对与背景，提出问题： （1）扳倒井酒在上海面临的消费者群体有哪些特征？该群体与扳倒井酒在山东面临的消费者群体有何异同？ （2）扳倒井酒在上海的目标市场是什么？它是如何选择其目标市场的？ （3）扳倒井酒在上海的品牌推广之路上采取了哪些营销方式？未来还有哪些可行性策略？ （4）请结合案例，谈谈传统黄河流域的典型企业如何跨文化，在长江流域做好品牌推广？ ● 问题的梳理，总结归纳，最终结果见课堂板书（图 10.4）	75 分钟
课后	问题的拓展与讨论的布置	2 分钟

4. 人员分配与安排

行动学习团队组建：本次行动学习参与人数共 11 人，每个人所在领域行业和职务不同。

分组：本节行动学习采用不同以往的分组方式，进行多个维度的分组。

交流：每小组汇报自己小组讨论的结果，然后所有的同学给与反馈，提出新的意见和建议，再次引发下一个所需讨论的问题。

总结：由教师最后总结，点出本节课所需关注的知识点和问题。

课堂：主要是以学生为主，学生进行讨论，得出问题和结论。教师的作用就是将学生讨论的问题不偏离主题；在学生讨论陷入僵局的时候，给出相关要点。总之，课堂是学生的，教师负责引导学生，让学生在潜意识中自学，这样的课堂对于学生而言，收获更大，更加符合行动学习这门课的主题。

关键要点

（1）教师在教学过程在应注意结合案例思路分析图，分析扳倒井在营销模式、营销思维、沟通对话、渠道营销等方面的现状和改进方案。

（2）在案例教学过程中，让学生深入理解扳倒井在发展过程中在发展所进行的努力，以及改变现有的困局，总结其实践中的成功和失败之处。

（3）让学生能够灵活运用新媒体营销、STP 等相关理论，分析扳倒井酒是如何通过整合多种营销手段提升销量，实现突破困局的。

参考文献

陈超、吴亚东、付朝帅、童兴、李攀、褚琦凯、王雪楠：《中国白酒文化可视化研究》,《大数据》2021年第 2 期。

董维维、庄贵军：《营销渠道中人际关系到跨组织合作关系：人情的调节作用》,《预测》2013 年第 1 期。

贾淘文：《白酒产业结构性升级明显》,《消费日报》, 2021-08-03（A01）。

李婷婷：《中国本土化人情在管理学中的研究现状及展望》,《财会月刊》2021 年第 17 期。

王馨、古力哪尔·麦买提：《白酒行业盈利模式分析》,《合作经济与科技》2021 年第 1 期。

杨霖：《SDBDJ 酒业集团品牌建设研究》, 山东理工大学, 2017 年。

11. 善时药械：重塑知识管理之路*

案例正文

本案例描述了浙江善时生物药械（商丘）有限公司（以下简称"善时药械公司"）的发展历史和知识管理现状，从知识获取、知识分类、知识共享、知识创新等角度，分析了研发知识、制造知识、采购知识和营销知识在管理过程中存在的问题，随后阐述了行动学习工具方法在本案例企业中的应用，基于行动学习的过程工具 GROW 模型的流程展开案例分析。本案例的研究可为知识管理和行动学习的课程教学提供参考，亦可为同类企业的知识管理应用提供借鉴。

关键词：知识管理　行动学习　方法工具

引　言

"面对员工离职、退休，如何将其工作多年所积累的经验教训、核心技术留下来？"

"公司已有的项目经验，换一个员工处理，为何又要重新摸索试错？"

---

* 本案例由华东理工大学商学院刘红丽、赵蕾撰写，作者拥有著作权中的署名权、修改权、改编权。本案例授权华东理工大学商学院使用，其享有复制权、修改权、发表权、发行权、信息网络传播权、改编权、汇编权和翻译权。由于企业保密的要求，在本案例中对有关名称、数据等进行了必要的掩饰性处理。本案例只供课堂讨论之用，并无意暗示或说明某种管理行为是否有效。

"新员工入职时，如何高效地完成业务知识学习？"

"实际工作中，如何避免同样的问题反复在不同员工身上出现？"

"员工在业务处理过程中，如何能够快速查找到已存储的关键知识？"

在善时药械公司的年终大会上，董事长边俊杰再一次听到了各部门经理的抱怨。这两年公司处于高速发展阶段，一直没顾上静下来对知识管理过程进行梳理，每次开会都有员工提出知识相关的问题，必须重视起来了。

知识经济时代，知识在各主体间流动越来越频繁，知识已成为企业非常重要的资源，企业对知识及知识型员工的管理，成为企业获取竞争优势非常重要的途径。在激烈的市场竞争中，公司的竞争要素已从劳动、资产转向知识这类无形资源，企业运营者不得不迎接这一变化，并深刻认识到知识已成为公司正常经营发展的核心要素，知识型员工以及知识型员工头脑中的知识是公司进行技术革新、产品创新的关键。科技日新月异，新产品推陈出新，只有不断学习吸收所在领域中的前沿知识，并基于知识促进产品的升级换代，来满足客户日益增长的需求，构筑企业的核心竞争优势，才能使企业在激烈的市场环境中保持屹立不倒。

药械制造公司是智力产品的提供者，属于典型的技术知识密集型公司，基本业务活动包括研发团队关于产品的设计与改进，生产人员关于产品高效高质量的生产，营销人员关于市场的拓展。知识的利用、创新、分享等知识管理的重要性对药械公司是不言而喻的。业务活动的过程就是知识获取、分享、运用与创新的过程，也是进行知识管理的一个重要过程。业务活动所涉及的人员在这个过程中不断获取和创造知识，并运用这些知识，完成知识更新与经验积累，帮助公司提高应变能力、创新能力、生存能力和竞争能力。而医疗器械公司大多面临着诸如：设计产品以及客户关系对个体研发人员高度依赖；人才流失导致经验技术流失；关键岗位人员更换导致客户抱怨；同样的错误经常在不同员工身上出现；已经存档的重要资料查找、利用困难；公司有类似项目的经验，但经验咨询却困难重重；新人频繁进出造成培训成本大量浪费等问题。

善时药械公司的知识管理现状，已经不能适应公司战略发展对知识的需求，必须在现有基础上进行知识管理的升级：有效地对公司知识进行整合，促进隐性知识向显性知识的转化，形成完善的知识共享机制；建立全面的公司知识管理体系，利用知识为企业创造价值，成为善时知识管理的迫切需求。

善时药械背景介绍

1. 公司简介

善时药械公司是一家集医疗设备、医用耗材、医疗软件研究开发、生产制造和产品销售于一体的高科技公司。主要产品有无创实时动脉血压监测系统（全球独创专利技术）、无创实时血压及血流动力学监测系统、无创血流动力学检测系统、无创心泵监测系统、体表无创心电标测系统、一次性三腔单向双通减压流产引流管、双腔胃管（国家专利）、PSA 医用制氧机（国家专利）等 20 多项专利技术产品。

公司目前员工总数为 126 人。拥有自建万级、局部百级净化专业实验室，十万级净化生产车间 3 000 多平方米。其中善时药械公司生产基地占地面积 72 000 平方米，规划总投资人民币 32 000 万元，规划建筑面积 78 000 平方米，现已完成工厂建设 10 800 平方米，科研办公楼 20 000 平方米。

2. 公司发展历史

2008 年，浙江善时医疗器械有限公司在浙江成立，代理销售器械产品。2009 年，成立浙江善仁医疗设备制造有限公司，胃管系列产品获得国家食品药品监督管理局颁发的医疗器械注册证，开始涉足医疗器械研发和生产制造领域。

2010 年，善时药械公司与美国坦西斯医药股份有限公司合作开发无创实时动脉血压监测系统。在国内大力支持国产器械的大环境下，2012 年，浙江善时生物药械（商丘）有限公司（简称善时药械公司）成立，开始美国 FDA 专利产品"无创实时动脉血压监测系统"国外技术国产化的创业之路。

2014 年，河南顺宇软件技术有限公司设立。无创实时动脉血压监测系统获得软件著作权注册证书，同时在国内进行专利、商标等的知识产权规划布局。

2015 年，善时药械公司全球独家无创实时动脉血压监测系统设备开始市场销售。公司采取代理销售模式进行产品分销，按照代理商的业务层级分为省级代理商、地市级代理商和终端（医疗机构）代理商三种，通过建立覆盖全国市场的产品学术推广体系，对各级代理商进行终端开发和学术推广支持。同时，通过建立临床试验基地的形式，加大对临床医生的教育和学术培训力度。

2016—2017 年是善时药械公司发展的转折点，一方面公司通过业务重组，全资持有善仁医疗、顺宇软件、善义医疗，公司业务架构体系逐步确立。另一方面，公司经过半年的融资洽谈，在 2017 年 6 月完成首轮融资 4 000 万元，估值 3 亿元。

2017 年底，成功收购国外无创实时动脉血压研发基地，包含全球专利、商标等无形资产以及研发团队、核心部件生产设施等有形资产。

2018 年，善时无创实时动脉血压及血流动力学监测系统（TL-400）注册证办理成功。公司成功通过质量管理体系（ISO 9001）、医疗器械质量管理体系（ISO 13485）认证。

2019 年，公司被授予"河南省企业技术中心"称号。

2020 年，国内首创的人工智能心音心电设备及耗材获得产品注册证，完成股份制改制前的固定资产确权事宜。

2021 年，全球"血流动力学人工智能大数据中心"完成落地；完成股份制改造，引进中介机构完成上市辅导。

善时药械公司目前正处于快速成长阶段，一方面以优势产品作为抓手，加快系列产品的研发脚步，不断迭代改进打开市场；另一方面，继续探索寻找无创检测领域独具特色的产品，做好产品储备，蓄势待发，进行多产品齐头并进。在公司销售额逐年增长的同时，提升公司的核心竞争力的必要性进一步凸显，即开发具有自主知识产权的产品，逐步建立自主品牌医疗器械产品系列，建立优秀的品牌服务体系，从而提升公司的市场竞争力，才能在激烈的市场竞争中立于不败之地。

3. 公司组织架构

善时药械公司设股东会、董事会，公司由五大运营体系构成：科研开发体系、供应链体系、营销运营体系、财务运营体系、行政服务体系，公司的组织结构见图 11.1。

善时知识管理需求凸显

按照知识的属性，善时药械公司内部的知识可以分为研发知识、制造知识、采购知识和营销知识四大类。

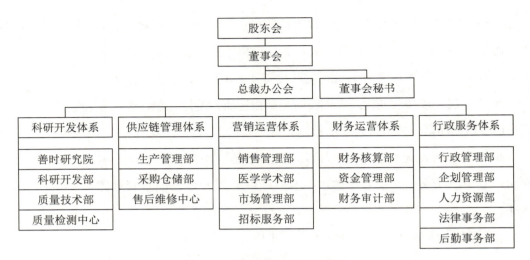

图 11.1 善时药械公司组织结构

资料来源：善时药械公司内部资料。

1. 研发知识管理现状

目前科研开发体系包含善时研究院、科研开发部、质量技术部、质量检测中心 4 个部门。善时药械公司认识到要想在激烈的市场竞争中获胜，必须要拥有核心技术。在过去五年间，公司不断重视自主研发，随着公司发展，研发项目从最初的 1 个增加到 8 个，研发团队人员从 4 人增加至目前的 20 人。研发团队成员中博士 3 人，其中海外博士 2 人；硕士 5 人，学士 8 人。工作年限在 10 年以上的成员占 35%，工作年限在 5—10 年的成员占 40%，工作年限在 1—5 年的成员仅占 25%。

公司研发人员结构较合理，形成了以高学历，工作经验丰富的研发人员为团队领导，中坚力量充实，新进员工生为人才储备的人才梯队。但科研团队成员基本上是新组建团队，团队还需不断磨合，因此还处于发展期。

公司制定医用电子仪器、高分子材料及制品、医用制气设备研发方向，分别成立了硬件开发小组、软件开发小组，并且还成立项目管理部专门负责研发项目的管理与服务（公司药械研发平台项目见表 11.1）。

公司研发工作来源主要有两类，自我迭代研发任务与优化改良研发任务。前者是指研发团队根据市场状况、国际国内同领域产品的技术发展信息以及公司整体的目标要求，确定产品功能与规格，设计开发、试产、验证后推出市场寻找客户的自我迭代研发工作；后者是指客户对已经量产的产品提出升级、部分修改等需求时研发团队所要完成的工作。

表 11.1　善时药械公司研发平台项目

项目名称	研发方向
胃管	高分子材料及制品
流产引流管	高分子材料及制品
气管导管	高分子材料及制品
无创实时动脉血压及血流动力学监测系统	医用电子仪器
脉搏血压智能检测分析系统	医用电子仪器
人工智能心音心电分析与自动诊断系统	医用电子仪器
动态连续腹内压监测系统	医用电子仪器
制氧机	医用制气设备

资料来源：同图 11.1。

一般在产品设计完成，并导入量产、稳定生产后根据营销部门提供的临床使用反馈、专家建议而进行的优化改良型的研发任务。第一类是自我迭代和优化改良研发工作，关键在于对市场前沿技术的高瞻远瞩和对市场重大需求的把握，创新需求较高，研发投入较大，风险也较高。第二类的成品升级和改良，是在明确第一线需求的基础上对原有产品进行改良升级，研发工作量较小，投入时间短，成效也快。研发流程主要包含：需求分析与评估、研发立项、产品开发、产品测试、产品生产、产品投放六个阶段。

研发知识管理贯穿于研发流程的各个环节，研发过程中对知识的需求与知识产出贡献巨大，研发知识的管理对于提高研发效率、研发团队建设、研发价值的再创造具有关键作用与现实意义。然而，目前研发部门内部的知识并没有被合理地管理起来，对于研发过程中的文档，仅仅做了初步的知识分类。立项资料、设计资料、规范材料、评审意见书等研发过程资料，仍然散落在员工个人手中，查阅时，需要通过询问、索要等传统方式，费时费力。研发部门与外部其他部门之间的知识交流，也要依靠人员传递，反复沟通、信息缺失等现象频发。例如，公司有专门的专利代理公司负责专利申请与保护，研发部门和营销部门需要与代理公司反复沟通才能形成最后的保护方案。

2. 制造知识管理现状

对于善时药械公司来说，生产制造是重要的组成部分。目前公司生产基地共 32 人，其中大专以下学历人员占比 70% 以上。自 2017 年开始，公司开始转变思路，意识到想要加强自身生产能力，不能仅靠单一的产品质量来取胜，还需要全方位的发展，制造知识的管理是必不可少的一部分，包括计划管理、制造管理、品质管理、效率管理、设备管理以及精益生产等。

2017 年公司进行有效的知识管理——引进第三方质量体系认证服务机构，根据正式发布的质量管理体系标准对生产基地进行体系梳理与整改，对内部规范品质管理。在质量体系认证过程中，各部门的公司的商务文件、行政文件、体系文件和技术文件，均按照文件控制程序统一管理。各项事务工作都将工作程序写入文件，各部门、各环节、各岗位都有明确的工作质量要求，全体人员都要知晓质量管理体系的内容，每个人知道自己该做什么、如何做、如何自我评估和自我控制。公司在生产基地设立文控中心，标准文件一部分以纸质化形式和一部分以电子化形式储存于文控中心，各部门备份的储存载体为 U 盘等。但由于还没有建立统一的信息化平台，所以各个规范化的操作步骤还需要人员进行监督，比较耗费人力。

公司在花费大量的人力与物力进行质量体系认证之后，如何继续保持质量体系的标准运转，坚持贯彻执行，需要建立绩效考核和培训配套措施。一项新的标准或规章制度的实施，要求公司对员工进行持续的培训与考核，并将制度实施的好处与员工自身利益挂钩，有效促进公司员工的自主学习与执行。但目前对于员工的配套培训有待提高，虽然针对中高层管理人员及员工分别组织了多次质量体系的认知培训，可人员到勤率比较低，学习之后没有效果反馈，培训效果无从考评。

目前生产部门部分技术、质量及重要的生产岗位人员有一定的离职率，重要岗位人员离职后，新手需要重新培训，影响正常工作开展。这一方面与无法适应公司加强内部管理产生的不适感有关，部分员工难以改变一贯的行为习惯，无法严格要求自身而产生离职倾向；另一方面与公司严格要求员工的同时缺乏激励制度有关，员工的积极性和主动性较弱。此外，公司在建立激励制度的同时，日常工作中还应注重建立生产与维修技术、管理经验等知识的传承。

3. 采购知识管理现状

善时药械公司采购的主要是原材料、零部件等采购，从采购计划开始到最终付款结束、货物追踪等一系列的工作过程，需要各个专业工作人员的配合协调，前后续工作互相监督检验，这个采购目标的实现过程，是一个知识的运用和学习的过程。

采购所需要的知识是经验和人际关系。公司目前采购人员共计 3 人（大学本科学历 2 人，大专学历 1 人），平均工作年限在 5 年以下，其中 3 人专业不对口，也缺乏足够的采购经验，同时公司没有严格的采购流程，采购过程中缺少合理明确的采购计划，经常会靠打招呼进行采购，极易出现重复或无效的采购行为，造成一定的资源浪费。由于公司目前采购量有限，无法进行季度或者年度供货量定供货价格，结账根据下单量单次结账，导致价格高，供应商对公司重视度比较低。采购来的物料库存，没有严格分类管理，导致清点困难。在与供应商的对接过程中，对供应商的相关资质审查不够严格，存在信息更新不及时、审查有遗漏等问题，造成了一定采购风险。

4. 营销知识管理现状

公司营销运营体系由销售管理部、市场管理部、医学学术部、技术支持部、招标服务部、营销成本核算部组成，目前营销体系人数总共 53 人，其业务包含招商推广、学术交流、招投标、销售、售后服务等。招商推广与学术交流主要通过参加国内外的大型医疗器械展会、中国医师协会学术论坛、中华医学会交流会，以及参与各省市的医疗器械展会，与行业学术专家、医院医师进行交流；招投标更多是院内招标、代理招标、公开政府招标以及集中招标的形式；销售主要负责售前沟通、订单形成、签订合同以及合同执行；售后服务主要为设备操作维修服务、耗材使用服务。

在这些业务执行和交流过程中产生各种不同类型、不同程度的营销知识。目前营销体系可能产生的知识大多储存在各部门内，储存在具体负责某项业务的员工的硬盘和头脑里，部门间缺少交流和共享。

在市场部，产品资料主要储存在市场经理处，其他区域市场经理也存有基本常用的产品资料，但这些产品资料没有分类，没有统一标准，而且有些还没有及时更新，区域产品经理常常不太清楚哪些资料进行过更改，进行过几次更改，以哪个版本为准等。

产品经理经常使用的针对医院科室的培训资料与经销商的培训资料，需要不断更新，这里既有公司层面统一的修改，也有产品经理各自的修改，经过多次修改之后，再加上人员流动频繁，交接不清等因素，出现不同版本难以分辨、以哪个版本为标准的问题，医院科室的培训资料与经销商的培训资料也存在经常混淆的问题。此外，一些产品彩页、产品说明等宣传物料设计制作也常常出现类似问题。

尽管市场部在举办医疗器械卫星宣传推广会后有整个会议情况的新闻撰写，并会借助公司微信公众号发布，但对于专家特定主题的讲课要点、嘉宾问题解答花絮等内容却没有进行相关的剪辑整理工作，通常完整视频录像或者讲课文件被储存在个人硬盘里，使这些资料失去了再次对外推广的价值或者内部学习价值。

新销售员来到公司之后，缺乏足够的销售经验、谈判技巧，销售部也没有分享交流的学习机制，只是按季度召开部门汇报会议，每个人的业绩都要靠自己的单打独斗，新销售员需要很长的成长期。另一方面，销售部关于市场情况的一些记录不清晰，或者没有合理的交接，新销售员无从查阅，只能靠自己重新搜集信息，造成很多不必要的重复劳动。

行动学习问题提出

1. 返回校园重塑知识

作为善时药械公司的董事长，医学专业出身的边俊杰在带领公司不断拓展的过程中，面临越来越多的管理难题，于是他选择了静下心来重回校园，重塑自身的管理知识，填补短板。

在"知识管理"课程中学习的"隐性知识显性化"方式，是否可以灵活运用到公司的知识管理上？是否能够解决新老员工技能、知识交替的断层、斜接难的问题？让带着疑问来学习的边俊杰，深深感受到了理论指导的重要和思维工具的力量。课后他找老师求教：

"在上'知识管理'课程时感触很多，我负责的善时药械公司是一家集医疗设备、医用耗材和医疗软件研发及销售于一体的高科技公司，知识创新是构建核心竞争力的关键，而知识创新又很依赖于公司的知识积累和知识共享。但由于公司目前知识管理体系不完善，在显性知识的管理、隐性知识的显性化、知识共享活动的组织方面都很欠缺。

本公司总部在浙江省杭州市，生产在河南省商丘市，研发在广东省深圳市，公司业务在地域上的分散，也对知识共享造成很大障碍，面对激烈的市场竞争，公司急需通过知识管理提升知识积累和知识共享，促进知识创新以提高竞争力。但又不知道该怎么做，特别想请您指导一下，如何能够借助课上学到的工具方法，应用于企业实践？"

2. 行动学习项目的形成

面对这样一家典型的知识密集型企业，老师对边俊杰说，"你最了解你公司目前的问题，能列出目前公司主要存在哪些知识管理的困境吗？之前公司在知识管理方面都采取了哪些举措？"

边俊杰答道："公司之前在知识管理方面做得不多，问题还是很明显的，主要有这么几条，首先，现在没有专职的知识管理人员，目前的知识管理活动都是业务人员兼职做的，可知识管理活动没在业务人员的考核指标中，业务人员对组织和参与知识管理活动的积极性不高；第二，公司业务在地域上比较分散，人员的知识交流和知识共享受地域影响很大；第三，公司的研发除了本公司研发人员参与外，还有研发合作伙伴，目前与研发合作伙伴的知识共享也有很大阻碍，大家都倾向于知识保护，以保持自身在研发中的优势。"

作为知识管理专家，恰巧也是华理特色课程"行动学习"的资深教师，听了边俊杰的诉述，发现这可以形成一个典型的行动学习课题。当即两人商议成立行动学习项目——重塑善时药械公司的知识管理系统，学用结合，召集对此项目感兴趣的 MBA 学生一起参与，来解决公司当下实际存在的问题，实现项目成员的学习发展和企业进步的双赢。

问题是行动学习的起始，选对问题，行动学习就成功了一半。评估一个问题是不是好的行动学习项目，主要是看问题对企业的重要性。老师建议：问题的解决还需善时药械公司跨部门、跨层级人员的共同参与，给项目小组成员提供给足够的学习机会，让参与的每个成员来推动问题解决方案在企业落地实施。

善时药械公司的知识管理问题对公司具有战略重要性，因为公司的竞争优势来源于产品创新，而产品创新对公司的知识积累和知识共享有很大的依赖。知识管理问题的解决需要公司高层、中层、基层所有核心人员的共同参与，既给参与人员提供学习机会，又通过行动学习解决当下的现实问题。

经过老师的讲解，边俊杰茅塞顿开，但又心生一丝担忧，他说，"行动学习课程我也上过，确实是非常好的工具方法，但我们公司的人员既不懂知识管理，更不懂行动学习，即使拿来很好的工具，我怕大家也不会用啊"。

老师指导性地说，"行动学习是体验式学习，属于'干中学'模式，在行动学习的过程中引入相应的理论学习，弥补理论知识的不足，我们可以给善时药械公司提供这方面的支持，有针对性地进行知识管理和行动学习方法的辅导。我相信，通过这次行动学习可以达成公司人员的学习成长，让大家在行动中学习，并将学到的知识管理活动和业务工作相结合，有效地推动公司知识管理活动开展，促进公司的知识积累、知识交流和知识创新"。

尾　声

回到公司后，边俊杰立即召集各部门经理，组建了一支行动学习项目团队，董事长边俊杰挂帅，董事长助理负责，研发部经理、制造部经理、营销部经理及这些部门的核心业务骨干均参与其中。课程教师被特聘为外部专家和催化师，全程引导本次知识管理行动学习项目的开展。还有其他对此项目感兴趣的 MBA 学生一起参与组成项目小组。善时药械公司期望通过本次知识管理行动学习，构建完善的知识管理体系，并通过后续的持续改进，成为医疗药械行业内公司知识管理的典范。

善时知识管理行动学习项目团队经过一周时间的深入走访，收集到了各个部门知识管理的问题，发现重新梳理知识管理体系对于善时药械公司而言已经迫在眉睫，在课程教师的引导下，边俊杰将本次项目目标设定为 "6 个月内，形成知识管理体系，完善知识管理分类，建立知识管理激励机制，固化知识创新活动"。而其范围涉及科研开发体系、营销运营体系、财务运营体系、行政服务体系、生产服务体系，面对这样一个系统性难题，行动学习将如何发挥它的神奇力量，让大家拭目以待。

案例教学说明

教学目的与用途

1. 适用课程

本案例适用于 "知识管理" 课程，内容主要涉及 "知识创新""知识共享""隐性知识管理" 等章节中的内容；也适用于 "行动学习" 课程 GROW 模型的演练。

2. 适用对象

本案例适用于 EMBA、MBA 等具有一定工作经验的学生和管理者学习。同时，也可以用于本科生、研究生的知识管理与行动学习相关课程。

3. 教学目标

本案例来自商学院 MBA 行动学习实践项目，运用行动学习的工具和方法，以善时药械公司的知识管理过程为主线，围绕知识型企业在实际生产中蕴含的大量知识，对其知识管理之道展开描述。通过本案例的阅读和分析讨论，帮助学生了解和掌握以下知识点：

（1）了解行动学习的基本理念，掌握和使用行动学习的工具方法，识别问题、提出解决问题的可行性方案；

（2）通过对善时药械公司知识管理困境的思考，理解隐性知识和显性知识的概念，了解隐性知识管理在知识型企业发展中的重要作用；

（3）通过对善时药械公司知识管理解决方案的分析，培养学生学以致用，从而解决实际问题的能力。

启发思考题

（1）善时药械公司知识管理面临的问题是什么？该问题为什么适合用行动学习来解决？

（2）善时药械公司知识管理行动学习的目标如何设定？

（3）善时药械公司重塑知识管理的有利因素和不利因素有哪些？

（4）依据善时药械公司知识管理的现状分析，提出相应的解决方案。

分析思路

本案例以知识管理相关理论为指导，基于行动学习的工具方法，通过对善时药械公司的行动学习调研，从该公司知识管理困境着手，发现问题、分析原因、提出相应的解决方案，为善时药械公司有效开展知识管理提供支撑，最终形成了本篇教学案例，供学生和教师课堂教学之用。在案例分析时，应注意实现案例情节线、理论知识点、启发思考题、教学目标之间的相互支撑、相互印证。在启发思考题的引导下，通过理论知识与案例实践的反复迭代，实现教学目标。本案例教学者可参照如下分析思路带领学生展开学习和讨论（图 11.2）。

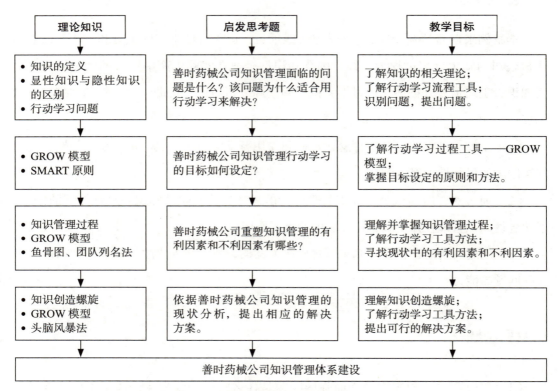

图 11.2　案例分析基本思路

理论依据与分析

启发思考题 1：善时药械公司知识管理面临的问题是什么？该问题为什么适合用行动学习来解决？

1. 相关理论：知识的定义与分类和行动学习问题

第一，知识的定义与分类。

目前最被学界认可的"知识"定义为"通过实践、研究、联系、调查等活动获得的实施或状态的认识，是对科学、艺术或技术的理解，包括了人类获得的关于真理和原理的认识总和"。在对知识定义进行分类的过程中，Turban 等（1992）根据知识的可观测程度，将知识分为隐性知识和显性知识，其中隐性知识是依附在个体中，取决于特定的情境下的难以沟通的知识，这些知识包括经验技巧、解决问题的方法等；而显性知识是可视化、可表达、可沟通的知识，包括语言、文字等，显性知识是可传递的知识。

第二，行动学习问题。

问题是行动学习的核心要素，选对问题，行动学习就成功了一半。而问题选择的需要满足七个标准：一是组织当前的重要难题，具有迫切的现实意义；二是参与面广，有助于提高个人与组织的能力；三是问题的解决过程可以提供学习机会；四是需要持续性解决；五是问题没有现成答案；六是方法和成果在组织内分享；七是成员有权针对问题采取行动。

选定问题后，需要描述问题的具体表现，并根据具体表现重新定义问题。注意，描述的问题一定是可以观察到的客观现象，而不是来自主观臆测和推论；尽可能地描述所有的现象。

2. 案例分析

善时药械公司作为典型的知识密集型企业，其知识管理涉及范围，按照部门划分包括研发知识、制造知识、采购知识、营销知识，每个部门知识中又都包含显性知识和隐性知识。通过对善时药械公司各类知识的现状梳理，我们从案例中可以看到以下问题：

第一，研发知识。研发过程中的显性知识，没有设立专门的管理岗位统一管理，研发过程中产生的立项资料、设计资料、规范材料、评审意见书等核心机密文件存在散落或者流失的风险。研发过程中的显性知识，没有特定的管理平台进行统一管理，对于工作需要的资料向以前接触过的同事索要，找不到相关同事时则重新编写制作。人员变动后，容易造成文件的遗漏和缺失。对于研发过程中的隐性知识，由于研发部与公司其他部门跨部门交流机会和对外交流机会比较少，尤其是营销部门、生产部门等密切相关的部门之间的交流，研发需求与研发反馈，以及与生产部门之间的产品交流主要靠中间人员传递，信息在传递过程中容易衰减，不能完整、准确传递信息。

第二，制造知识。制造部门的显性知识管理已经取得了一定成效，但缺乏信息化平台，各项规范化操作需要靠人工考核监督，成本较高，成效很难严格把控。人工监督的过程中又包含很多隐性知识，人员出现变动后，需要重新培训。

第三，采购知识。采购人员所需要的知识性质和结构是以经验、人际关系为主的隐性知识，公司对这类人员的个人知识依赖比较强。而公司目前的人员配备专业不对口，采购经验不足，难以对采购管理过程进行科学有效的管理。采购过程中涉及的显性知识管理不规范，如公司对供应商的资质审查与档案管理执行不完善，档案资料不全，部分已储存证件过期后没有及时更新备案；没有设计严格的采购流程，购置物料的申购单填写不规范，有时候采购靠打招呼，导致多次采购和采购浪费；没有对物料进行标准分类管理，造成物料清点时的人力浪费。

第四，营销知识。销售人员在业务交流过程中除了使用一些产品资料外，最重要的是需要用到拜访经验、谈判沟通技巧、心理分析等个人长期在市场上锻炼积累的隐性知识。但是对于新晋销售员而言，最缺乏的就是这类知识。公司缺乏这类知识的分享交流的学习机会，成长基本要靠自己体悟，成长时间较长。目前销售部会按季度召开季度会议，主要是汇报季度业绩达成情况下一季度规划等工作汇报，没有针对特定的技能或经验交流主题的研讨会。另外，营销相关的显性知识缺乏管理，如没有关于市场情况的记录文档，市场情况靠口口相传，交接不清晰，新的销售人员需要重新跑一遍市场才能了解情况，增加了市场管理的难度。

总而言之，善时药械公司的知识管理问题非常适合用行动学习来解决。我们评估一个问题是不是好的行动学习问题，主要看问题对组织的重要性、解决问题跨部门跨层级人员的参与度、能否给小组成员提供给足够的学习机会、成员是否有权推动问题解决方案在组织的落地实施。

善时药械公司的知识管理问题对公司具有战略重要意义，因为公司的竞争优势来源于产品创新，而产品创新对公司的知识积累和知识共享依赖很深。知识管理问题的解决需要高层、中层、基层所有核心人员的参与，因为知识管理的终极目标是为公司的战略制定和核心业务提供他们工作中所需要的知识，因此善时药械公司的知识管理问题需要跨部门跨层级人员的一起协同解决。该问题的解决过程可以给参与人员提供很好的学习机会，通过行动学习进行问题解决，帮助善时药械公司解决知识管理问题的同学和参与到行动学习中的成员在知识管理方面会有极大进步。边俊杰是善时药械公司的董事长，他是公司知识管理行动学习的发起人和主要核心成员，他有权推动从行动学习得到的解决方案在公司的实施。综上所述，善时药械公司知识管理的问题是一个很好的行动学习问题，值得组织行动学习团队开启行动学习之旅。

启发思考题 2：善时药械公司知识管理行动学习的目标如何设定？

1. 相关理论：运用行动学习的 GROW 模型和 SMART 原则

第一，GROW 模型是个人教练的一个最基本的模型，是由约翰·惠特默（John Whitmore）在《高绩效教练》（*Coaching for Performance*，1992）中首先提出来的，后来一直为教练界人士所广泛认可，被视作教练技术的基本模型。其流程包括：目标设定（goal setting）、现状分析（reality）、发展途径（options）、行动计划（will）。

GROW 模型中的目标设定需要设定长期目标（愿景目标）和中短期目标（绩效指标），长期目标通常会比较大而且充满挑战，比如成为行业的领先者，受外部影响较大（如竞争对手的表现）非常具有号召力，具有极强的激励性，是中短期目标的基础。中短期目标一般较小且较易达成，受内部因素影响较大，与长期目标紧密相关，中短期目标的达成是为了保证长期目标的实现。

第二，SMART 原则的相关内容如下：目标设定的 SMART 原则，即明确（specifi），可测量（measurable），具有挑战（ambitious），结果导向（result-driven），有时间限制（time-bond）。

明确性，即用具体的语言清楚地说明要达成的行为标准。不要抽象、难以落实，让人无从下手。

可测量性，目标是可以衡量的，应该有一组明确的数据，作为是否达成目标的依据。如果制定的目标没有办法衡量，就无法判断这个目标是否实现。

具有挑战性，人们在确定目标时，往往会把目标想象得很理想、很高大，而在实际操作中却难以实现。如果目标的难易程度制定得不切实际，就会对行动学习产生负面影响；太困难的目标，则会导致热情还没点燃，就先因畏惧打消了念头；而容易达到的目标，又容易让人懈怠，错失本可以获得的成长。所以制定的目标应该可实现，同时又必须有一定的挑战性。

结果导向，制定的任何目标，不管是总目标还是子目标，都会指向某个其希望的结果。如果涉及个人目标，目标还要与其岗位相关、与其所支配的资源相关，这样的目标才能真正影响其行动。

时限性，目标要有一个时间限制，如果没有时间限制的话，那么实施起来容易缺少行动力。有了一个明确的截止日期，对行动产生压力，促使努力工作完成目标。

2. 案例分析

本案例采用行动学习方法展开分析，首先选择行动学习的过程工具。行动学习有两个过程工具，分别是解决问题六步法和 GROW 模型，解决问题六步法适合偏差问题，GROW 模型适合目标问题。善时药械公司的知识管理问题是一个设定目标的问题，所以善时药械公司的知识管理用 GROW 模型展开分析比较适合。

GROW 模型的第一步是目标设定（goal setting），需要设定长期目标（愿景目标）和中短期目标（绩效指标）。基于公司管理层的预期，善时药械公司知识管理行动学习的长期目标（愿景目标）可以设定为：成为药械行业内公司知识管理的典范；通过对案例背景的了解，善时药械公司知识管理的中短期目标（绩效指标）是形成知识管理体系，而基于目标设定的基本法则——SMART 原则，可进一步将中短期目标（绩效指标）具化为：6 个月内，形成知识管理体系，完善知识管理分类，建立知识管理激励机制，固化知识创新活动。

启发思考题 3：善时药械公司重塑知识管理的有利因素和不利因素有哪些？

1. 相关理论：知识管理过程和行动学习工具

第一，知识管理过程。

知识管理是知识价值增值的过程，在知识价值增值的过程中，有四个重要的转化过程：知识获取、知识分类、知识共享以及知识创新。

知识获取，借助信息的检索和信息收集手段，对项目相关的组织内部和外部知识进行识别，并将其转化为显性的知识存储在实体中，形成原始知识库。

知识分类，以往研究从多个视角对进行知识的定义和分类，没有统一的标准，可以根据知识的属性、知识载体、知识特性等对知识进行分类。

知识共享，知识是组织的资产，是企业的重要竞争力，知识价值在共享中发挥，知识共享影响企业的核心竞争力。员工所拥有的知识有所差异，层次不同，在具有不同的背景、观点和动机的人们之间进行知识共享，这是组织知识创造的关键步骤。新知识产生于知识共享的过程之中，交流和共享越丰富，产生出来的知识就越多。在许多有形、无形的知识实现共享之后，围绕着组织的核心能力，创造出大量的知识资产，如专利、著作权、商业模式等，使得组织的核心能力得到增强。

知识创新，在运用旧知识的基础上进行新知识的创造。从知识创造的主体来看，知识创造包括个人知识的创造、群体的知识创造、组织之间的知识创造等。知识的两种类型，即隐性知识和显性知识在不同主体间流通转化。知识在个体之间流转和分享，并不断地螺旋式上升，通过不同形式的编码得以沉淀和积累，不断发展壮大形成无形的"知识宝藏"。隐性知识和显性知识相互转化、相互作用，在实践和时间的催化之下不断得到扩散。

第二，行动学习方法工具。

GROW 模型——现状分析：在分析现状时，通常使用团体列名法，挖掘现有的有利因素和不利因素。有利因素的发挥能够显著利于目标的达成，它必须真正具有影响竞争格局的力量，不是所有自己的优势都可以成为有利因素；不利因素不消除将严重制约目标的达成，对于不利因素的分析不要停留于表面现象，要挖掘不利因素背后的影响因素，找到最根本的制约力量。

团队列名法：所有小组成员在规定的时间内独立思考并记录下自己的观点，然后轮流依次发言，直到呈现所有的观点。其基本原则是：每人都要发言，但每次只能一人发言；追求平等、数量、创意；不许质疑、不许批评、不许打断；研讨主持人把握研讨过程，鼓励发言，不发表具体意见，坚持会议规则。

鱼骨图：鱼骨图是一种发现问题"根本不利因素"的方法，它的外形看上去有些像鱼骨，因此得名。其绘制方法为：把问题写在鱼头上；画出大骨，填写大要因；画出小骨，填写小要因。鱼骨图适用于不利因素可以分为相互独立的几类，各类别之间没有因果关系的情况。

2. 案例分析

研讨过程中，通过团队列名法，有利因素包括：公司高层支持；行动学习项目成员知识水平很高；行动学习成员的组织能力和沟通能力强；公司经过多年的持续发展，公司制度和文档也都比较健全。不利因素整理如下（图 11.3）：

第一，知识获取方面的不利因素分析。

公司显性知识收集不完整。首先，公司内部结构化知识没有得到有效的收集，比如研发部需要的设计图纸、产品方案、工艺流程、失效分析资料等历史研发档案和设计图纸、规范资料、评审报告等在研发过程中产生的新的知识，这些资料掌握在负责某个环节的具体员工个人手中，公司层面没有提出统一的定期提交要求，员工也很少主动提交。随着人员变动，文件交接不清楚，知识资料不断流失。缺少以往可借鉴资料的参考，一些标准文件需要重新制作，人员重复过程工作，公司重复承担试错成本。其次，公司外部以纸质或

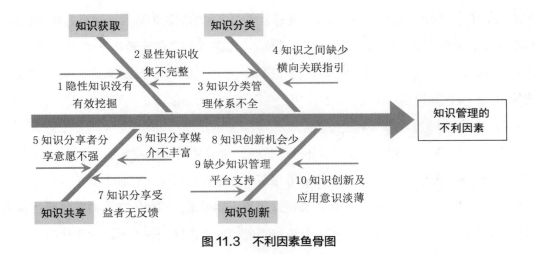

图11.3 不利因素鱼骨图

电子档等形式存在的知识没有及时收集，比如医疗器械新闻、国家医疗政策、医疗行业法规、竞品公司、经销商和采购合作公司、客户信息、外部的培训教材等。这些外部知识作为外部环境信息的重要组成部分，是公司做出重大科学决策的参考信息。

公司隐性知识没有有效挖掘。公司内部的隐性知识以非结构化形式储存在员工头脑中，如长期在工作中形成的经验教训、观点想法、心得体会等，这些隐性知识价值巨大，但是没有被推广应用。公司人员按区域划分，由于区域分散，交流时间上不能统一，再加上网络不稳定等因素，人员交流比较少；拥有较多经验的员工具有强烈的知识保护意识，视作"看家本领"。

第二，知识分类方面的不利因素分析。

公司的知识分类管理体系不全。目前只有采购部门与制造部门部分文件根据具体用途进行了相关分类，营销部门与研发部门文件无分类管理要求。营销部门少数员工个人会对知识根据使用场景进行分类储存，但部门层面的知识分类分级处于无序混乱的状态。无序状态下的知识没有明确的归属类别，没有新旧知识的区分，没有有效知识与无效知识的区别。员工在业务中遇到问题时很难快速找到所需要的知识，每次遇到类似问题时需要重新收集整理同样的知识，耗费大量的时间和精力。知识分类分级，缺少部门之间知识的横向知识关联和指引。部门内的知识进行分类管理后，部门间横向知识处于独立分散的状态，部门间工作内容有交叉，需要接触交流，比如研发部需要和市场部沟通，生产制造部需要与销售部沟通，但是部分人员不了解对方部门人员的职权和业务，沟通交流困难。

第三，知识共享方面的不利因素分析。

知识的共享包含知识的分享者，知识分享所承载的媒介，知识的受益者这三个要素。在善时生物药械公司，有很多知识拥有者，但他们并没有成为知识分享者，公司也没有将这些知识拥有者的知识挖掘出来分享给其他人，或者有部分拥有者想分享，但是有些知识"只可意会不可言传"，没有合适的知识输出场景能够让他们通过容易表达的方式进行知识传输，或者是有一部分已经进行了部分知识的分享，但是知识分享出去没有得到应有的反馈，分享者感觉不到分享知识带来的快乐和价值，分享者便不再乐于分享了。比如，公司在一些季度例会上会邀请公司某方面有专长或者有经验的人员，进行某个主题的知识分享，但是公司并没有对这次分享的重要性、参会要求做出说明和强调，在分享后并没有进行相应的效果追踪，对于分享者和参会者来说，仅是一次不怎么重要的主题分享，并不会引起重视。

另外，公司在共享方面缺乏多种方式的支持。共享可以通过举办经验交流会面对面进行交流、通过技术信息平台进行分享知识等。目前公司没有利用多种方式创造知识共享的机会。如目前公司的部门经验交流会比较少，员工缺少机会分享和学习自己和他人的经验案例，没有利用好一些信息技术平台，平台信息发布流于形式，没有真正对员工有价值的信息。如果公司将某一主题所有的内容进行整合进行系统化整理后再次在公司内部进行分享，分享也更加有效。最后，完成知识分享的整个过程，还需要接受知识的主体，学习者需要有较强的学习积极性和主动性。公司目前员工学习的主动性和积极性有待提高，一些培训课、交流会的到勤率不高，影响知识分享的范围和效果。

第四，知识创新方面的不利因素分析。

对于公司来说，知识的价值在于最终能够应用于创造商业价值，员工学习知识提升业务水平、促进客户关系，管理者学习知识进行管理方式创新，提高管理效果等，最终为公司创造价值、为客户创造价值。善时药械公司内部没有形成知识应用的意识。部分员工具有较强的惯性思维，不愿意接受新的思想和方法。另外，公司知识，尤其是一些涉密知识，没有得到合理的保护。随着员工的离职，一些知识流入竞争公司，为公司带来了较大的损失。

启发思考题 4：依据善时药械公司知识管理的现状分析，提出相应的解决方案。

1. 相关理论：知识创造螺旋和行动学习方法工具

第一，知识创造螺旋。

2000 年，野中郁次郎完善了组织中知识发展的"知识螺旋型"（SECI，socialization，潜移默化；externalization，外部明示；combination，汇总组合；internalization，内部升华），从知识创造的主体来看，知识创造包括个人知识的创造、群体的知识创造、组织之间的知识创造等。知识的隐性和显性两种类型在不同主体流通转化。由此，野中郁次郎提出了"知识创造螺旋"的概念以反映知识创造的全过程。他指出，通过社会化、外在化、组合化以及内在化，使得知识在企业内部呈现螺旋式上升的形式。

其中，社会化是知识在个体间的流通和分享，即从隐性知识到显性知识的转化过程，但以隐性化的状态存在于个体之中；外在化是隐性知识得到编码输出，从隐性状态变成显性状态的过程；组合化是将散乱无章法的显性知识，通过整理组合成为有章法的显性知识的过程；内在化是将可描述的显性知识内化为个体或组织的隐性知识的过程，特别是外部的显性知识。

知识从社会化开始便在个体之间流转和分享，并不断地螺旋式上升，通过不同形式的编码得以沉淀和积累，不断发展壮大形成无形的"知识宝藏"。隐性知识和显性知识相互转化、相互作用，在实践和时间的催化之下不断得到扩散（图 11.4）。

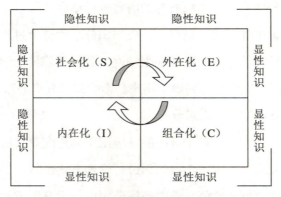

图 11.4　知识创造螺旋模型（SECI Model）

第二，行动学习方法工具。

GROW 模型——发展途径（解决方案）：以知识创造螺旋理论引导知识管理解决方案，采用头脑风暴方法进行小组研讨，群策群力给出解决方案，评估后得出需要落地实施的方案。

头脑风暴法：小组自由发言，有人记录，在发言过程中，不允许批评和质疑，但可以补充和完善，直至穷尽所有人的所有观点；通过解释和说明，合并同类观点。其基本原则是：严禁批评，自由奔放，多多益善，允许"搭便车"（受到启发时，可以搭便车，在不打断他人思维的基础上，补充、完善他人的观点）。

2. 案例分析

基于知识创造螺旋模型的四个维度进行引导，结合善时知识管理现状分析，团队成员通过头脑风暴的方法，按照以下知识管理过程提出解决方案（图11.5）。

图 11.5　善时药械公司知识管理过程

第一，解决方案 1——知识获取。

内部知识获取。将知识挖掘嵌于业务流程环节中，公司通过相关制度实现在业务流程中完成知识的收集和挖掘。比如针对不同的业务类型，公司制度要求从业务开始，就要明确在各个业务环节中需要收集和挖掘的文件资料，谁来收集，应在什么阶段收集，需要收集什么类型的文件，收集之后应按照文档资料管理整理，怎么样避免资料的流失。将这些要求结合在工作流程中，以标准项目管理要求促进显性知识的挖掘。例如，善时生物药械公司应该针对各部门主要业务收集以下文件，见表11.2。

表 11.2　公司主要部门主要业务知识收集表

部门及业务名称	研发部门：产品研发
流程	需要收集的资料
研发立项阶段	调研评估表；需求分析表；立项决议书；立项报告
立项组织阶段	项目设计概要方案；项目实施计划书；项目进度考核表
立项实施阶段	项目详细设计方案书；项目衍生产品规划；项目重要环节会议纪要；建议与实施方法
实施结果阶段	完工报告；项目检测报；项目升级计划；项目成果提交报告与清单；成果于成果应用说明；项目维护计划与方案；项目操作手册；项目快捷手册
投放市场	培训手册；宣传资料；市场行动计划书；市场营销方案书
	采购部门：采购工作
采购前	物料清单
初始供方评价	供方调查表；供方评审表；合格供方名录

（续表）

部门及业务名称	研发部门：产品研发
采购实施及验证	采购申请单；采购合同；质量保证协议；入库登记表；不合格品处理单；整改通知书；供方复审表
	营销部门：医疗器械展会及卫星推广会
参会报名阶段	报名表；合同；参展计划表
物料制作	展台设计图；物料设计图；物料制作清单；物料制作合同
参展及开展卫星会	客户专家邀请名单；行程安排表；授课专家资料；授课PPT；现场文字报道；现场图片；客户咨询名单
会议结束	费用明细表；会议总结书

外部显性知识获取。外部显性知识主要为医疗器械行业知识，即国家政策法规、行业新闻；产品专利信息；文献书籍。公司可以设立专门的人员，承担"信息勘察员"的角色。关注国家医疗器械领域媒体报道板块网站、专业微信公众号，每日整理筛选，将对公司有用的信息收集到公司的知识文库中，并通过公司微信公众号进行对内对外发布，如有必要，将组织内部人员专题学习。并通过国内国际文献网查询收集与公司产品相关的书籍、文献。

外部隐性知识获取。公司外部隐性知识，即所有与公司相关的隐性知识，包括行业专家的知识和经验、同行公司后个人的经验知识、外部培训专家的知识、合作伙伴的专业知识等。对于这些难以通过公开化查询方式收集的知识，公司可以通过"走出去"与"请进来"的方式。"走出去"指外派人员参加外部培训交流。公司在外派人员进行学习的同时，应关注外派学习人员的学习效果，注意发挥外部学习交流价值的最大化。应制定外派学习人员管理制度。制度规定外派人员的日常安排外，重点关注外派学习人员整理学习资料、撰写学习心得、编写培训材料，并要规定在多长时间内在公司组织下对相关人员做培训。"引进来"指外请行业专家、培训师，以及上下游公司进行培训交流。

第二，解决方案2——知识分类。

善时药械公司内部有多个部门，每个部门都有来自内部和外部的知识，并且具有多个不同的事件和主体知识，因此可以根据知识的来源、知识的性质、知识所在的部门知识的内容进行三级分类（见图11.6）。

一级分类，按照知识的来源分为：内部知识与外部知识。

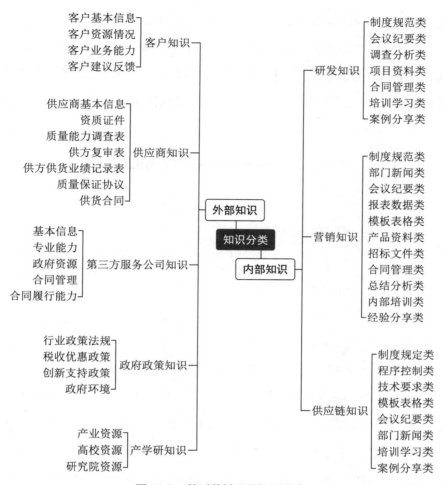

图11.6 善时药械公司知识分类

二级分类：内部知识按所在的不同部门分为研发知识、营销知识、供应链知识；外部知识按照关系主体的不同分为客户知识、供应商知识、第三方服务公司知识、政府政策知识、产学研知识等。

三级分类：在二级分类指引下，按照不同业务场和业务环节、业务主体所需要的知识进行子类目设置。

第三，解决方案3——知识共享。

● 内部交流会。善时药械公司意识到小组或者个人在进行某个业务时，一定会有局限性，因而提倡以交流会的形式针对特定问题或者特定主题聚集群体智慧，出谋划策，真正使知识在实际解决问题中实现独特价值。交流会可以保证人员在相同时间内进行沟通，是最直接的交流方式，反馈及时，效果最佳。公司要求各部门定期或不定期组织部门周例会、案例分享会、项目推进会、头脑风暴会、工作复盘会、技术专题会、管理方法分析会等交流会，参与人员根据需要要求部门主管、业务骨干或全员参与，并结合部门情况确定每个部门分别每周、每月、每季度举行的会议类型、会议形式、会议持续时间、会议记录要求等。如针对营销部门，公司结合营销部门实际情况对开展交流会可做以下要求（见表 11.3）：

表 11.3　善时药械公司营销部门交流会组织要求

交流会类型	会议形式	频率（至少）	持续时间	产出知识
工作日汇报	在线 / 面对面	每日 1 次	每人 5 分钟	日报记录
工作周汇报	在线 / 面对面	每周 1 次	每人 8 分钟	周报记录
复盘会议	面对面	每季度	2 天	复盘 PPT/ 会议纪要 / 任务清单
案例分享会	在线 / 面对面	每季度	2 小时	案例资料 / 学习心得
销售推进会	在线 / 面对面	每月 1 次	3 小时	会议纪要
专利培训挖掘会	在线 / 面对面	按需求	1 小时	专利要点记录
学术交流会	在线 / 面对面	按需求	3 小时	会议纪要

在提出组织交流会时，要注意提出会议要求，要求产生什么样的知识，要求专门的人员进行知识的整理，上交公司成立的专门的知识管理部门。保证交流会开展留下宝贵资料，形成知识的积累。对于积极响应公司要求的个人或者部门应当给予相应的物质或者精神鼓励，提高参与的积极性。

● 内部讲师制。知识型员工是公司内部知识资源的拥有者，善时药械公司内部在各个部门都存在着具有特长的员工，有的有丰富的专业知识，有的有丰富的工作经验，让这些知识型工作者在公司内部担任专家和老师的角色，传授知识是公司实现知识共享的有效方式之一。另外，培养讲师可以为员工的职业发展提供新的路径。在公司内部针对业绩卓越、工作表现优秀的员工，可以通过考核将这些员工培养为内部讲师，在新入职员工看来，也是为员工开发一个新的发展平台。公司在制定内部讲师制度时应关注内部讲师的考核考评，在评选内部讲师时确定讲师条件，并通过一定的考核期考核评定一级讲师、二级讲师、三级讲师。讲师级别随着考核有一定的变动，配套以有效的激励制度。

● 知识共享专栏。公司依托现代化信息平台，如公司微信公众号、公司门户网站、专业的知识信息系统设立内部知识共享专区，为知识的传递提供专门的空间。知识专栏区域布局：公司可以设立知识问答区、文章发表区、内部专家黄页等子区域，这些区域可以点赞、转发、留言功能。个人及文章标签设置：在共享专栏的文章发表区应确定主题类型，比如组织管理类、产品运营类、投融资类、领导力类、品牌建设类等，并注明原创文章，在文章后面要放上作者图片和文字介绍。在提高积极性方面，将文章发表的数量和质量、问题回答的满意度，读者的阅读量、留言评论量、转发点赞量进行统计，可与薪酬与职业晋升等挂钩。

第四，解决方案4——知识创新。

公司在 SECI 模型指导下设计出"最佳实践案例"项目，创造共同交流的知识流动场景。"最佳实践案例"并不一定是完全成功的案例，也可以是失败的案例，并不仅仅

表 11.4　善时药械公司"我为公司献良策"金点子创意大赛

活动主题	我为公司献良策
活动时间	一个季度举办一次
活动说明	"金点子"为合理化建议： （1）对改进和完善公司生产技术、经营管理、市场营销、质量服务、文化建设、后勤服务的任何环节所提出的、具有可操作性的改进方法和措施及其他能为公司带来效益的各种工作建议 （2）合理化建议要具有可行性、效益性及创新性。建议不拘于形式，可以结合本部门、本岗位的工作实际，也可以对其他工作发表建议
赛制说明	● 初赛赛制：部门内举行答辩会（可在微信群中组织）。由部门负责人决定评分成员。部门内成员均可对金点子提出问题，金点子提供者根据问题作答，评分成员在答辩基础上科学评分。所有金点子在答辩后均须根据答辩意见进一步完善。部门内根据分数高低选出优秀金点子（不少于 3 项） ● 决赛赛制：举行微信群答辩会。由知识管理委员会成员对金点子提出问题，金点子提供者根据问题进行答辩，评分者在答辩基础上科学评分。决赛结果由所有知识管理委员会成员评分决定
奖项设置	决赛评选出金点子一等奖 1 项、二等奖 2 项、三等奖 3 项、优秀奖 5 项 一等奖奖励 2 000 元 二等奖奖励 1 000 元 三等奖奖励 500 元 优秀奖奖励 200 元 奖励在活动结束后两周内兑现

是过去的事情，包括过去的、未来计划要做的重要的事情，也不一定仅仅是部门的，也可以是个人的，只要包含的共性问题具有探讨的价值，或者有创新要素，有组织学习的价值的案例，都称为"最佳实践案例"。通过共同研讨工作中的关键共性问题，拓展问题解决的思路，在实际解决问题的过程中，将员工所拥有的隐性知识（即长期实践中积累的经验、思维能力、判断和诀窍等）发挥出应有的价值，同时在隐性知识输出并应用的过程中积累新的知识，形成新的个人知识。

公司上线的"金点子项目"大赛，设立大赛奖项设置激发员工参与的积极性，创造员工输出创意想法的机会和平台。在活动中，给出员工的案例书写模板统一书写格式，并给出范例，激发员工创意。

善时药械公司"金点子大赛"，较好地实现了知识运用的目的，这也是目前管理学界所提倡的"开放式创新"的一个很好的例证。通过比赛，既发现、挖掘和培养一些创新型人才，又将创新成果转化为产品应用，为广大用户不断创造价值。

关键要点

1. 分析关键点

基于行动学习方法工具，结合知识管理理论，对善时药械公司进行知识管理体系研究，探讨如何通过实施知识管理，解决公司所面临的问题。

2. 关键知识点

- 知识管理过程
- SECI 模型
- GROW 模型
- 团体列名法、头脑风暴法
- 鱼骨图

课堂计划建议

本案例可以作为专门的案例讨论课程，采用分组研讨方法，每组由 6—9 人组成，案例课堂教学时间控制在 90 分钟以内。以下是按照时间进度提供的课堂计划建议。

表 11.5 课堂计划

教学环节	教学内容	教学形式	时间分配
课前准备	提前发放案例的阅读材料	个人自主阅读学习	120 分钟
案例开场	教师通过开场白的形式，引出需要讨论的案例	教师讲授和提问	10 分钟
案例研讨	制定目标	教师引导学生研讨	15 分钟
	现状分析	教师引导学生研讨	25 分钟
	提出解决方案并评估	教师引导学生研讨	30 分钟
案例总结	教师根据学生发言做最后总结	教师讲授	10 分钟

行动学习过程与效果

1. 行动学习团队组建及行动计划

2018 年，华理商学院行动学习教师李老师带领善时知识管理行动学习实践项目团队，前往浙江省杭州市浙江善时医疗器械有限公司开展企业现场调研，董事长边俊杰挂帅，董事长助理负责，研发部经理、制造部经理、营销部经理及这些部门的一些核心业务骨干均参与其中。

在快速参观企业后，企业调研现场会议正式开始。善时药械公司董事长边俊杰首先为行动学习小组教师和学生们作了企业介绍，使大家充分了解公司的发展历程、主要问题、机遇和挑战、公司发展战略、资本市场规划以及知识管理现状。在教师的引导下，团队成员们顺利完成了问题聚焦，明确了项目目标。

老师作为催化师，引导学生们进行现状分析，并提出解决方案。学生们纷纷踊跃发言，结合自身企业工作经验，深挖企业痛点并提出行之有效的解决方案。研讨会结束后，团队成员们明确了各自的分工，带着任务进行了后续 6 次深度研讨，最终制定出一份切实可行的行动计划。

表 11.6　行动计划

序号	行　　动	责任人	开始	结束
1	知识管理委员会成立，职责确认	龙晓	4 月 20 日	5 月 20 日
2	临床大数据采集、整理、入库	陈晖	5 月 1 日	5 月 25 日
3	新老员工的专业培训、职业培训	陈晖	6 月 10 日	7 月 20 日
4	员工工作优化、工作中的知识总结	全员	5 月 25 日	8 月 30 日
5	创新提案：谁提谁实施谁受益	全员	6 月 1 日	10 月 10 日
6	优秀案例典范业务总结分享	龙晓	7 月 1 日	9 月 1 日
7	知识委员会评估知识案例	边俊杰	8 月 9 日	9 月 9 日
8	确定知识管理制度实施过程，参与式讨论—试点—完善	张峰	8 月 10 日	9 月 20 日
9	知识考核指标设计，考核标准确定	张峰	8 月 25 日	9 月 25 日
10	知识管理系统相关责任人督办	陈晖	8 月 25 日	9 月 25 日
11	协同销售的知识管理改进	陈晖	8 月 5 日	10 月 10 日
12	标准化文档的推广宣传	王星	6 月 27 日	9 月 30 日
13	麻醉年会集中培训	方宾	7 月 6 日	8 月 6 日
14	国际业务拓展中的知识获取及知识存储	边俊杰　丁伟	5 月 23 日	6 月 23 日
15	基于信息技术的知识管理系统实施	龙晓	4 月 30 日	7 月 30 日

2. 行动学习反思总结：方案实施后企业方的反馈

善时药械公司建立了知识管理系统，由董事长助理龙晓兼任知识管理主管成立知识管理委员会（图 11.7），负责系统的运营及改进。

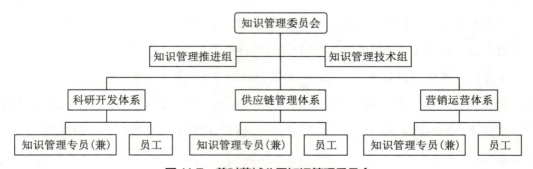

图 11.7　善时药械公司知识管理委员会

善时药械公司微信公众号中设立"新社会"栏目，定期将知识管理创新活动信息及创新活动成果整理成内部宣传海报公布。

参考文献

黎天亚、佘群芝：《基于概念图范式的工具知识模型文献管理体系构建》，《求索》2012 年第 12 期。

聂娜：《知识管理型公司组织结构设计与创新要素分析》，《商业时代》2013 年第 13 期。

赵春雨：《公司知识价值链管理体系超循环运行的系统动力学仿真分析》，《技术经济》2011 年第 4 期。

王昊、谷俊、苏新宁：《本体驱动的知识管理系统模型及其应用研究》，《中国图书馆学报》2013 年第 2 期。

王威、郭从颖、李立力：《公司知识管理体系的构建与系统实现》，《信息技术与标准化》2011 年第 9 期。

张爽：《知识管理——过去、现在和未来》，《图书情报工作》2013 年第 5 期。

张艳、荣晶晶、张仲毅、张耐民、李世鹏、梁欣欣：《面向知识管理的技术状态管理体系》，《航天工业管理》2013 年第 5 期。

张艳青：《国外知识管理与信息管理的概念框架》，《创新科技》2013 年第 4 期。

F., Lindne, and Wald A., 2011, "Success Factors of Knowledge Management in Temporary Organizations", *International Journal of Project Management*, 29（7）: 877—888.

I. Hsu, and Sabherwal R., 2012, "Relationship Between Intellectual Capital and Knowledge Management: An Empirical Investigation", *Decision Sciences*, 43（3）: 489—524.

Ikujiro Nonaka, Ryoko Toyama, and Noboru Konno, SECI, 2000, "Ba and Leadership: a Unifies Model of Dynamic Knowledge Creation", Long Range Planning, 33（02）: 5—34.

Turban, E., 1992, *Expert Systems and Applied Artificial Intelligence*, Macmillan Pub. Co..

图书在版编目(CIP)数据

行动学习实践案例精选/阎海峰,侯丽敏,陈万思
主编. —上海:格致出版社:上海人民出版社,
2023.1
ISBN 978 - 7 - 5432 - 3412 - 3

Ⅰ.①行… Ⅱ.①阎… ②侯… ③陈… Ⅲ.①企业管
理-组织管理学-案例 Ⅳ.①F272.9

中国版本图书馆 CIP 数据核字(2022)第 210099 号

责任编辑 张宇溪 程 倩
装帧设计 路 静

行动学习实践案例精选
阎海峰 侯丽敏 陈万思 主编

出　　版　格致出版社
　　　　　上海人民出版社
　　　　　(201101 上海市闵行区号景路 159 弄 C 座)
发　　行　上海人民出版社发行中心
印　　刷　上海商务联西印刷有限公司
开　　本　787×1092 1/16
印　　张　18.5
插　　页　3
字　　数　323,000
版　　次　2023 年 1 月第 1 版
印　　次　2023 年 1 月第 1 次印刷
ISBN 978 - 7 - 5432 - 3412 - 3/C・282
定　　价　88.00 元